U0932850

人 | 文 | 社 | 科

高校学术研究论著丛刊

当代大学英语教学理论阐述及方法运用

高凤琴　陕晋芬　著

中国书籍出版社
China Book Press

图书在版编目(CIP)数据

当代大学英语教学理论阐述及方法运用/高凤琴,
陕晋芬著.—北京:中国书籍出版社,2019.6
ISBN 978-7-5068-7342-0

Ⅰ.①当… Ⅱ.①高… ②陕… Ⅲ.①英语—
教学研究—高等学校 Ⅳ.①H319.3

中国版本图书馆 CIP 数据核字(2019)第 124914 号

当代大学英语教学理论阐述及方法运用

高凤琴　陕晋芬　著

丛书策划	谭　鹏　武　斌
责任编辑	尹　浩
责任印制	孙马飞　马　芝
封面设计	东方美迪
出版发行	中国书籍出版社
地　　址	北京市丰台区三路居路 97 号(邮编:100073)
电　　话	(010)52257143(总编室)　(010)52257140(发行部)
电子邮箱	eo@chinabp.com.cn
经　　销	全国新华书店
印　　刷	三河市铭浩彩色印装有限公司
开　　本	710 毫米×1000 毫米　1/16
印　　张	15.5
字　　数	278 千字
版　　次	2019 年 9 月第 1 版　2019 年 9 月第 1 次印刷
书　　号	ISBN 978-7-5068-7342-0
定　　价	76.00 元

目　录

第一章　英语教学概述

经过社会、学校和师生共同的努力，我国的大学英语教学在改革开放之后取得了巨大进步。与此同时，很多问题开始显现出来，大学英语教学面临着各种各样的问题和挑战。基于此，我们必须对大学英语教学进行重新认识，了解其内容、理论、流派、原则和发展等，从而更好地完善我国大学英语教学的体系。

第一节　英语教学的内涵

一、英语教学强调发展学习者的跨文化交际能力

语言承载、体现并传播着文化，文化借助语言得以传承，所以二者关系紧密。英语是被广泛使用的语言，它对整个世界的发展都发挥着重要作用。作为培养英语人才的重要手段，英语教学特别注重对学习者跨文化交际能力的培养。另外，素质教育与 21 世纪人才培养都要求发展学习者的跨文化交际能力。通过对文化差异知识的学习和研究，学习者能学会从不同角度看待和思考问题，从而提高综合素质。英语是一种交际工具，英语教学的目的是培养学生的交际能力，这就需要教师在教学过程中意识到英语语言的工具性特征。在满足学生的语言输入时，教师还应注重语言输出的问题，培养学生的说、写和译等技能，这是因为语言是在不断的使用中被掌握的。总体而言，英语教学既可以提高学生的英语语言技能，又可以增强学生的跨文化交际能力。

二、英语教学的内容充满感染力

我们之前使用的传统英语教材，教学内容主要是通过描述性的文字和补充说明性的图表呈现的，并且以线型结构组织学科知识，知识内容的顺序性很强，没有为学生留下自由发挥的空间。对于如今的英语教学，教学内容

往往不再局限于纸质书本，而是有着各种各样的呈现方式，如超文本、图画、声音和视频动画等。丰富的教学呈现方式，使得学生可以根据自身的兴趣进行选择。学生在这种图文并茂、动静相宜的情景中学习英语，将能有效掌握跨文化交际能力。

三、英语教学的过程具有交互性

人际、师生、生生互动是网络辅助英语教学的显著特征，这些互动一般不受时空的限制。在网络辅助英语教学中，师生都是信息的来源，不同于传统英语教学中单向传递的被动教学模式，更靠近主动开放的教学模式。借助网络展示英语教学的内容、布置英语作业、批改学生作业、公布答案、答疑解惑，可以节省教学反馈中浪费的时间，大大提高英语教学的效率，而且运用这种交互性极强的教学模式，更容易调动学生的学习兴趣，增强其学习英语的欲望，使其积极主动地学习。

第二节 英语教学的理论与流派

一、英语教学的理论

（一）第二语言习得理论

20 世纪 60 年代，第二语言习得理论得以产生，但其真正成为一门学科是在 20 世纪 70 年代。第二语言习得理论也称“二语习得理论”，对其做出巨大贡献的一个典型代表人物是美国南加州大学语言学系教授克拉申（S. Krashen）。其中，对外语教学影响最大的理论是克拉申的“监察模式”。具体来说，二语习得理论中共包括五个假设：习得和学习假设（The Acquisition/Learning Hypothesis）、自然顺序假设（The Natural Order Hypothesis）、监控假设（The Monitor Hypothesis）、输入假设（The Input Hypothesis）和情感过滤假设（The Affective Fiber Hypothesis）。下面对习得和学习假设、自然顺序假设和情感过滤假设进行简单介绍。

1. 习得和学习假设

习得和学习假设认为，外语学习能力的形成主要依靠两种途径：习得和学习。克拉申二语习得理论的出发点和核心是对“习得”与“学习”的区分以及对它们各自在外语习得者学习能力形成过程中所起的作用的认识。具体来说，习得与学习的区别如表 1-1 所示。

表 1-1　习得和学习的区别

习得	学习
不知不觉的过程	意识到的过程
内化隐含的语言规划	获得明示的语言知识
正式学习无助于习得	正式学习有助于语言知识获得

（资料来源：何广铿，2011）

在此假设中，克拉申对习得与学习进行了明确区分。克拉申认为，习得是学习者在无意识的状态下获得语言的过程；学习是学习者有意识地通过课堂学习等方式获得语言的过程。习得或者学习知识，是需要大脑不同部位发挥作用的。

2. 自然顺序假设

自然顺序假设具体是要说明习得语言结构知识是有一定次序的，要按照一定的、可预知的顺序学习外语的语法规则或结构。

3. 情感过滤假设

情感过滤假设主要是说明心理或情感因素对外语学习的影响。学习者的情感因素主要有焦虑程度、态度、动机、信心、兴趣等。

克拉申强调，在语言输入过程中，情感发挥着过滤的作用。情感过滤得越少，越有利于语言的习得。消极的语言学习态度以及焦虑的情绪对语言输入有很大的过滤作用，有着消极情感的学习者不但不会主动地输入语言，而且即便能够获得语言输入，也不会习得它们。相反，具有较强学习动机及自信心和较低的忧虑程度且对于外语学习持积极态度的学习者，其情感过滤的作用很弱，就能学好外语。

（二）语言输入、输出假设理论

1. 克拉申的输入假设

克拉申强调，在第二语言习得中，可理解的输入发挥中心作用。[①] 也就

① 何广铿. 英语教学法基础[M]. 广州：暨南大学出版社，2001：105.

是说，只要语言学习者接收到足够的可以理解的语言输入，就能习得语言。他还认为，假如人们的语言水平为 i，语言学习者接触到大量含有 i+1 的语言水平，那么其水平就会由 i 提高到 i+1。可见，听、读练习及大量的语言输入是语言学习者获得流利的语言表达的依靠，而说的练习对二语习得的作用不是很大。

2. 斯温纳的输出假设

在斯温纳(Swain)看来，在二语习得过程中，输出发挥着更重要的作用。对此，斯温根据“沉浸式”教学实验提出了输出假设，并且指出语言输入是二语习得的必要条件，但不是充分条件。也就是说，学生要达到较高的外语水平，除了有一定的可理解性输入，还应充分利用各种资源，对即将输出的语言进行构思，确保其可以被准确、恰当地表达出来，并且能被听者所理解。这样，一方面可以提高学习者表达外语的流利程度，另一方面能让学习者意识到自身在使用语言时存在的问题。因此，在英语教学中，教师应该为学生提供充足的使用语言的时间和机会，从而提高学生语言表达的流利性和准确性。

（三）结构主义语言学理论

1. 美国结构主义语言学

美国语言学家在对没有文字形式的美洲印第安人的口头语言进行研究的过程中创立了美国结构主义(American Structuralism)语言学。最初，美国语言学家试图用语言符号(如国际音标)将美洲印第安人口述的内容如实地记录下来，然后对所收集到的口语样本进行分析并且研究它们的结构和特征。随后，美国结构主义语言学家用“描写”方法对英语及其他印欧语系的语言展开了一系列研究。

美国结构主义语言学家认为，语言是将一个意义编成语码的系统。语言的系统由与结构相关的音位、词素、单词、结构和句型等组成。语言系统主要涉及音位系统、词素系统和句法系统。

(1)音位系统，其主要描述音位、音位变体、音位组合的规则，并且描述连贯话语中的语音现象，如同化、省音、音的弱化、音的连续、重音和语调等。

(2)词素系统，其主要描述词素、词素变体、自由词素和黏着词素等成分和结构。

(3)句法系统，其主要描述词的分类、短语、直接成分和句型。

在分析和研究语言的过程中，美国结构主义语言学家还发现语言有着独特的结构，不同的语言具有不同的音位系统、词素系统和句法系统。不同的语言在音位系统、词素系统和句法系统中的成分、结构均不相同。因此，在学习语言的过程中应注意语言的差异性。

基于语言的差异性，美国结构主义语言学家强调，在学习外语时，母语会干扰和影响外语学习。当外语结构与母语结构不同时，就会出现学习困难和错误，而学习外语就是要克服这种困难。如果母语与外语具有相同的结构，学习就不容易出现困难。因此，在英语教学中，教师应该努力解决两种语言结构上的差异问题。

2.英国结构主义语言学

对语言结构尤其是句型结构研究获得较大成果的要属英国语言学家。帕尔默(H. Palmer)、霍恩比(A. S. Hornby)等都是英国结构主义语言学的代表，他们从20世纪20年代开始共同分析、总结主要的英语语法结构，将英语语法结构归纳成一定的句型。

英国结构主义语言学家的研究更强调语言结构和结构使用情景之间的关系，这与美国结构主义语言学家研究的内容完全不同。20世纪40年代，英国出现了结构主义伦敦学派，其代表有马林诺夫斯基(B. Malinowski)和弗斯(J. R. Firth)。马林诺夫斯基认为，将“语境”看成语言活动的自然环境。在马林诺夫斯基研究成果的基础上，弗斯指出，必须在不同的语境下对语言各个层面进行研究。他还指出，“语境”有三个特点：参与者的特点、相关目的和语言行为的效果。

(四)建构主义学习理论

瑞士学者皮亚杰(J. Piaget)和苏联心理学家维果茨基(Lev Vygotsky)共同提出了建构主义学习理论。对于建构主义学习理论，他们的主要观点如下：

(1)认识事物的关键在于明确内外因。皮亚杰和维果茨基借助内外因的观点对人们认识事物的客观规律展开了研究。

(2)“情境”实际上是教师为学生创造的较为真实的语言交际活动场景和相应的交流活动，利于学生在相对真实的语言环境中完成意义的建构。

(3)学习者的记忆或者背诵能力不完全取决于学习者获得知识的能力，还与学习者自身的经验以及与他人的协作有关。

可见，建构主义理论强调，学习者应该在教师的指导下、以自己为中心进行学习。在学生学习英语的过程中，教师应该为其提供合作和互动的条件，并让学生成为信息加工的主体、意义的主动建构者。教师是语言学习的意义建构的帮助者和促进者，而不是知识的传授者和灌输者。到20世纪90年代，多媒体和网络技术迅猛发展，这为建构主义理论下的学习环境提供了技术支持，使得建构主义学习理论指导下的教学设计思想得到了广泛应用。

（五）乔姆斯基的语言学理论

“乔姆斯基理论”是语言学界不可忽视的理论学说，其突出了研究内部语言的重要作用。这里主要对乔姆斯基(Noam Chomsky)的语言学理论以及认知法与乔姆斯基语言学的关系进行介绍。

1. 乔姆斯基的语言学理论

乔姆斯基的理论被称为“转换生成语法”。乔姆斯基指出，语言是一种行为，这种行为像人类的其他行为一样，受规则的支配。人们利用语言规则，可以用有限的语言单位构造无限数量的、复杂的句子。学习者习得语言并不是学会某个特定的句子，而是运用规则创造和理解新的句子。规则性和创造性是语言的两个重要特征。乔姆斯基指出，语言生成的过程是从深层结构到表层结构的转换过程，转换是按照转换规则来完成的。

不同语言的差别在一定程度上可以归结为参数的设置差异。儿童说英语还是汉语，主要取决于他所处的语言环境和语言输入，因为某一特定语言的输入能使习得者设置某一语言的使用参数。

乔姆斯基的语言学理论不但影响着语言学研究，而且影响着二语习得研究的进展和教学方法。

2. 认知法和乔姆斯基语言学

乔姆斯基的语言学理论对外语教学也有着较大影响，不但影响了课堂教学方法的应用、教材的编写，而且影响了语言测试的设计。在20世纪六七十年代，语言教学法在乔姆斯基的语言学理论的影响下有了新的发展，这一发展被视为认知法的诞生。认知法又称“认知符号法”或“认知—习惯形成法”。认知法以乔姆斯基的语言学理论为语言观，以认知心理学作为其语言学习理论的依据。

（六）韩礼德的语言功能理论

韩礼德(Halliday)是功能语言学理论的代表人物。从20世纪60年代开始，韩礼德就开始研究语言的社会功能，指出“语言学是关于言语行为或话语的描述，只有通过对语言使用的研究，语言的全部功能和构成意义的所有组成部分才能集中在一起”。在《语言功能的探索》(*Explorations and the Functions of Language*)一书中，韩礼德讨论了语言功能的双重地位，即微观功能和宏观功能。其中，微观功能有如下六种，一般出现在儿童学习母语的初级阶段。

(1)启发功能，即使用语言来学习和发现问题。

(2)规章功能，即使用语言来控制他人的行为。

(3)想象功能，即使用语言来创造一个幻想的世界。

(4)工具功能，即用语言来取物。

(5)个人功能，即使用语言来表达自己的感情。

(6)相互关系功能，即使用语言与他人交往。

当儿童语言逐渐接近成人语言时，这些微观功能也开始逐渐让位于宏观功能。语言的宏观功能有下面三种：

(1)思维功能，即语言可以用来组织语言使用者对真实世界或幻想世界的经验。

(2)人际功能，即语言可以用来表明、建立和维持社会中人与人之间的关系。

(3)篇章功能，即语言可用于创造连贯的话语或文章，这些话语和文章对语境来说是确切和恰当的。

(七)海姆斯的交际能力理论

海姆斯(D. H. Hymes)是交际能力理论的代表，他认为，儿童习得母语的最佳环境是经历一个社会化的过程，这样他们不但可以熟悉本族语的习惯并说出符合语法的句子，而且可以在不同场合恰当地使用语言。海姆斯的交际能力主要体现在四个方面：能在交际中得体地使用语言；能够判断语言形式的可行性；能识辨和组织合乎语法的句子；知道某些话语是否可以在实际生活中说出来。他还强调，交际能力即运用语言进行社会交往的能力，既包括言语行为的语法正确性，又包括言语行为的社交得体性；既包括语言能力，又包括影响语言使用的社会文化意识。

二、英语教学的流派

(一)直接法

直接法是指通过运用外语本身进行教学的方法。19世纪中后期，是西欧资本主义发展的时期，各国在政治、经济、科技、贸易等方面有着频繁的交往，彼此之间直接的语言交际成为社会的需要，这就需要外语教学从以教育、教养为目的转向以实用交际为目的。为了满足当时的社会发展需要，直接法得以产生。直接法又称“改革法”(Reform Method)、“自然法”(Natural Method)等。直接法的代表人物有维埃特(V. W. Vietor)、伯利兹(M. D. Berlitz)、古因(F. Gouin)、帕尔默、韦斯特(M. West)、埃克斯利(C. E. Ecker Sley)等。他们不但有自己的理论著作，还创编了体现他们教学思想的英语教科书。

直接法的特点如下：

其一，强调外语的直接学习、理解与应用，有利于学生学到“活”语言，学到自然的语音、语调，培养学生直接用外语进行思维和表达的能力，促进语感的养成。

其二，强调以口语为基础，在大量的语言实践中，培养学生听、说、读、写的熟练技巧。

其三，重视利用直观教学手段，促进学生各种感觉器官同时开动，使外语形式同客观表象直接联系，克服母语做“中介”的习惯。

直接法的缺陷如下：

其一，完全排斥母语，忽视母语在外语教学中起积极作用的一面。

其二，忽视教学对象的年龄、认知水平及学习目的的差异，偏重感性认识，轻视语言理论知识在学习中的指导作用。

（二）视听法

20 世纪 50 年代，视听法得以产生。视听法的创始人有法国学者古根汉(G. Gougenhein)、南斯拉夫语言学家古布里纳(P. Guberina)。顾名思义，视听法就是视觉感受和听觉感受相结合的一种方法。因为视听法以利用图片、幻灯创造情景为主要特色，所以也可称为“情景法”。

视听法的特点如下：

其一，教学从日常生活需要出发，选择、安排语言材料，特别是选择一些典型情景中的典型话语结构，为学生在自然交际活动中灵活运用所学语言知识提供了可能性。

其二，通过在情景中整体感知、理解、练习、活用等教学步骤，培养学生灵活运用语言的能力，养成正确标准的语音、语调、节奏习惯。

其三，提倡在连贯的对话中学习语言，以句为单位进行教学，注意在感性认识的基础上掌握语音、词汇、语法知识。

其四，广泛使用声、光、电的现代化技术设备，将语言与形象相结合，使学生置身于现实的自然情景和言语交际的环境之中，借助形象思维，加速实现认识上的飞跃，使逻辑思维和形象思维相互作用，建立外语与客观事物的直接联系，培养学生用外语思维的能力。

视听法的缺陷如下：

其一，过分强调语言材料要通过整体结构形式模仿和反复重现来掌握，忽视适当地对语言分析、讲解的作用，忽视文字和母语对视觉、感觉的辅助作用。

其二，对教师及学校办学客观条件要求较高。

（三）认知法

认知法是经过改革的现代语法—翻译法，是将认知心理学的理论用于外语教学的方法体系，即在外语教学中发挥学生智力作用，强调对语言规则的理解，注重培养语言运用能力的一种外语教学法体系。20 世纪 60 年代，认知法得以产生。

认知法是在解决视听法缺陷的基础上提出的，其特点如下：

其一，强调语言的理解是学生从事言语活动的基础，一切操练都要在理解的基础上进行，通过教师简明扼要的讲解，学生对外语材料以及语言规则的意义、构成和用法得以真正理解。

其二，注重语言能力的培养，从已知的知识出发，通过有意识、有组织的各种理解性练习，检查学生对所学语言知识的理解。

其三，注重培养学生真实的交际能力。在学生具有了一定语言能力的基础上，进行脱离课文的专门的交际性练习，广泛运用直观教学、电化教学手段使外语教学情景化、交际化，并注意口、笔语齐头并进，培养学生运用所学语言材料进行听、说、读、写的能力。

其四，强调外语教学要以学生为中心，了解学生学习外语的心理活动，调动学习的积极性，以学生活动为主，教给学生科学的自学方法。

其五，利用母语，重视学生已有的母语经验对学习外语，特别是在理解语言现象方面的积极作用。但随着教学的发展，母语的作用逐渐减弱。

其六，讲究纠正错误的方法。对学生在学习中出现的语言错误进行分析，了解产生错误的原因，有针对性地给予适当的指导。

（四）功能法

功能法又称“交际法”。20 世纪 70 年代，功能法在西欧得以创立。功能法的创始人有英国语言学家威尔金斯（D. A. Wilkins）、亚历山大（L G. Alexander）和威多森（H. G. Widdowson）等。功能教学法对我国外语教学的改革产生了巨大推动作用，帮助我们培养了一大批适合社会发展需要的外语人才。

功能法的特点如下：

其一，强调外语教学的目的是培养学生的交际能力。教学过程交际化，教学活动以学生为中心，为学生提供真实的情景和外语环境，使学生主动地、创造性地学习和运用语言。

其二，从学生实际需要出发，确定学习目标。针对学生的不同需要安排教学内容，选择教学、训练的形式及对语言教学效果进行检查的方法，注重学以致用、学用结合。

其三，强调学生进行语言交际的注意力应集中在语义上，而不是在语法结构上。在语言交际过程中出现错误是正常的，这是由不完善的中介语言逐步向完善语言过渡的标志。

其四，教学内容以语言功能为纲，常会出现难易程度不等的语言形态和结构。如何科学地安排教学顺序，尽可能帮助学生解决学习困难，是功能法要研究的主要问题之一。

其五，学习英语应以语言交际为目的，学习英语不应只注重其语言形式，而应同时注重语言的功能。

（五）听说法

听说法又称“口语法”“句型法”等，其产生于第二次世界大战爆发后的美国。当时，为了满足战争的需要，有成千上万的士兵、军官在几十所高等学校采用听说法进行英语学习。听说法的创始人是语言学家、外语教学法专家弗里斯(C. C. Fries)。他曾创办英语研究所，专门研究把英语作为外语的教学问题，不仅编写了大量教材和教学参考资料，而且进行了大量的教学实践，为一些地区培养了大批英语人才。

听说法的主要特点如下：

其一，强调以句型为中心进行听说训练，围绕句型安排语言内容，培养语言技能。

其二，主要操练方式是模仿记忆，通过大量机械性的句型操练形成自动化的习惯。

其三，排斥或限制母语，反对用母语讲解和翻译。

其四，重视语音、句型教学，强调及时纠正错误，培养正确的语言习惯。

听说法的缺点如下：

其一，过分重视机械性训练，忽视语音规则的指导作用，造成教学过程枯燥乏味。

其二，语言材料选编、训练的方式都从语言的结构出发，缺乏语言的真实性，不利于培养学生连贯表达和灵活运用外语进行交际的能力。

（六）全身反应法

全身反应法是通过身体动作教语言的一种方法，其特别强调言语与动作的协调配合。美国加利福尼亚州圣何塞州立大学的心理学教授詹姆斯·阿歇尔(James Asher)是全身反应法的创始人。全身反应教学法以发展心理学、学习心理学、人本主义心理学的理论为基础，主张通过行为动作学习语言。

外语对人本主义心理学思想的反映就是全身反应法。人本主义心理学强调认知与情意的统一，建构自我实现的人格。因此，外语教学应该以学生为中心，关注学生的经验，不应抑制学生学习过程中的身体活动、感知活动和语言活动，要提倡学生之间、师生之间的讨论合作，注重发展良好的人际关系，营造一种宽松的心理氛围。

阿歇尔指出，成人学习外语的过程就像儿童习得母语的过程，在开始说话之前先用动作对成人的指令做出反应。因此，动词特别是指令性动词是语言运用和语言学习的中心课题。阿歇尔强调在教会学生说之前要发展其理解性技能，即先听后说。阿歇尔对此有如下观点：

其一，儿童在发展说的能力之前要发展听的能力。

其二，由于儿童以身体动作对口头指令做出反应，儿童应先习得听的能力。

其三，一旦打好听的基础，说也就自然地、毫不费力地发展起来。

全身反应法吸收了直接法的代表人物古因的系列法以及帕克·帕尔默的以动作为基础的教学策略。在某种意义上说，它是帕尔默通过动作学习英语的翻版和发展。

全身反应法主要有如下几个特点：

其一，通过身体动作学语言。

其二，强调理解。

其三，先听后说。

其四，通过整句学语言。

其五，强调语言的意义而不是形式。

全身反应法主要是通过动作指令教授语言的。学生开始只需要对动作做出反应，所以，可以消除紧张的情绪，减少心理压力，使精神得到放松，然后慢慢地说。全身反应法强调理解先于表达，所以，考虑了学生的情意因素。然而，全身反应法对读写活动考虑不够，语言教学以单句为主，缺乏对话和其他交际活动。全身反应法比较适合于学习的起步阶段，到了学习的高级阶段，应该考虑结合其他方法和技巧一起使用。

第三节　英语教学的基本原则

一、以学生为中心原则

英语教学的首要原则就是坚持以学生为中心。教师在教学过程中要尊重学生的主体地位，尊重学生学习英语的自然规律，不可让自己成为教学的主角。也就是说，教师要将自己的“教”置于学生的“学”之上，所有活动都要围绕学生的学习展开。在英语教学过程中，教师要遵循以学生为中心原则，就要做到如下几点：

（一）制订科学的教学方案

保证教学活动顺利开展的一个重要依据就是制订科学的教学方案。教师要坚持以学生为中心，必须根据学生的语言接受水平和语言运用能力确定合理的教学目标、教学任务、教学计划、评定方法等。如果教学方案不可行，那么就难以提高学生的语言水平。

（二）选择合适的教学方法

选择合适的教学方法也是坚持以学生为中心不可忽视的问题。通常，针对不同的教学内容，教师应该选择不同的教学方法。例如，直观的教学方法利于学生直接感受和理解语言，通过视、听、说加深印象，强化记忆，激发学生参与的兴趣。形象化教学手段与学生的直觉思维特征相符合，如幻灯、投影、模型、录音、图片等媒体，可以激发学生学习兴趣和好奇心。

二、交际性原则

在英语教学过程中，教师应时刻注意交际性。也就是说，教师在教学中应注意遵循交际性原则，就要做到如下几点：

（一）将英语作为一种交际工具来教

英语语言是人们进行交际的重要工作，所以，英语教学也应该以学生学会使用这种交际工具为目标。英语教师要将英语当作交际工具来教，学生也要将其作为一种交际工具来学，师生还要将其作为交际工具来用。

英语教学活动要与交际活动联系起来，使课堂教学实现交际化。在英语教学和学习中，师生不可单纯地教或学英语知识，而应通过一定的操练，提高学生的交际能力。教师应利用各种教具，为学生创设合适的情景，协助学生进行一些较为真实的练习。

（二）灵活创造语言情景

在英语教学过程中，教师可以通过组织学生操练英语来培养其交际能力。也就是说，教师要利用各种教具为学生创造真实或模拟的交际情景，让学生在这种情景中掌握英语，从而学以致用。通常，情景要素涉及时间、参与者、地点、话题、交际方式等。情景中的这些要素会对学生的交际产生或多或少的影响，如时间、地点、身份会对学生说话的语气、内容等产生影响，而且，同一句话放在不同的情景中会传达不同的意义，发挥不同的功能。因此，教师在英语教学中要将教学内容置于带有特殊意义的情景中，从而培养学生的交际能力。

三、文化性原则

文化性原则也是英语教学要遵循的原则之一。培养学生的英语交际能力是我国英语教学的重要目标，而要达到成功的交际，既离不开扎实的语言功底，又需要一定文化背景知识的储备。具体而言，在英语教学中，教师可以通过如下方式导入文化知识：

(1)注意捕捉教材中的文化信息。

(2)运用真实的情景教授文化知识。

(3)认真分析中西方文化的差异。

(4)充分利用多媒体与网络进行教学。

四、持续性原则

基础教学阶段结束之后，学生还要接受更高级别的英语教学，继续进行英语学习。因此，教师要遵循可持续发展原则，在基础教学阶段就要为学生的高级阶段学习打好基础。教师要遵循持续性原则，就要做到如下几点：

(1)做好英语知识的前后正迁移。因为学习任何知识都不可避免遗忘，所以，教师要在教学过程中注重帮助学生巩固所学的知识。通常，机械式地巩固语言知识不会收到很好的效果，所以，教师应该鼓励学生在实践中巩固知识，也就是在发展中巩固所学的知识。在英语教学中，教师要尽可能用各种方式增大正迁移量，以便使学生更好地掌握知识并发展实践能力。

（2）培养学生学习英语的正确态度。保持学生英语学习的积极性，还应该注重培养学生正确的英语学习态度。也就是说，教师在日常教学中应有意识地培养学生积极的、勇敢的学习态度，让他们感受到英语学习的乐趣，并且锻炼学生敢于使用英语进行交际的能力。

此外，教师要帮助学生树立起自信心和克服困难的意志。陈琳、王蔷、程晓堂等（2002）对培养和发展学生积极的情感态度提出了一些建议。

其一，结合外语学习内容讨论有关情感态度问题。

其二，建立良好的师生关系。

其三，建立情感态度的沟通和交流渠道。

持续性原则的提出有助于学生语言能力的不断发展，需要教师和学生的不断努力。从教师角度说，教师应该做好知识的迁移，提高学生对知识的应用能力。从学生角度说，学生应该培养英语学习的正确态度，在思辨性思维的作用下提升英语自主学习能力和应用能力，提高自身的文化素养，最终能够达到使用英语进行交际的目的。

第四节　英语教育的历史演变

一、1949 年之前的英语教育

（一）清朝时期的英语教育

在中国，英语教学最早可以追溯到清朝，当时英美等贸易帝国想在中国寻求市场，同时有人想将西方思想传入中国。对此，清政府有选择地进行了吸收，其政策也出现了不一致的现象。一段时期政府主张学习英语，另一段时期政府则不主张。这主要和清朝与其他国家的关系有着紧密的联系。19 世纪中期以前，清朝与其他国家的关系不是很密切，外交方面主要涉及与中国有贸易往来或有领土交界的国家。

在外国寻求新市场的压力之下，还应考虑我国文化的统一，清政府指定广州为主要贸易港口，因为它靠近南海。外国人居住在广州沙面岛上的军营里，要想与中国人交流，他们必须受买办的监督。因此，在买办使用洋泾浜英语进行翻译的前提下，本国人与外国人才得以交流。尽管这些买办通常是有能力的商人，过着富足的生活，但他们的社会地位并不高，也不为大众所尊重。现存的最早的英语教科书之一就是由这些买办编写的。《红毛通用番话》就是用广州方言音译了英语中的数字、体重、尺寸、工作、货物、关系、地理位置、颜色、家具、工具和其他一些用于贸易和对话的口头表达。

洋务运动时期，清朝引入了大量西方 18 世纪之后的科学技术成果，译出了大量的著作文献，培养了第一批留学生，打开了西学之门；学习近现代公司体制，兴建了一大批工业及化学企业，开启了日后中国工业发展和现代化之路。

清政府于 1862 年在北京建立了第一所翻译馆——京师同文馆。京师同文馆隶属于总理衙门，主要负责外教事务。京师同文馆的建立被认为是近代中国英语教学的正式开端。鸦片战争之后，清朝被迫与帝国主义列强发生政治、经济、文化上的联系，外交活动也日趋频繁。但那时清朝没有属于自己的翻译人才，只能请洋人做翻译，所以，经常会遇到偏袒欺蒙之弊。对此，洋务派开始倡导兴办学校，培养自己的翻译人才。西方的商人为了发展自己的通商事业，也希望在清朝培养出一批懂外文的买办，京师同文馆就是在这一历史时期诞生的。尽管它仅是一所初等的外语学校，却是中国英语教育历史上正规英语教育的开端。根据当时外交事务的需要，同文馆首开英文馆，之后又相继开设了法文馆、俄文馆。英文教师都是花重金从英美国家聘请来的。最初，各馆只开设两门课程，上午学习汉文，下午学习外文。之后，课程逐步扩大到数学、地理、化学、天文等各科。1863 年，上海创办了广方言馆。

在清朝时期，人们学习英语主要是为了翻译西方的科技书籍，获得一些西方的科技知识，使清政府有能力与西方列强进行外交。同文馆建立初期，学生以及他们的家人常常受到朋友和亲戚的嘲笑。同文馆的社会地位之所以如此之低，是因为当时人们认为学好中文能获得科举功名，而学习英语只能获得一个不确定的未来。但是从 19 世纪 70 年代末开始，同文馆的毕业生开始在政府甚至海外的外交岗位任职，所以，学校和英语的地位都相应地提高了。

在百日维新运动中，政府颁布了大量改革法令，学者们也试图在"中学为体，西学为用"的原则下进行改革。1898 年 7 月，清政府按照同文馆的模式颁布设立了高等院校的法令，及一系列其他的改革，以希望能通过外语促进中国对新科技的吸收。但是，以慈禧太后为首的官员们对这些改革进行了破坏。掌控着科举选拔的保守派强烈反对改革传统的考试制度，其他一些改革也被中央和地方官员忽视。

1906 年，清朝最终废除了科举考试制度，建立了以日本教育为基础的新体制，但 1894—1895 年的中日甲午战争迫使清朝放弃向日本学习。当时只提倡高中生学英语，1902 年 8 月光绪帝颁布法令将英语写入中学的课程大纲中。颁布于 1904 年的条例明确了学习西方思想的根本目标以及办学的主要目的，即培养学生忠诚和孝道的品质。换句话说，传统的中文学习和品格塑造必须是教育之本。这种新的体制通过学校教育普及，让所有年满七岁的孩子去上学，抵制儒学和新儒学的一家独尊。为了实施此政策，清朝在全国各地设立教育机构，但是资金和设备的匮乏以及符合新课程大纲要求的师资短缺阻碍了这个雄伟计划的实施。

（二）民国时期的英语教育

1912 年 1 月，清朝政府彻底被推翻，建立了中华民国（简称民国）。由于民国时期国内和国际环境的特殊性，英语及英语教育的地位不断提升，还涌现了一大批优秀的外语及翻译人才。

1922 年，民国政府颁布了“壬戌学制”，该学制参考的是美国的学制系统，采用六三三制（即小学六年、初中三年、高中三年）。英语在这个学制的学分数中占首位，与国文并列甚至超过国文。1937 年，中国教育事业受到重创。从 1912 年到 1945 年，民国政府颁布了各种学制，改革课程设置，但动荡的局势使各地也不能完全真正执行这些制度。尽管中国基础教育在这一时期总体落后，没有较大发展，但英语教育的普及速度很快。在中学教育中，英语始终是最受重视的学科，其教学时数占总学时的 15%至 20%，成了仅次于国文的主要课程，每周少则 4 节课，多则 5 到 6 节课。

在民国时期，出国留学成了一种潮流，大量的中国人到美国留学。1922 年，中国决定学习美国的教育体制。美国将庚子赔款用于在中国设立教育机构，其师资主要由美国传教士和其他教师构成。民国初期，政府公派留学生的数量大于自费留学生。1933 年，民国政府颁布《国外留学规程》，对自费留学政策放宽，从此，自费留学生的比例超过公费生。当时政府特别看重留学学位，这也是促使英语在中学教育中地位居高的重要原因之一。

二、1949 年后的英语教育

（一）俄语热时期

1949 年，中华人民共和国成立之后，受当时政治和社会环境的影响，全国各行各业兴起了向苏联学习的热潮，所以，在外语教学方面，俄语教育受到了重视。同时，国内掀起了一场批判以美国为首的西方势力和文化的群众运动和斗争。这两个事件使英语的地位直线下降，在很多地区，英语彻底从中学课堂中消失了。1953年，教育部在《关于高等师范学校教育、英语、体育、政治等系科的调整设置的决定》中指出：由于全国开设英语课的中学逐渐减少，计划今后只有少数中学保留英语课。1954年，在《关于从1954年秋季起中学外国语科设置的通知》中指出：从1954年秋季起，初中一律不设外国语科；二、三年级原已授外国语科的一律停授。这一系列的举措导致中学外语课程设置改革的两大失误：

(1)过分强调了俄语的地位而导致英语教育走入低谷。

(2)初中停开外语课导致当时的外语教育严重断裂。

1955年以后，这种俄语一边倒的局面才被逐步打破。

(二)英语的短暂复兴期

1957年到1965年为我国英语教育的短暂复兴期。当时的国际形势和我国社会主义建设的需要，均给外语教育提供了很好的改革和发展时机。这一时期，英语教学得到了普遍重视。1958年的教育改革提出突破传统的外语教学模式，开始批判填鸭式以教师和教材为中心的教学方法，要求切实地提高英语教学的质量。在课程设置、教材编写、教学设备等各方面都有了比较务实的改革运动。在课程设置方面，为了解决上一时期出现的问题，教育部多次下发文件或通知。例如，1959年颁布的《关于在中学加强和开设外国语的通知》，其要点是：(1)在初中开设外国语课程，在高中加强外国语教学；(2)中学设置各种外国语课程的比例为教俄语的学校占三分之一，教英语及其他外国语的学校占三分之二。1964年，教育部、高等教育部等五部门又联合制定了《外语教育七年规划纲要》，它总结了建国15年来外语教育的成败得失，指出了中学外语教学发展方向。1962年，英语被正式列入高考科目，同年，《全日制中学英语》课本也被应用于教学中。

(三)1966年至1976年

1966年至1976年，国家最高教育行政部门未颁布任何一份有关中学外语教学的文件，没有一个正式的中学外语教学大纲，也没有一套全国通用的中学外语教材。尽管从1969年开始，英语又重新出现在中学课表中，但英语已经不再是英语国家语言，而是汉语式的英译本，也就是将带有严重政治色彩的汉语课本用中式英语直接翻译过来的版本。教材的编写也不再以语言理论或教学法规为依据，而是一切以政治为准则。

(四)1977年以来

1977年，我国又重新恢复高考制度。随后，伴随着一系列改革开放政策的实施，我国英语教育开始迅速发展。在课程设置方面，从 20 世纪 70 年代末至 90 年代初，中学外语课程设置逐步适应了我国改革开放的需要。1982 年，教育部发布了《关于加强中学外语教育的意见》，该意见明确规定：中学语种设置以英语为主，俄语占一定比例，并可根据需要适当开设日语。此规定的重要意义在于解决了 1949 年以来一直未妥善处理的中学外语语种的设置问题。1978 年，外语再次被定为各类升学考试的必考科目。这一时期的英语教材不断更新，质量也不断提高。语言运用能力的培养在这一时期被重视起来。在教学法方面，国外一些新的外语教学方法，如视听法和功能法等被引进中学教学课堂。20 世纪 80 年代后，全国范围内又开始掀起中学英语教育研究的热潮，各地中学尝试学习各种新型的教学方法，利用先进的教学设备，并注重结合中国学生的实际，在英语教学的各实践环节开展大胆的革新和探索，积极培养学生的交际能力。2011 年，我国公布了《义务教育阶段英语课程标准》，课程目标是培养学生的英语语言能力。这个所谓的能力包括五个方面：语言技能、语言知识、情感态度、学习策略和文化意识。课程目标突出了“用语言做事”，如“用英语获取信息、处理信息和传达信息的能力，分析问题和解决问题的能力”，从而把英语教学内容从语言知识拓展到语言知识、技能、文化、情感和策略等多个方面，奠定了英语学习以语言运用能力为核心的教学理念。

第二章 大学英语教学实施的基本条件

英语教学的实施是执行一系列科学的教学计划的过程，在实施过程中需要具备一定的基本条件。在诸多条件中，英语教师和英语学习者是人力条件，也是最为重要的两个条件，对于整体教学计划的实施、教学目标的达成影响深远。本章就对大学英语教师和学习者进行具体分析。

第一节 大学英语教师

一、大学英语教师的角色定位

（一）语言知识的引导者

教师是英语语言知识的诠释者，因此，教师自身必须对专业知识有一个系统的掌握，并能够系统地分析各种英语语言现象。从教师教育的研究中不难发现，英语教师需要掌握的专业知识包含理论知识、形式知识、语境知识、实践知识等。这些知识不仅包含语言形式结构的知识，还包含语音知识、词汇知识、语法知识、语篇知识、社会文化知识等具体的语言使用的知识。英语教师只有掌握了这些知识，才能对语言材料、语言现象进行清晰的剖析和阐述，也才能解答学生在学习中所遇到的问题，从而使学生能够恰当地理解语言并实现语言输出。

（二）语言技能的培训者

英语教师不仅是英语语言知识的诠释者和分析者，还是英语语言技能的培训者。在学生进行语言学习时，对语言知识的掌握是必要的前提条件和基础，而学习语言的目的是提高和发展自己的语言运用能力。

一般来说，语言技能包含听、说、读、写、译五项。从语言的发展规律上来看，听、说位居第一，而读、写、译其次。但是，从外语教育的角度来说，读、写、译是居于第一，听、说第二。这就说明，英语教学的目标是让学生具备一定的读、写、译能力，而听、说能力是提升学生读、写、译能力的前提和基础。

因此，在大学英语教学中，教师必须掌握语言技能，这是一个全方位掌握的概念，是听、说、读、写、译的有机结合。如果不能掌握这些技能，教师就很难驾驭语言课程，也很难娴熟地对语言教学活动进行组织，更无法完成提升学生语言技能的重要目标。

另外，需要指出的是，教师还担任着英语语言训练合作者的身份。也就是说，并不是教师将任务布置给学生就可以了，还需要引导学生，参与到学生的活动中，帮助学生更得心应手，使学生既学到了知识，也完成了任务，同时提升了教学效果。

（三）课堂活动的组织者

对于任何教学来说，课堂活动是必不可少的，大学英语教学也不例外。英语课堂活动是课堂教学的载体，设计合理的英语教学活动有助于提升教学的质量。英语是一门特殊的学科，有着特殊和明显的特征，因此，在课堂上教师需要对学生的英语技能进行培养和训练，而英语课堂活动恰好是训练技能的一种有效方式。

但是，就普通大学英语课堂来说，教师可用的教具只能是粉笔、黑板、幻灯片、投影仪、录音机等设备，这些设备携带并不方便。借助于这些教具，学生可以了解很多基础性的知识，对基本原理获得更直观的了解，但学生并没有太多的机会参与到课堂中，仍旧扮演着被动者的角色。同时，英语训练需要语言环境的参与，但是普通的大学英语课堂只能提供有限的教学环境，如辩论、对话、话剧表演等，学生缺乏真实的语言训练的情境，如远程对话交流、电影配音等。虽然教师发挥了活动组织者的身份，并且活动也大多都比较直观，但这是远远不够的，很难加深学生对英语语言知识和技能的印象，也很难巩固学生的语言知识体系。

（四）课堂活动的参与者

教师不仅是活动的组织者、设计者，还是活动的参与者，教师自身要参与到活动中。教师把自己当成学生中的一员，不仅可以活跃课堂的气氛，而且可以增进师生之间的感情，协同作战，同时，作为参与者，教师也会从学生的创新活动中受到启发，从而有助于提高教学质量。

（五）教学方法的探求者

在英语教学中，教师并不仅仅是固有教学方法的使用者，也承担着新型教学方法的探求者和开发者的角色。语言教学具有很强的实践性，因此，其与教学方法关系密切。英语语言知识的分析、语言技能的掌握、课堂活动的组织等都离不开科学的教学方法。

英语语言教学的方法有很多种，如语法—翻译法、交际法、听说法、情境法、任务法、自主学习法等。这些方法无所谓优劣，可以说每种教学法都有自身的优点和缺陷。所谓教无定法，英语教师应当根据教学实际情况，将各种教学方法综合起来加以运用，如此才能获得更好的教学效果。就当前的大学英语教学来说，已经从传统的以教师为中心转向了以学生为中心，强调学生的地位，这也有助于实现教师和学生的双向互动。

（六）文化差异的解释者

我们知道，语言是文化的重要载体，因此，学习语言的过程必然绕不开文化因素。学生在学习过程中难免会遇到文化差异问题，此时英语教师就充当着中西方语言文化差异的解释者的角色。此外，从社会文化角度来说，语言是一种应用系统，具备独特的规范和规则。这也要求教师在英语教学中，除了要教授英语语言知识和技能外，还需要教授文化背景知识。

著名学者胡文仲曾指出，只学习语言材料，不了解文化背景，犹如只抓住了外壳而不领悟其精神。文化背景知识是理解过程中意义赖以产生的主要因素之一。因此，学习语言就是学习文化。在语言文化知识的教学上，除了要讲解本土文化知识，还需要讲解英语民族的文化知识。中西方语言文化的差异性主要体现在社会制度、风俗习惯、思维方式以及道德价值上，其在语言的词汇、篇章、结构上都能够体现出来。作为中西方语言文化差异的解释者，英语教师要熟知和了解中西方的语言文化及其差异性，因此，他们需要阅读大量中英文资料、观看中英文电影，积累足够的有关中西方文化差异的一手素材。

需要指出的是，在充当中西方语言文化差异的解释者的过程中，教师需要保持一种中立的态度，文化没有好与坏，在素材选取上也尽量选取那些不会伤害任何文化的素材，这样有助于更好地引导学生对中西方语言文化的认知。

（七）教学测试的评价者

根据《大学英语教学指南》，教学评价是大学英语教学的一个重要环节。对大学英语教学进行科学、全面、客观、准确的评估对于教学目标的实现是非常重要的。教学评价既是教师获取教学反馈、改进教学管理、保证教学质量的一个重要依据，也是学生改进学习方法、调整学习策略的一个有效手段。在还未利用网络技术、网络资源之前，教学质量的评价往往只通过作业本、试卷完成。教师通过批阅学生的作业就可以了解学生对知识点的掌握情况，这对普通的大学英语教学是必不可少的。但是需要注意的是，任何事情都具有两面性，抛开作业批改的质量来说，即使批改完成后，教师也没有多余的精力去总结学生的完成情况，或者去分析其中存在的问题。

（八）现代技术的应用者

在新时期，即网络、多媒体非常普及的当前社会，英语教师的职责并没有减少，而是面临着更艰巨的挑战，因为这一全新的社会形势对英语教师提出了更高层次的要求。基于网络、多媒体的英语教师必须学会运用先进的教学手段和教学模式，改变传统的教学理念和模式，使自己成为现代技术的应用者，这样才能迎合当前教育的需求。对于大学英语教师而言，熟练应用现代技术的能力主要体现在如下几个方面：

1.设计有效的主题教学模式

在新时期，大学英语教育要求教师设计和探讨新的教学方法和教学模式，既要将网络多媒体的优势发挥出来，又要提升学生的学习效率。但是，英语教师设计的主题教学模式应该是学生感兴趣的热点话题。整个主题教学模式是围绕某一主题进行的，让小组进行关于主题的分散讨论，最后以主题写作形式结束单元主题的教学。当教师运用网络来与学生进行讨论时，要对教学的内容、网上的资源进行合理安排。一般来说，讲评和讨论可以在课堂上进行，而阅读和写作可以在网络上进行。在新时期，教学中设计的每一个主题都可以在网上找到丰富的资料，包含文化背景知识和发展动态，由学生自己进行整理总结，得出自己的结论，再与其他学生展开讨论，这样就可以抛弃课本对学生的束缚。

在这一教学模式下，教师在设计时尽量链接一些有效网址，如常用热点新闻网址，帮助学生接触更多的国内外新闻知识。同时，教师可以介绍一些国内外主要报纸杂志的网址。另外，教师可以下载一些争议性、前沿性的资料，引发学生的挑战意识和欲望。当然，对于一些敏感性的话题，教师需要对学生进行正确引导，尤其是与国家尊严相关的话题。

2.建立在线学习系统并监控学生学习过程

网络多媒体技术为学生的英语学习提供了便利条件，而调控学生的学习、提供个别的指导是教师的主要任务，教师首先要做的就是建立一个完善的在线学习系统。这一系统不仅要包含教师端，还包含学生端。学生端首先需要填写自己的信息，然后按照班级向教师提出申请，进而加入这一在线学习系统中。教师对学生端进行审核，确定无误后允许学生加入该系统中。

根据导航指示,学生可获取相关资料或者下载资料。例如,在线学习系统包含“单元测试”与“家庭作业”等子项目,学生在“单元测试”中进行训练和测试,在“家庭作业”中提交自己的作业。之后,学生可以通过“师生论坛”或者 E-mail 的形式与教师或者其他学生进行讨论。

不难发现,在线学习系统是课堂教学的延伸。通过系统的处理和记录,教师可以将学生的记录进行比较综合,从而迅速、直观地了解学生的学习状况。

3. 促进交互机制实施

单纯的语言输入并不能保证语言的习得,而交互活动是语言习得的关键,其中,交互活动包含意义协商和语言输出。网络多媒体为英语学习的交互提供了很大的便利。作为交互学习的促进者,教师应该组织、指导和激发学生参与到主题单元的交互活动中。例如,利用 QQ 就某一专题与学生展开交流;利用 BBS 发布教学内容,布置学习任务给学生,为学生分析和解决问题提供指导;利用 QQ 群或者讨论组与学生进行交流等。这些网络交互活动可能具有即时性,也可能具有延时性,但是在整个活动中教师都是以促进者的身份,与学生进行平等的讨论,并给予恰当的意见。

4. 帮助学生利用网络学习

网络辅助大学英语教育的一个重要特色就是其具有网络监控作用。通过网络监控学习,有助于了解学生的学习过程,帮助学生实现自己的需要。教师是学生网络学习的帮助者,尤其是后进生的帮助者。教师可以记录学生对网页等的浏览,了解学生的参与情况和次数,帮助他们克服学习中的困难,并解决实际中的问题。但是,由于学生出现的问题不同,因此,教师应该根据不同的学生给予不同的指导和辅助,促进学生得到不同层次的提升和进步。可见,教师对学生网络学习的帮助更人性化,避免了学生出现畏惧心理,并且能够快速地解决问题,完成自主学习。

5. 搜集和分析大数据

随着在线公开课程的推广与大规模应用,学生可以免费获取大量的名校课程,学生进行学习的途径有更多的选择,这就给英语教师提供了更高的要求。数字教育平台的建立使得各门课程的网络学生有很多,网络信息库的资源能够被迅速捕捉。通过对学生的海量信息进行收集和挖掘,教师可以更准确地把握学生的特征以及学生学习的效果,并且对学生下一步的学习形式和内容进行预测,真正地实现因材施教。作为大数据的搜集挖掘者和分析者，英语教师必须把握大数据分析的技巧和方法，其中，包含模型预测、机器学习、比较优化、可视化等方法。

二、大学英语教师的基本素质

大学英语教师的基本素质大致包括以下几个方面：

（一）专业素质

1. 较高的语言水平

教师要想向学生传授语言知识，首先自己需要具备一定的语言水平。教师不仅要具备系统的英语语音、语法知识，还要具备较大的词汇量，同时，要具有良好的听、说、读、写、译能力。只有如此，教师才能够全面地掌握教材，培养学生的英语语言技能。

2. 系统的教学理论知识

教师除了要具备教育学、心理学理论以外，还要掌握外语教学理论知识，如现代语言知识、外语习得理论知识和外语教学法知识等。教师只有具备一定的理论知识，才能通过理论来指导自身的教学实践。

3. 综合教学能力

综合教学能力是指英语教学所需要的语言本身之外的教学能力，主要包括书写、唱歌、绘画、制作、表演等。

4. 组织能力

上文提到，教师是教学过程中的组织者，这就要求英语教师必须具备一定的组织能力。具体来说，主要体现在以下几个方面：

（1）教师要能控制课堂教学过程，了解学生在课堂上的各种情绪。

（2）教师要控制学生的注意力，如果学生出现注意力不集中现象，要注意及时引导学生。

（3）教师要注意引导学生积极参加课堂活动，提高学生的积极性。

（4）教师要使用适当的课堂用语。

5. 较强的科研能力

英语教师不仅是教学的实践者，还是科研参与者，是英语教学与学习规律的研究者。具体来说，教师应当努力学习国外教学理论，同时，充分考虑我国教学特色，结合我国教学实践，不断调查研究，总结经验，并将经验上升为新的理论，促进我国英语教学的不断发展。

（二）人格素养

人格素养是教师素养的综合体现。“学高为师，身正为范”概括了教师的职业特征和专业特征，同时，概括了对现代英语教师人格塑造的要求。一名优秀的英语教师应具有高尚的道德品行，令人愉快的性格，宽容、谦逊、好学的品质，正确的自我意识，良好的心理素质，幽默的语言表达，和谐的人际交往，端庄的仪表风度，崇高的审美素质，积极耐心的工作态度以及丰富的知识经验等。这些方面并不是孤立的，而是相互联系、相互影响的。

（三）心理素质

在英语教学中，一名合格的英语教师应该具备良好的心理素质，这样的教师也往往受学生的欢迎和喜爱。英语教师可以从以下几个方面培养自身的心理素质：

1. 性格方面

教师的性格在一定程度上会对课堂氛围、班级气氛和学生的热情产生影响。一名性格外向、充满教学激情的教师的课堂也会充满向上的张力，学生在这样的氛围下的学习热情就会十分高涨，学习效果自然事半功倍。相反，如果教师性格内向、保守，在教学和学生教育上就会停滞不前，课堂气氛也会相对沉闷，从而影响了学生的学习兴趣。因此，英语教师应该尽量活泼热情，并能很好地调动学生的情绪，把控课堂气氛。

2. 情感方面

在情感上，教师要真诚地对待每一位学生，对学生的进步予以鼓励和支持，对学生学习上的问题要给予指导和分析。英语教师要热爱自己的学生，对学生一视同仁，不能依据成绩的高低而判断学生的好坏。不仅如此，教师还要注意在课下关心学生，努力和学生建立一种和谐友好的师生关系。

3. 意志方面

英语学习是一个需要长期坚持和努力的过程，学生的成功也不是一蹴而就的。因此，教师一定要有耐心，具有持之以恒的精神。此外，教学过程中难免会遇到各种各样的困难，教师要勇于面对挑战，不断发现问题、总结问题、解决问题。

三、大学英语教师专业能力的发展途径

在当前世界各国的教育界，教师发展问题已成为普遍受重视的战略性课题。在我国，教师各方面素质的提升是推进整个教育改革的有效保障，教师的发展决定着教育的质量。虽然高等师范院校的专业教育是教师发展的途径之一，然而这并不能满足不断更新的教学内容和新课程目标的要求，教师在职教育是教师发展过程中必不可少的一个途径。这里主要介绍以下几个教师自身发展的途径：

（一）校本培训

良好的教学能力既需要教师自身专业技能的发展，也需要通过严格的校本培训提供支持。校本培训是根据学校课程和整体规划的需要，由学校发起组织的、旨在满足个体教师工作需求的校内培训活动。校本培训的具体途径包括以下三种：

1.校企合作

“校”指的是学校，而“企”指的是企业或“行业界”“工业界”，因此，校企合作简单来说就是学校与企业的合作。

在教育领域，校企合作是对教育活动、改革发展情况等规律的整合和揭示。在著名学者杜威看来，学校就是社会，而教育就是生活经历，学校是社会生活的一个重要形式。① 因此，从杜威的观点中可以看出，校企合作途径是学校与企业为了实现各自的目的而建立的一种合作共同体，其构建的目的是实现产品研究、技术开发、教育培训、学习者培训、社会服务等。

在具体的实践中，校企合作途径要求高校和企业构建符合要求的高素质的专业教师队伍，这需要从以下两点着手：

(1)英语教师深入企业，进行亲身体验与实践。在企业中，英语教师可以深层次感受企业文化，从而树立企业观、市场观，也明确自己的教学目标，

---

① 叶鉴铭，周小海.试论“校企共同体”的共同因素及其特征[J].学术交流，2010,(3):199.

提高自己的教学技能。

(2)企业的高级员工去高校讲学,使教师队伍进一步强化,解决当前高校师资力量短缺的问题,最终实现师资共建。

2.校本督导

校本督导是由学校成员参与的督导过程,目的是提升学校教育质量。校本督导有很多种形式:常规督导形式、自我督导形式以及教学督导形式。

(1)常规督导形式。这是一种必不可少的督导形式,其意义与行政监督有着相似的地方。常规督导形式往往是由学校主管部门或者院系领导定期组织听课,观察任课教师的课堂行为与教学活动,从而对任课教师提出意见,给予任课教师一定的帮助。

(2)自我督导形式。这一形式是由教师自己制订专业发展规划,然后独自实施,最后完成自己的专业发展规划,实现自己的专业发展。自我督导可以采取多种形式,如参加相关研讨会与座谈会、组织学习者评价自己的教学行为、对研究报告和专业杂志进行分析、通过录像等设备来分析自己的教学活动等。

(3)教学督导形式。这一形式主要是由督导教师对任课教师进行有针对性的帮助活动,从而进一步提升任课教师的专业技能。这一督导形式是面对面的督导,通常采用的方式有诊断性督导、微格教学技术等。其中,诊断性督导是最常用的教学督导形式,其帮助的对象往往是新教师或者缺乏教学经验的教师,有助于帮助这些教师解决问题,促进新教师向成熟教师的方向发展。

3.校本专业培训

教师队伍整体素质水平的发展可通过教师专业化的培训来实现。

(1)培训内容

①教师在培训中要系统了解语言教学的基础理论知识和国内外英语教学的发展趋势,把握英语这门学科最新的教学理论和动态发展。

②教师通过培训要能够将新的教育观念和思想内容融入英语课程的设计、教材的分析以及课堂教学模式的设计过程中。

③教师通过培训要熟练掌握和运用现代教育技术,如独立制作多媒体课件,在计算机和网络的应用中做到技术娴熟。

④通过培训,教师要掌握系统的英语测试及评估理论,能够运用科学的评价方式来评价自己与同事的教学,以及学生在学习过程中的具体表现。

⑤通过培训,教师要具备一定的科研能力,从而可以在总结中反思自己

的教学得失。

总之，教师的专业培训需要在终身教育思想的指导下贯穿整个职业生涯的始终。

(2)培训措施

教师专业培训的顺利进行离不开教育相关部门的大力支持和帮助。

①学校管理者要更新观念，将学生培养与教师培训放在同等重要的位置，在生活上多多关怀教师，减轻教师的低效劳动负担，让教师有充分的时间、精力来提高自己的教学水平和研究学习。

②学校管理部门要为教师提供一种宽松的民主环境，让教师可以自由地施展自己的个性和才华。

③完善培训的管理措施，有效解决教师的学习和正常工作之间的矛盾，大力鼓励教师积极参加在职教育的培训。

④为教师制订新的考评内容和标准。对于教学水平和技术能力的考评，一定要避免盲目追求形式和恶性竞争的不良循环，如此才能实现促进教师专业成长的目的。考评的作用之一就是引导教师学会自我总结和反思，以便改善自己的教学方式。因此，考评制度和标准的制订一定要从教师专业成长的角度出发，最好能够为教师建立成长档案，帮助教师全面了解自己，从而准确把握自己的成长阶段和发展方向。

需要注意的是，很多教师对于继续教育都持有一种“无所谓”的态度，他们认为培训的内容大多“学非所需”，并不能真正让自己提高教学技术水平，故不想浪费时间和精力在专业培训上。其实，教师可以选择一些“订单式”培训，这种培训的宗旨就是让教师有自己选择学习内容的自由，也就是说教师是专业培训的主人，培训内容可真正实现“学有所用”。订单式培训以教师的个性特点为依据，强调理论与实践相结合，以形成教师个性化的教学风格为最终目标，并且这种培训还有后续、长期的指导和实践。在对教师进行专业培训时还需要关注一种客观情况，即教师作为个体具有鲜明的个体差异性。现代英语教学要求教师形成自己的个性化教学，具有特色意识，避免使用单一、公式化的教学方法，因此，在对教师进行专业培训时应考虑实际情况。也就是说，教师专业培训需要针对不同年龄、水平、特长的教师制订不同的培训项目、标准和进度。现代教师发展的核心不是对教师优劣情况的筛选，而是在承认个体差异性的基础上帮助教师全面认识自己，扬长避短，最大限度地发挥自身的优势，从而在实现自己人生价值的最大化。

(二)教学观摩

教师可以通过对他人和自己的专业实践进行观察，帮助自己发现问题并进行反思，从而不断获得专业发展，这就是观摩法。观摩法既包括自我观摩，也包括同行观摩，即对同事或同领域的其他学者的专业实践活动进行的观摩。

自我观摩也就是反观自我，主要是通过观看自己的专业实践活动的录像来审视自己的教学。同行观摩是打破同行间的交际障碍并最终取得专业发展的有效办法(Bailey et al.，2004)。这里的同行观摩不是指有关专家或者领导进行的督导或者指导，而是指身份相同、目的相同的同行间的互相观摩。在这种观摩中，大家的目的是一致的，即互相发展、共同进步，因此，教师可以开诚布公、毫不隐瞒地展示自己的专业实践活动，无论是观摩者还是被观摩者都会有所收获。同时，观察者本人作为教师会要求同行进入自己的专业实际场所进行观摩，指出自己的优点和不足，从而共同进步。

(三)师生合作

教师必须改变传统的师生关系，以学生为中心，成为学生的朋友，与学生建立友好、互信的合作关系。只有教师和学生都积极地参与到教学活动中，彼此之间进行互动交流，才能保证师生之间实现知识共享。

1.构筑民主的师生关系

就理想的师生关系来说，他们应该是平等民主的。根据民主教育思想，英语教师应该将学生个体的价值凸显出来。每一位学生都有自己的权利、尊严、情感需求，教师要对学生的这些层面予以尊重，将学生的主体性发挥出来。传统的英语教育强调以教师为中心，即学生要尊重教师，但是应该认识到学生尊重教师的前提是教师要尊重学生。因此，在构筑师生合作模式时，教师应该是民主化的教师，即具备民主的教风、民主的思想、民主的作风等，并且能够与学生平等地进行交流与合作。

2.构筑合作化的情境

根据情境认知理论，知识的学习是围绕知识运用这一情境展开的。知识的学习不仅是学生在学习，更重要的是教师在学习。教师的学习与其工作融合在一起，通过不断的学习，他们可以改进自己的教学质量，提升自己的教学素质和能力。学生的学习就是在固有知识的基础上构建新的知识，是基于创造、问题、合作的学习。因此，在构筑师生合作模式时，教师和学生都应该创设真实的语言情境，也只有在这真实的情境中教师、学生、教材才能形成一个对话的格局。

3.构筑师生合作的共同愿景

在构筑师生合作模式时,共同愿景是所有人员都追求、认可的美好愿望。师生合作意味着师生之间共同分享、参与。在这里,教师和学生都知道他们正在做什么,也知道做的事情与生活的关系。

第二节 大学英语学习者

一、大学英语学习者的角色定位

(一)大学英语学习者的基本角色

(1)学习者。在学习英语的过程中,学习者积极地进行相应的练习,对自己的学习负责,并根据自身的需求和现有的知识程度确定学习目标,制订学习计划,监控学习过程,评估学习结果。

(2)参与者。学生无疑是教学过程的重要参与者,学生的学与教师的教的有机结合才能保证教学的顺利进行。

(3)创新者。学生还要努力成为一名创新者,突破教条的桎梏,积极培养发散性思维,学会举一反三,树立正确的学习观和人才观,将学习与实践相结合,树立创新意识,增强自身创新思维和创新精神,促进德、智、体全面发展。

(二)生态教学中学生的角色

生态教学以教师、学生共同组成的生态平衡为中心,强调教师与学生之间的对话与合作,从而使得以教师和学生为主要元素构成的生态系统稳定持续地发展下去,达到最佳组合效果。具体来说,生态教学中学生的角色主要有以下几个:

1.生态系统的主体者

生态系统的构建要求彼此之间相互依存、共生发展。生态教育观将学生视为主体要素,以学生的发展为本,通过实现学生的全面成长来带动整个系统和谐稳定地向前发展,这也是和目前国内基础教育课程改革的理念相吻合的。

2. 自我学习的开拓者

当前,“教师主导、学生主体”的双主课堂模式已被大多数人认可并倡导。对于学生来说,没有谁比自己更了解自己。只有学生自己才能正确深刻地体会到自己内心的需要所在,了解自己渴望发展的方向。因此,学生应该在教师的指导下,努力成为自己学习过程中的开拓者,把自己锻炼成一个自主学习者。

3. 和谐发展的促进者

在生态教学系统中,教师和学生应保持一种和谐合作的关系。对学生来说,不应简单地将教师视为权威,而是在发现教师的错误时要勇于指出,提醒教师进行改正。

二、大学英语学习者的差异分析

这里我们从以下几个方面探讨学习者之间的差异,这些差异对学生的学习效果以及教师的教学效果都有重要影响。

(一)语言潜能

语言潜能不仅是学习英语的一种认知素质,更是一种能力倾向,简单地说,就是学习英语的天赋。努力提高学习者外语学习的素质就是要培养学习者的语言综合运用能力,而语言潜能就是指学习者的潜在能力,也是英语学习策略形成和使用的重要主观因素之一。不同学生的语言潜力必然会存在一定的差异,因此,在英语学习策略的培养过程中,学生应该从自身实际情况出发,选择符合自己的学习策略,从而努力提高自身的学习效果。

(二)智力水平

智力水平是学习者的智力所能达到的程度。研究表明,智力水平对英语学习策略的形成和使用有着一定的影响。

智力水平一般的学生只有经过教师的相关指导,或者在学习过程中对学习策略进行有针对性的训练,才能逐步地形成适合自身学习水平、智力水平的学习策略。

相比之下,智力水平较高的学生具备独立自主的学习能力,往往可以根据教师在课堂上讲解的内容,结合自己的学习经验以及理解能力,自发地创造一套有效的学习策略。

（三）学习策略

学习策略简单来说就是一个包含主动意识的概念。英语学习策略主要包括认知策略和元认知策略。

1.认知策略

认知策略包括三种构成要素：注意策略、记忆策略、提取策略。

（1）注意策略。具体来说，英语学习者对课堂中的问题进行积极思考，然后积极回答这些问题，在课堂上认真做笔记，仔细记下教师强调的重点项目内容，这就是注意策略。

（2）记忆策略。记忆策略主要包括以下几个要素：

①复述策略。复述表现为口头和默想两种形式，经过复述的英语知识才能长时间地储存在头脑中。

②精加工策略。精加工策略可以表现为写内容提要和内容摘要的方式，前者是用自己的话概括中心大意，而后者使用原文的部分语言概括中心思想。

③多重编码策略。它主要是指通过语言和图表等多种形式进行记忆，这样的记忆更加深刻。

④过度学习策略。如果花费 10 分钟能记忆有关知识，那么最好花费 10 分钟以上的时间去学习它，这样的记忆效果是最好的，这就是过度学习策略。

⑤复习策略。复习策略主要包括及时复习、间隔复习、分散复习。根据艾宾浩斯遗忘曲线，学习材料在刚开始时遗忘得最快，所以，及时复习就能事半功倍。另外，每隔一段时间对已经学过的知识进行循环复习，能加强记忆效果，当然，间隔的时间需要不断调整，这就是间隔复习。再者，有时候利用零碎的时间复习知识比集中在某一大段时间复习能取得更好的效果。在实际的学习中，要根据需要灵活地选择复习方式或者将它们结合使用。

（3）提取策略。提取策略主要分为以下三种：

①联想追忆法，指基于事物的相似性和对立性由一种知识联想到另一种知识的学习策略。

②推理促进法，指根据事物之间的本质联系，运用推理来联想到另外一种知识。

③再认助忆法，指通过不断接触已经学过的知识来增强学习者对知识的熟悉程度。例如，对电视中出现的英语内容以及商品说明书上的英语内容进行思考和反应，就是再认助忆法。

2.元认知策略

在学习过程中,学生仅仅知道认知策略是不够的,还应该能根据不同的学习任务选用最合适的策略,这就涉及元认知策略的问题。具体来说,元认知策略的应用表现在以下几个方面:

(1)在英语学习过程中,理解知识是需要一些手段的,非语言信息就是一种手段,如图表。

(2)先制订学习目标,然后形成详细的学习计划。

(3)对学习中的优势和弱势具有清晰的认识。

(4)发现或者创造英语学习的机会,通过多种途径学习英语。

(5)在英语学习中遇到困难时,能够镇定地寻找解决的方法。

(6)在评价自己的学习效果时要保持客观的态度,总结学习方法。

要想获得英语学习策略,必须满足以下三个条件:

(1)意识到管理观念与管理方法的价值。学习的失败不是由学习观念和学习方法导致的,而是由管理观念和管理方法的缺失导致的。或者也可以说,情商比智商更有价值。万事开头难,掌握学习策略的初始阶段是艰难的过程,因为策略需要实践的检验和巩固。一旦实践的量提升到一定程度,质的飞跃就会出现,学习者就会自如地运用学习策略。

(2)正确认识努力的作用。不是仅仅依靠努力,就能获得学业的成功。学业成功的影响因素是复杂的、变化的。所以,这就是有些学习者的学习动机很强、也很努力,可是学习成绩不是很突出的原因。当他们的努力没有获得预想的成功以后,他们就会误认为自己没有英语天赋,接着就在绝望中放弃英语的学习。静下心来思考不难发现,他们是因为没有运用适合于自己的学习策略。

(3)明确学习策略的动态性。英语学习成绩不是一成不变的,有些学习者的英语学习成绩在中学时非常优秀,所以,他们认为在大学同样可以获得优秀的英语学习成绩。他们想当然地将中学学习策略应用于大学英语学习,结果事与愿违。大学英语学习和中学英语学习有着本质的区别,如阅读文章篇幅的长短就明显不同。另外,大学英语教学常结合信息技术,采用多媒体授课,所以,学习者记笔记的方法要更新,否则无法在听讲和记笔记中游刃有余。

(四)学习风格

学习风格是学生对学习的一种感知、认知以及情感上的倾向和偏好,学习风格是教师了解学生行为的重要工具。通过研究不同学生的学习风格,教师可以知道学生在英语学习中遇到的实际问题，从而帮助他们有效地解决问题。教师对学生学习风格的肯定和尊重，不仅可以调动他们的积极性和灵活性，也可以提高他们的自主学习能力。对于学生而言，了解自己的学习风格可以让他们更加关注自己的学习过程，找到存在的缺陷，从而改变原有的学习风格，发挥自身的潜能。此外，学生能主动观察他人的学习方法，逐步拓宽学习渠道。概括来说，学习风格可以按照以下标准来进行划分：

1. 以认知方式为标准

根据认知方式，学习风格可以分为以下几种：

(1)以学生接受信息的方式划分为整体型与细节型。整体型学生具有较高的直觉性和模糊性，善于从全面、整体的角度来解决问题，但准确性与深刻性较低，遇到学习困难时会从他人处寻求帮助。细节型学生从细节着手分析和思考，善于对具体信息的把握和记忆，进而发现不同实体间的差异，理解具体信息时常采取精细的形式，遇到问题时会将其切分成细节来理解。

(2)以学生对自身情况是否依赖划分为场依赖型与场独立型。场依赖型学生习惯于从整体上进行思考，由于易受外界干扰，常常离不开教师或其他学生的帮助。此外，场依赖型学生也不善于独立思考和解决问题。相比较而言，场独立型学生善于独立思考和解决问题，通常不需要教师和他人的帮助，也不会受到外界干扰。实际上，场依赖型和场独立型是截然不同的信息处理倾向，大多数学生的状态都是介于二者之间的。

(3)以学生处理左右脑信息的强弱划分为左脑主导型与右脑主导型。左脑主导型学生擅长逻辑性分析，更加关注细节信息，取得的学习效果通常比较理想；右脑主导型学生十分确信自己的直觉，习惯抓主旨大意，灵活性较强。

2. 以个性特点为标准

按照个性特点的不同，学习风格可以划分为以下几种类型：

(1)开放型与封闭型。开放型学生不受时间和规则的限制，习惯顺其自然。他们善于收集和总结外部的信息，而且常常在收集足够的资料之后才会做出结论，属于发现式学习。封闭型学生希望能够得到明确的指令和解释，不能接受模糊式学习，因此，他们习惯于制订计划，并且在规定的期限之内完成任务。

(2)外向型与内向型。外向型学生兴趣广泛，善于交往。在课堂上能够积极参与讨论、回答问题。一旦有接触英语的机会，他们会克服困难，勇敢表达自己的思想。内向型学生兴趣较少，善于独处，比较惧怕学习过程中遇到的问题，在课堂上不愿意参与问题的讨论，而是更习惯于独立思考问题。

(3)直接型与程序型。直接型学生习惯于从推测或抽象思维的视角来发现事物的规律。程序型学生善于严格按照指令做事，常常从传统记忆的角度来发现事物的规律。

3.以感知方式为标准

不同的学生具有不同的感知偏好，因此，在学习过程中，学生必然会思考感知方式的问题。按照感知方式的不同，学习风格通常可以分为以下三个类别：

(1)动觉型学生主要采取实践学习的方式。具体来说，学生主要在实践过程中获取新的知识和信息。在亲身的实践过程中，这类学生能体会到无比的快乐，而且他们习惯于挑战性的活动，并愿意去执行计划。

(2)听觉型学生主要通过耳朵来进行学习。因此，他们不擅长书面表达，而是更习惯于教师的口头传授。

(3)视觉型学生主要运用眼睛来进行学习。所以，他们不习惯口头传授的形式，而是更习惯于教师利用板书或者多媒体工具展开教学。

(五)自我效能感

自我效能理论是由著名的社会学理论的创始人班杜拉(Bandura)提出的。

1.自我效能感的功能

自我效能感具有两大功能，具体如下：

(1)影响人们的情感反应、思维模式，继而对人们习得新的行为带来影响。一个个体拥有的自我效能感越高，那么他就越会对自身与环境间的关系进行充分利用，如何完成任务、解决困难将成为他关注的焦点。相反，一个个体拥有的自我效能感越低，那么那些不利的后果或者曾经的失败就越会吸引他的注意力，这不仅会带来较大的心理压力，还会对实现自身已有的行为能力带来阻碍。

(2)影响、决定人们的选择和对选择的坚持程度。自我效能高的个体常选择具有较高的突破性与挑战性的项目，并以最大的努力和坚定的信念迎接遇到的困难，直到取得成功。相反，自我效能低的个体常选择难度较低、缺乏挑战性的项目，遇到困难时常采取听之任之或逃避的态度，不仅难以完成任务，有时甚至对项目丧失信心。

2. 自我效能感对学生学习的具体影响

自我效能感对学生的语言学习有着极大的影响，这种影响主要通过以下两个层面来体现：

(1)对学生的语言学习策略的选择产生影响。对那些可以自我控制的环境，学生可以做出选择，然而对那些不能控制的环境，学生很难进行选择，有时甚至主动规避。对同一项语言学习任务而言，学生常常依靠自我效能感来调节、控制有效与无效的学习策略的选择。

(2)对学生运用语言学习策略的动机产生影响。班杜拉认为，要想让学生产生学习动机，必须让他们认为有能力胜任某项学习任务，这就离不开强大的自我效能感。当学生的自我效能感较低时，他们对恰当的学习策略持拒绝态度，通常不愿意尝试，有的甚至避而远之。不难发现，对学生的学习动机来说，自我效能感的作用不容忽视。

三、学习者跨文化交际能力的培养

当今时代，多元文化发展已经成为趋势，因此，在跨文化背景下，需要重视对学习者跨文化交际能力的培养，使其成为具备国际化视野、能参与国际事务的高素质英语人才。具体来说，可以从以下几个方面做出努力：

(一)树立全球文化意识

培养跨文化交际能力首先要帮助学生树立全球文化意识。尽管普遍存在着人类文化的差异，但是具有某些共同特点的全球文化正在出现，大众传媒和现代传播方式，如网络及其衍生的推特(Twitter)、脸书(Facebook)、YouTube 视频及其他即时通信应用程序等正在打破地域和文化之间的界限。作为文化素质教育一部分的大学英语教学，应该致力于培养面向世界的全球化人才，使学生具备跨国事务能力去适应全球市场的要求，能够共享全球资源。

为促进不同文化的人们进行交流，约瑟夫·勒夫特(Joseph Luft)与哈林顿·英格拉姆(Harrington Ingram)提出“约哈里之窗”(Johari Window)的理论，以促进人类的跨文化交际。[①] “约哈里之窗”将交际双方对彼此的

---

① 陈向明. 旅居者和“外国人”——留美中国学生跨文化人际交往研究[M]. 北京：教育科学出版社，2004：18.

了解分为4种情形：自己知道、自己不知道、对方知道、对方不知道。4种情形组合成4个区域：开放区、盲目区、隐蔽区、未知区。

“约哈里之窗”图解了人类交际中可能出现的状况，人们据此可以采用相应的措施提高交际质量。如图2-1所示，交际双方要提高交际质量，双方都必须扩大开放区，同时缩小盲目区、未知区和隐蔽区；交际双方还必须对自己的和对方的文化有系统的了解，要对彼此的异同有洞察；交际双方也应该对自己的文化做尽可能多的介绍和解释，使对方明晰；来自不同文化背景的交际者应该把握机会做尽可能多的直接交际，从而更深刻地理解和体验异文化。

	自己知道	自己不知道
对方知道	开放区	盲目区
对方不知道	隐藏区	未知区

图2-1 “约哈里之窗”

（资料来源：康莉，2014）

（二）增加文化导入

关于文化导入的内容问题，学者们意见不一。有的学者主张将文化导入的内容分为交际文化和知识文化两类。所谓“交际文化”，指的是两个文化背景不同的人进行交际时直接影响准确传递（即引起偏误或误解）的语言和非语言的文化因素；所谓“知识文化”，指的是两个文化背景不同的人进行交际时，不直接影响准确传递信息的语言和非语言的文化因素。这样划分的主要目的是在外语基础阶段教学中使师生侧重影响准确交际的交际文化因素的教学。概括起来，文化导入的方法主要有以下几种：

（1）注解法。注解法是指教材编写者将教学材料中容易引起学生理解困难的词语或表达法在课文后用专门篇幅加以注解。这种方法的优点是灵活、简便，适用于各种语言材料各个阶段对某一语言现象的突出。

（2）融合法。融合法是指将文化内容与语言材料结合在一起，如语言材料本身就是介绍目的语文化习俗、词语典故、历史事实等。这种方法的优点是材料本身容易引起学生的兴趣，文化知识和语言知识的学习可以有潜移默化的效果。

（3）实践法。实践法指学生通过具体的听、说、读、写语言实践，学习和了解目的语社团文化知识，如观察、看录像和电影、举办专题讲座等。

（三）加强跨文化培训

跨文化培训是解决跨文化冲突的有效途径。当前的大学英语教学偏重于纯语言技能的训练，忽视了对大学生的跨文化培训。通过跨文化培训，全面系统地讲授目的语文化的价值观念、伦理道德、风俗习惯、法律制度等，可以提升大学生对目的语文化的认识和文化敏感性，使他们理解和尊重异文化，减少文化冲突。跨文化培训还包括培养大学生的观察能力和面对面交际的能力，使他们在模拟真实的环境中学习目的语文化。

第三章　大学英语语法教学的理论阐述及方法运用

语法是语言的重要因素，是语言中各个成分的排列规则和规律。要想学会和使用一门语言，语法规则是必须要掌握的，所以，英语语法教学应该是大学英语教学的重要组成部分。但是，现在的大学英语语法教学存在着各种问题，这些问题不仅影响着语法教学效率的提高，而且限制了学生语法能力的培养，因此，大学英语语法教学应加深对理论知识的探索，同时有效运用各种教学方法，从而改善教学现状。本章就在分析大学英语语法教学理论的基础上，探讨大学英语语法教学方法的运用。

第一节　大学英语语法教学的理论阐述

大学英语语法教学的主要目的就是提高学生对语言的掌握程度，培养学生的语法能力。但在开展教学之前，教师有必要让学生了解语法教学的基础理论，如什么是语法，语法教学的内容、目标、原则与现状等。

一、什么是语法

学生在学习英语之初就会学习语法，那么什么是语法呢？针对这一问题，不同的学者给出了不同的解释。

威多森(Widdowson，1990)认为，词汇的变化规则和用词造句规则系统地构成了语法。

拉森-弗里曼(Larsen-Freeman，2005)指出，语法主要包含三个方面，分别是语形(morphosyntax)、语义(semantics)和语用(pragmatics)，而且这三个方面相互依存，如果一方发生改变，另一方随之发生变化。

胡壮麟(2000)指出，“如果语言教育的目的包括教会学生正确地、有意识地和得当地使用英语，我们就应该把语法看作一个理性的动态系统，而不是任意规则的静态系统。"①

戴炜栋(2006)认为,语法的范围十分广泛,既包括语言规则和语用规则的元语言知识,也包括构成语言项目的关于规则方面的知识和词性规则、句法规则方面的知识。

通过以上各位学者的定义可以看出,语法有着广泛的含义。综合而言,语法是语言的组织规律,人们要借助语法规则来组词成句,赋予语言意义,并通过语言进行交际。可以看出,语法对交际有着重要的影响,如果不重视语法,交际也会因此受到影响。

二、大学英语语法教学的内容与目标

(一)大学英语语法教学的内容

大学英语语法教学的内容具体包括词法、句法、章法和功能几个方面。

1. 词法和句法

初级阶段的语法教学包括词法和句法两个部分。词法可以进一步分为构词法和词类。构词法讨论不同的词缀以及词的转化、派生、合成等内容,词类可以进一步分为静态词和动态词。

句法可以分为三大部分,即句子成分、句子分类、标点符号。其中,句子成分是指单词、词组或短语在句子中所起的作用或功能。依据不同的分类标准,可以将句子分为不同的类型。

英语语法教学中的词法和句法的具体内容如图 3-1 所示。

由于英语词法和句法知识具有零散性,因此教师在语法教学中要注重体系化和系统化。

2. 章法

当学生熟练掌握了词法和句法之后,就要进行章法的学习了。章法教学主要是对句子之间的逻辑关系、篇章结构的教学。例如,表示比较对照的词语,如 by contrast,by comparison,unlike 等;表示程序的词语,如 first,second,then,finally 等,这些都属于章法的范畴。

---

① 转引自冯莉.大学英语语法教学理论与实践[M].长春:吉林出版集团有限责任公司,2009:7.

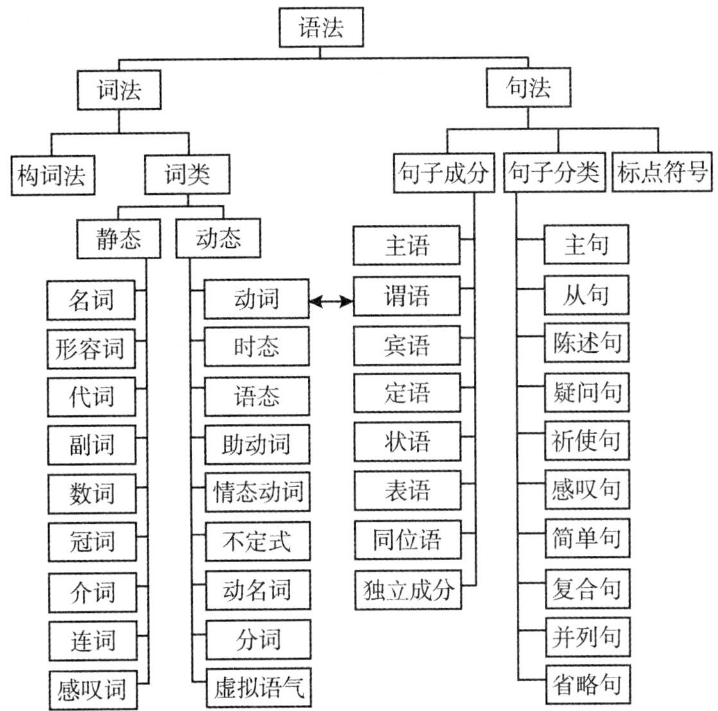

图 3-1 英语语法教学中的词法和句法

（资料来源：冯莉，2009）

3. 功能

所有的语法项目都具有一定的表意功能，所以，语法的功能也是英语语法教学的重要内容。例如：

Wife：That's the phone.

Husband：I'm in the bathroom.

Wife：OK.

上述对话中妻子的话与"That's a pencil/bag"所表达的意义不同，其传递了一种言外之意，即"妻子要求丈夫接电话"。丈夫的回答并不是简单地说自己在洗澡，而是告诉妻子自己不能接电话，既是拒绝，也是表达一种要求，即让妻子接电话。

可以看出，语法体系十分广泛，涉及词法、句法、章法以及功能等。在具体的语法教学中，教师应根据教学目标，循序渐进地向学生传授语法知识。

（二）大学英语语法教学的目标

丰富学生的语法知识，提高学生的语法能力，促使学生有效地进行跨文化交际，这是大学英语语法教学的主要目的。关于大学英语语法教学的目标，《高等学校英语专业英语教学大纲》提出了具体要求，介绍如下：

入学要求：

(1)能识别词类。

(2)区分名词的可数性和不可数性，区分可数名词的单、复数形式。

(3)基本掌握各种代词的形式与用法、基数词和序数词、常用介词和连词、形容词和副词的句法功能、比较级和最高级的构成及基本句型、冠词的一般用法。

(4)了解动词的主要种类、时态、语态及不定式和分词的基本用法、句子种类、基本句型和基本构词法。

二级要求：

掌握主谓一致关系、表语从句、宾语从句、定语从句和状语从句等句型、直接引语和间接引语的用法、动词不定式和分词的用法、时态、语态和构词法。

四级要求：

(1)熟练掌握主语从句、同位语从句、倒装句和各种条件句。

(2)初步掌握句子之间和段落之间的衔接手段。

六级要求：

较好地掌握句子之间和段落之间的衔接手段，如照应、省略、替代等。

八级要求：

(1)较好地掌握句子之间和段落之间的衔接手段，如照应、省略、替代等。

(2)熟练地使用各种衔接手段，连贯地表达思想。

三、大学英语语法教学的原则

在大学英语语法教学中，教师应遵循以下几个基本原则，来培养学生的语法能力，保证语法教学效率。

(一)以学生为中心原则

在教学不断发展的同时，学习观也在不断发生变化，学习不再被看成单纯地接受信息的过程，而是学生共同参与的过程。培养学生的英语综合应用能力是英语教学的主要目的，因此，英语语法教学应从“提供知识”向“展开活动”转变，鼓励学生积极参与，让学生在参与、实践和体验中共同建构语法知识，提高语言能力。换句话说，在大学英语语法教学中，教师应以学生为中心，充分发挥学生的积极性，鼓励学生参加语言活动，努力将语法规律的发现、学习和掌握让学生自己去完成，从而培养学生的语法学习兴趣。

（二）真实性原则

大学英语语法教学还要遵循真实原则，这一原则与交际原则是相辅相成的。语言学习的目的是交际，而现实中的交际都是真实的，所以，语法教学要具有真实性，这样学生在言语活动中感受语法时，语法不再只是一些抽象的规则，而是活生生的交际生活中必不可少的组成部分。学生在这种真实性教学中能提高有效学习的兴趣，而且能了解语言运用的语境，从而有效提高学习的效率。

（三）循序渐进原则

人们对事物的认知往往都要经历一个由浅入深、由简单到复杂的变化巩固过程，不可能一次完成。语法学习也要经历这一过程，这样才能更加牢固地掌握语法知识。根据这一规律，教师在教学中就要遵循循序渐进原则，即遵循由表及里、由一般到特殊的原则开展教学。此外，教师在教授语法点时要不断循环往复，这种循环往复并不是简单的重复，而是根据具体情况有变化的重复，以使学生在“认识—理解—掌握—运用”的过程中掌握语法。

（四）系统性原则

英语语法教学中存在的一个普遍问题就是系统性不强，对一些相近的概念解释不清。语法是关于语言知识的系统描写，如果学生所掌握的语法知识不够系统，则不利于他们语法知识的理解和记忆，也不利于他们对语言的灵活运用。因此，在大学英语语法教学中，教师应遵循系统性原则，引导学生及时总结和归纳语法知识，使其更加系统。学生只有了解语法之间的关系，才能触类旁通，在头脑中形成完整的语法体系和图式。具体来讲，教师要突出阶段性和系统性，一段时间的教学之后，教师就应全面系统地归纳语法知识，帮学生建立结构完整的语言体系。而且教师应注意新旧知识之间、新输入与原有经验之间的关系。教师在语法教学中应适时地归纳已学知识，让学生的新旧知识之间建立起联系，以已有知识作为新知识的“生长点”，去引导学生建构新的知识，进而不断丰富学生的语法知识，培养学生的语法能力。

（五）交际原则

学习语法知识不仅是要了解和掌握这些知识，而且是要将这些知识应用于交际。有学者指出，在语法教学中，了解语法概念固然重要，但是只读语法书并不能真正了解语法概念，还必须不断地实践才能清楚语法概念，所以，学习语法并不是机械死板地背一些语法的条条框框，还应在实践中不断运用所学的语法知识。因此，在英语语法课堂教学中，教师应变传统的语法知识体系为语法应用体系，将语法学习与语法应用结合起来，培养学生的语言运用能力和交际能力。

（六）精讲多练原则

大学英语语法教学应遵循精讲多练原则。英语语法规则本身就比较烦琐，所以，在教学中讲解语法规则时应避免赘述，力求所讲之处一语中地，切中要害，并充分利用教具，通过一些形象、直观的方式讲解，从而使学生从“懂语法”到“会语法”。在精讲之后，通常还要进行大量的练习，并且练习的方式应确保丰富、多样，如采取英汉互译、改错以及应用性写作等。此外，在举例时，应与学生的现实生活和工作贴近，确保例子具有鲜明的时代特点，尽量避免列举一些陈旧的例子，并且所选择的例子应尽可能有利于激发学生思维的积极性，促使学生主动参与教学活动。

（七）情景性原则

在大学英语语法教学中遵循情景性原则，其目的是培养学生运用语法的能力。具体而言，教师在教学中应多注意收集学生感兴趣的话题，并将它们设计成相应的情景，通过生动活泼的语言呈现给学生。教师还可以将时事、新闻等进行编排，为学生练习语法提供生动真实的材料，从而让学生接触真实的情景，使其在真实的情景中锻炼语法能力。

（八）文化关联原则

文化与语言的紧密关系是众所周知的，所以，文化与语法之间有着密切的关系。在大学英语语法教学中，教师应注意文化因素对学生学习的影响，并有意识地结合西方文化，将英语还原至当时的语境中，以便帮助学生理解和记忆语法知识。总之，在英语语法课堂教学中遵循文化关联原则，有助于加深学生对语法的认识，提高学生的语法运用能力。

四、大学英语语法教学的现状

虽然语法是整个英语学习和英语教学的基础，但无论是学生的学习还是教师的教学都存在很多的问题，这些问题影响着语法课堂教学的效率和学生英语语法水平的提高。大学英语语法教学的现状具体如下：

（一）忽视语法的重要性

在英语学习过程中，语法所发挥的作用是不言而喻的。但是在大学英语教学中，很多教师认为学生在中学阶段已经基本掌握语法知识，在大学中没有必要重点讲授语法，从而“淡化”语法教学，轻视语法的重要性。实际上，尽管大学生已经学了多年英语，但学习时间的长短并不代表学习的好坏。此外，虽然英语考试中没有直接针对英语语法的题目，但任何句子的分析都离不开语法，语法贯穿于英语考试的始终，在考试中占据着很大的分值。所以，教师应转变教学思想，重视语法教学，并引导学生积极主动地学习语法知识。

（二）缺乏语言情景

在大学英语语法教学中，语法知识的讲解和学习仍然是在汉语环境下进行的，学生并没有太多机会接触地道的英语情景。但语法学习是服务于交际的，主要目的是应用语法在实际的生活中解决语言的交际问题。可是，我国大学英语教学的一个显著问题就是教师在教学中将具体的语法知识条目的意义与理解、功能运用和语境割裂开来，使学生难以准确理解某个语法知识点适用于哪种语言情景，这样不仅不能使学生有效掌握语法，也会使学生无法有效运用语法。

（三）教学方式单一，忽视文化教学

英语语法知识繁多而复杂，其学习也是非常枯燥的，这也是一些学生对语法学习不感兴趣的原因。要改善这种情况，就需要教师采用创新性的教学方式，改善枯燥、乏味的教学环境，使课堂教学变得生动有趣。在传统的语法教学中，教师通常是先讲解语法规则，然后要求学生做相应的练习。在这样的教学模式中，教师处于中心地位，掌控着整个教学，学生只能被动地接受知识，这既不符合现代教学的宗旨，也不利于对学生积极性的激发，更不能有效提高学生的语法能力。

此外，教师将语法教学脱离于文化而单独进行，这样并不利于学生深入了解和掌握语法知识。英汉语法因文化背景的不同有着很大的差异，了解英汉语法之间的差异，可以对英汉语法有更深层次的认识，能更加有效地学习语法。因此，在大学英语语法教学中，教师应将语法与文化结合起来进行授课。

（四）对语法缺乏敏感度

大学生已经形成了完整的汉语语言系统，而且英语也是在汉语环境下学习的，所以受汉语思维的影响，很多学生缺乏对英语语法的敏感度，这一问题在改错和写作中表现得十分明显。改错在英语考试中是非常常见的题型，但学生普遍惧怕改错题，因为改错题中出现的错误也是他们经常犯的错误，所以，他们很难发现题目中的错误所在。此外，语法错误是学生英语写作中最为常见的错误，这很大程度上源于缺乏语法敏感度。

（五）缺乏有效的学习方法

学生语法学习效率低，很大一部分原因在于没有掌握有效的学习方法，掌握的语法知识太零散，不能形成完整的体系。在语法学习过程中，学生往往十分被动，通常是遇到新的语法问题时才会去学习，而且在学完一篇文章之后，就将文章中的语法知识抛在脑后，这显然是不利于语法知识的掌握的。

第二节　大学英语语法教学的方法运用

大学英语语法教学的有效开展离不开教学方法的合理运用，因此，在大学英语语法教学中，教师可根据具体情况采用以下几种教学方法来开展教学，以巩固学生的语法知识，提高学生的语法水平。

一、大学英语语法教学的方法

（一）策略讲解法

语法学习是需要借助一定的策略的，因此，在大学英语语法教学中，教师应向学生介绍一些学习语法的策略，从而提高学生学习的效率。

1. 克服母语的影响

英汉语言属于不同的语系，学生在学习英语语法时必然会遇到各种语言差异上的问题，如汉语中没有动词的时态变化，英语中则有，汉语与英语中的状语位置不同等。受汉语语法规则的影响，学生在学习过程中常会按照汉语的习惯来排列英语中的词汇，这样造出来的句子往往不符合英语语法的规则，甚至会闹出笑话。因此，在大学英语语法教学中，教师应有意识地避免母语的负迁移作用，引导学生用英语思维学习语法知识。

2. 区分规则与不规则

英语语法中有很多规则和不规则现象，对于规则的语法学生比较容易掌握，但那些不规则的语法成了学生容易出错的地方。对此，教师要引导学生对一些不规则的语法进行总结归纳，使学生牢记于心，确保学生在实际的语境中可以熟练运用这些不规则的语法。

（1）不规则动词

不规则动词主要指的是动词的过去时、过去分词的变化形式。例如：

动词原形	过去时	过去分词
buy	bought	bought
read	read	read

（2）不规则名词

不规则名词指的是名词变成复数的不规则情况。例如：

单数	复数
criterion	criteria
datum	data

上面的这些不规则动词、名词的变化，都需要学生牢固记忆。

3. 有效抓住语法知识的重点

语法涉及的内容十分广泛，教师的讲解并不能涉及所有的内容，所以，教师有必要教授学生如何抓取和学习语法知识的重点，这样可使学生的学习更加有效。上文提到，语法的基本内容包括词法和句法，在实际的教学中应以句法教学为主，引导学生通过句法学习来带动词法学习。在交际过程中，句子是表达思想的基本单位，这就要求学生应该准确掌握英语的基本句型。尽管英语句子繁多，变化多样，但都有一定的规则可循，即都是基于基本句型演变的，如果准确把握了基本句型，学习和运用其他英语句型也就很容易了。

4. 及时进行总结整理

语法学习是一个积累与巩固的过程，所以，学生要及时对学过的语法知识进行综合和整理。在我国，英语教学都是基于教材来开展的，学生知识的积累也是以教材为基础的，但通过对教材中不同课文的独立学习，学生很难对语法知识有一个系统、全面的认识和把握。对此，在英语语法教学中，教师应引导学生对教材中的语法知识进行总结和整理，从而使学生建构起系统的语法体系，对语法知识有一个透彻的理解和牢固的掌握。

5.学会使用词典

学生的语法学习离不开字典。学生要想明白每一个词的语法作用，要想知道如何才能更好地运用该词，就需要学会使用词典。借助词典，学生可以了解某个单词的词义，而且能有效区分某些单词的词义。词典在解释单词的含义时，还会附上相应的例子，通过这些例子，学生可以对单词的具体用法有一个清晰的了解。

6.通过阅读掌握语法

通过阅读，学生可以更加快速、高效地掌握语法知识，因此，在大学英语语法教学中，教师可以鼓励学生积极阅读，从而掌握语法知识。阅读中有很多新的语法现象，在阅读中学生应对这些新的语法知识加以分析，而这能有效帮助学生了解和掌握语法知识。

7.从错误中学习

语法学习的过程实际上就是不断出错然后加以修正的过程，所以，教师要引导学生正视错误，让学生不要惧怕犯错误，而应努力找出方法纠正自己的错误。学生可以通过以下方式从错误中学习：

(1)学生对日常学习中出现的口头或书面错误进行收集。

(2)在收集之后，学生对这些错误进行鉴别，是偶然出现的错误，还是因没有牢固掌握而犯的错。

(3)学生对这些语法错误进行总结归类。

(4)学生对语法错误的严重性进行评价，也就是判断这些语法错误对交际的影响。

(二)语法练习法

在大学英语语法教学中，教师不能仅注重语法知识的讲解，还要重视学生对语法知识的练习与运用，让学生能够将课堂学习的语法知识运用于实践，从而提高学生的综合能力与素质。这就需要教师对语法练习进行科学、合理的选择和设置，有效地组织学生进行语法项目的操练，但是采用练习法来操练语法项目不能盲目进行，而应分阶段进行，通常需要遵循循序渐进的原则来让学生达到熟练应用的目的。

一般而言，语法练习法包括以下几个步骤：

首先，进行机械式训练。教师需要通过模仿、替换、不断重复来进行机械式的训练。机械式练习通常要求学生做到不用理解句子的含义就能做出迅速、正确的反应。

其次，进行内化训练。在完成机械式训练之后，教师可通过造句、仿句、改句、改错、翻译等方式来内化训练。内化训练通常要求学生围绕教学内容展开，要求学生能够达到熟记、理解的程度，并能做出正确的反应。

最后，进行交际操作训练。在机械式训练与内化训练的基础上，教师可借助场景对话或问答之类的口语训练进行最后的交际操作训练。这种训练方式最终要求学生能将所学的语法知识进行综合运用，并能组织语言且迅速做出反应和回答问题。

（三）语境教学法

结合具体语境进行语法教学是一种非常有效的教学方法。学生在语境中对语法规则进行体验、感悟、总结和运用，不仅能学以致用，而且对提升交际能力也大有裨益。借助语境进行的语法教学有效弥补了传统语法教学中忽视外在语言环境这一不足之处。具体可通过以下几种方式来设计语境，有效开展语法教学。

1.借助现实场景来设计语境

英语教学实际上就是师生之间的互动活动，一些从表面上看似单调乏味的日常教学实际上也蕴含着一些鲜活的语境，因而教师应学会善于发现并充分利用这些现实场景，结合语法规则的特点来设计语境。以祈使句这一语法项目的讲解为例，其主要功能为表达命令、指示和请求，或者可以用来表示劝告、建议、祝愿和欢迎等意义。在具体的语法教学中，教师可以利用师生、生生间的身份并结合一定场景来开展相应的情景教学。

2.借助多媒体教学手段来设计语境

多媒体的优势是显而易见的，对英语教学的辅助作用也是巨大的。多媒体可以为语法规则的学习和教学提供使用语言和用语言进行交际的具体语境，能够使静态、枯燥的语法知识变得更加立体、有趣，并能充分调动学生学习的主动性和积极性。因此，在具体的大学英语语法教学中，教师可以充分利用多媒体创设语境，让学生在与以英语为母语的人士进行交际的过程中掌握语法知识。

3.借助语篇来设计语境

语篇能够为语法规则的归纳、比较与总结等提供较好的上下文语境。语法教学中一些常见的语法知识点和项目，如冠词的使用、时态、主谓一致关系和非限定性动词的使用等通常都应置于一定的上下文语境中，只有置于语境中来讲授这些语法知识，学生才能更加充分地理解这些语法项目所蕴含的意义。

以时态教学为例，在传统的语法教学中，教师都是运用句子来讲授各种时态的，各个时态间相区别的标志也通常是句子中所出现的一些标志词，如just now，often等。这种形式的教学其实是有其固有的局限性的，单纯地局限于句子使学生很难全面地掌握某一时态的具体用法，并使学生很难依照语义需要来正确地选择具体的时态。因而，不管句型操练多少遍，如果该时态在某一语篇中的具体语境中出现时，学生也较难把握和熟练运用这些时态。

通过语篇来设计语境，可以让学生在一个比较高的层面上全面把握时态的意义和用法。但是，借助于这种方法来教授语法，通常也对教师提出了更高的要求，需要教师精心地设计和选择语篇，并做好充分的备课工作。

（四）对比分析法

因文化背景的不同，英汉语言有着各自的特点和显著的差异，为了使学生更好地学习和掌握语法知识，教师就需要采用对比分析法开展语法教学。

具体而言，我国学生一直都是在汉语环境下学习英语的，受母语思维的影响，很多学生常用汉语思维来学习英语，这无论对学生的语法学习还是教师的语法教学都会产生不利的影响。

此时，教师应在了解学生学习规律的基础上采用对比分析法进行语法教学，教师应使学生意识到文化对语言的影响，培养学生的文化差异意识，同时，发挥母语的正迁移作用，使学生形成英语思维，掌握英语语法。例如：

If any of the joint ventures wish to assign its registered capital，it must obtain the consent of the other parties to the venture.

合营者的注册资金如果转让必须经合营各方同意。

英语属于形合语言，常将句子重点置于句前，所以，上述例子原句形成了主语凸显的结构；而汉语属于意合语言，注重的是句子表达的含义，所以，上述汉语译文是主题凸显结构。

（五）多媒体教学法

随着现代化信息技术的发展，多媒体技术已广泛运用于大学英语教学中，并发挥了重要的作用。将多媒体技术运用于语法教学中，就是利用多媒体计算机预先制作教学课件，并按照教学要求和进度完成多媒体操作，将知识呈现给学生，同时，要求学生积极参与教学过程。

在大学英语语法教学中运用多媒体，可使学生在潜意识状态下将所学的知识转化为能力。下面通过英语"过去进行时"和"过去完成时"的教授来对多媒体语法教学加以说明。

步骤一：

教师将提前制作好的多媒体课件用大屏幕展示给学生，结合画面向学生提问。

T：What is she doing?

Ss：He is watching TV.

学生在回答问题之后，点击画面下方事先拟定好的时间 at five o'clock yesterday evening；学生思考之后，教师可能会说"He was watching TV at five o'clock yesterday evening."

重读并引出过去进行时态这一语法项目。接着，结合多媒体屏幕上的下一个画面：Have a party.

T：What are they doing?

Ss：They are having a party.

接着，点击出现 at this time yesterday.

T：They were having a party at this time yesterday.

教师重读 were having a party，逐个让学生看画面中的对话。通过画面，学生对时态的概念、结构和用法便有了深刻的印象。

步骤二：

在讲授过去完成时的过程中，教师可制作一个画面投影：在火车站，一列车刚被开走，一位旅客在后面到达。

T：What happened to the train?

Ss：The train left.

T：What happened to the man?

Ss：The man was late for the train.

教师根据画面提示学生，当他到达时，火车已经开走。教师接着说："When he arrived，the trained had already left."从而引出过去完成时态的结构。屏幕上就会展示出时间和动作的比对表，如下所示。

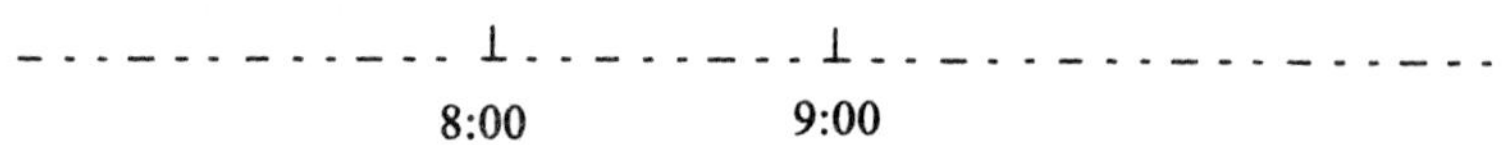

the train left the man arrived

上述对比表形象地说明了“火车开走”发生在“他到达”之前，并且直观地说明过去完成时指该动作发生在过去的过去。

步骤三：

在完成两种时态的讲解后，教师对此进行总结，并借助多媒体向学生展示。

过去进行时通常和表示过去的时间状语连用，表示过去某一时间正在进行的动作。例如：

They were building a dam last winter.

过去完成时则表示过去某时或某动作之前业已完成的动作或情况，即表示过去的过去。例如：

The plane had already taken off when we arrived at the airport.

总体而言，在大学英语语法教学中有效运用多媒体，可以使知识的呈现更加直观，能加深学生的印象，而且可以营造活跃的学习氛围，激发学生的学习兴趣。

二、大学英语语法教学的实践

（一）“任务型”语法教学实践

教学任务：学习宾语从句的结构与用法。

教学目的：通过让学生完成不同的学习任务，促使学生掌握相关的知识点，并有效运用。

教学形式：个人、小组、全班。

教学流程：

任务 1

在寒假即将来临之时，告诉朋友相关的计划。

S1：I'm going to visit Disney Land in Hong Kong.

S2：________ tells me that she is going ________.

任务 2

我要去国外。你猜我去那做什么。

Could you tell me if/whether you are going?

任务 3

I'm going to Australia for a holiday. I really want to know something about the trip. Help me to call the Travel Agency to find out the information about the trip plan.

Could you tell me when/where/who/whom/how/how much/what time/if/whether/________?

任务 4

在旅游之前，可以通过网络搜寻一些关于旅游目的的相关信息。

The Internet tells me that ________.

任务 5

在抵达了澳大利亚，导游介绍了一些旅游须知。

The guide told us that ________(weather, hotel, eating, transportation, shopping, scenic spots…)

任务 6

在完成了相关的任务之后，教师引导学生对宾语从句的结构、语序以及时态进行总结。

(1)that.

(2)if/whether.

(3)who/what/when/how…

(4)陈述句的语序。

(5)时态一致(客观真理……)。

任务 7

(1)阅读这段旅游咨询。试着找出其中的宾语从句。

(2)匹配两部分，完成宾语从句。

(3)完形填空。

We wondered ________ he has been to Tokyo.

She said ________ she had a wonderful holiday.

Do you know ________ he likes the newspaper?

I want to know ________ they're talking about.

任务 8

写一篇关于你在中国旅行的文章。至少要用到五个宾语从句。

分析：上述教学实践以话题为切入点，以完成任务为主要形式，使学生系统地掌握相关的语法知识。这一教学实践设计了多个任务，形成了一个任务链，而且任务设计层层递进，环环相扣。学生通过不同形式的操练，可有效学习和掌握宾语从句的结构与用法。

(二)"联系语篇"语法教学实践

教学任务:学习被动语态的用法。

教学目的:通过语篇教语法,让学生理解并掌握被动语态的概念、用法。

教学形式:小组。

教学流程:

课前,教师准备好一篇含有被动语态的文章。

DOG ATFACK

Jessica Johnson was out walking with her husband when she was attacked by unsupervised Alsatian dog. Jessica's leg was bitten, and she had to have stitches in two wounds. Two days later, because the wounds had become infected, Jessica was admitted to hospital. Even after she was discharged, she needed further treatment from her GP and she was told to rest for two weeks.

Jessica is self-employed and her business was affected while she was sick. Also, the trousers and shoes she'd been wearing at the time of the attack were ruined by bloodstains, and had to be thrown away.

Step 1:

教师让学生阅读这篇文章,然后回答下列问题:

Who was attacked? Where? How badly?

Who was to blame?

将学生分成小组进行讨论,并先在小组内核对答案,然后教师提供答案。

接着,教师可以进一步提问:

How long was she off work?

What other losses did she suffer?

Step 2:

先不让学生看材料,教师在黑板上写下以下两个句子:

(1)An unsupervised Alsatian dog attacked her.

(2)She was attacked by an unsupervised Alsatian dog.

然后,教师让学生回答哪个句子是文章中使用的,再指出以上两个句子在形式上的不同:第一个句子是主动语态,第二个句子是被动语态。教师指出第一个句子中动词的主语"狗"是动作的发出者,第二个句子中动词主语"她"是动作的被影响者。这时,教师可以引出被动句的结构是 subject+auxiliary verb to be+past participle。教师让学生再重读文章,并回答第二个句子在文章中更适合的原因。

在学生讨论之后，教师给出答案：Because the woman is the topic, or theme, of the story, not the dog(Themes typically go at the beginning of sentences)。

Step 3：

教师让学生找出文章中其他被动语态的句子，并以小组形式讨论使用被动语态的基本原理。此外，教师还需要向学生明确下面几点：

The passive is typically used:

(1)to move the theme to the beginning of the sentence, and/or

(2)When the agent is unimportant, or not known.

Where the agent is mentioned, "by+agent" is used.

Step 4：

教师提问学生是否自己或周围的人也有相似的经历，如果有，让学生用英语讲述故事，然后把故事写出来，以考核学生对被动语态知识的掌握程度。

分析：在该教学实践中，教师选择的文章是一个真实的故事，里面有很多被动语态的例子。可能学生理解起来有一些困难，因此，教师教学的第一步应致力于学生对文章的理解上。第二步的注意力集中在被动语态的形式上，同时，教师可以提醒学生注意如何以及为什么使用被动语态。为巩固所学被动语态知识，在第三步中，教师又重新回到文章，利用文章中含被动语态的例子加深学生的理解。第四步，检验学生能否就文章中相关的语法形式学以致用。由于口语中很少应用被动语态以及被动语态结构的复杂性，教师用书面任务来验证学习效果可以给学生更多时间来思考。

第四章 大学英语词汇教学的理论阐述及方法运用

在语言学习中，词汇是基石，也是英语学习的关键要素。大学英语词汇教学是知识教学的重要部分，在大学英语教学活动中有着决定性的意义。本章就对大学英语词汇教学进行分析和探讨。

第一节 大学英语词汇教学的理论阐述

一、词汇的概念

关于词的含义，始终都是难以准确界定的。

哈特曼和斯托克(Hartmann & Stork，1981)在探讨词的含义时曾说："词作为语言学上的一个单位，要给它下一个定义比较困难。"他们指出，词是能够单独用于构成句子或话语的最小单位，词至少要由一个自由词素组成。尽管如此，也会出现一些边缘情况，如 a，the 几乎不可单独构成句子或话语。汪榕培和李冬(1983)为词下的定义是："词是能独立运用的、最小的、有语义的语言单位。"基于此，book 和 books 均是可以独立运用的、最小的、有语义的语言单位，即它们均属于词。但是，通常人们不会将 books 看作一个单独的词，而是将其看成 book 的一种变化形式。胡壮麟(2003)在研究"什么是词"时，也认为给词下一个准确的定义是很难的。他总结了词的三种定义。其一，词是介于两个停顿或空格之间的音符串或字符串。例如，"I am a teacher."共包含四个词。然而，如果将 I 和 am 缩写为 I'm，那么"I'm a teacher."中应包含四个还是三个词呢？I'm 之间没有停顿或者空格，基于上述定义，I'm 仅为一个词，而非两个词。其二，词是一组形式潜在的共核。这里的一组形式即一组同根的词。例如，book 和 books 为一组同根词；work，works，worked 和 working 也为一组同根词。在词频统计中，book 和 books 被看成两个词；work，works，worked 和 working 被看成四个词。但在英语词典中，book 和 books 被归为一个词，或是一个词的两种形式;work,works,worked和working也被归成一个词。这个词就是作为它们共核的根词。词在这种情况下,就被界定为“词条”,包括一个词的根词形式和各种变体。其三,词是介于词素与词组之间的语法单位。此定义存在一个循环定义的问题,因为一些词素本身也可以作词,如horse,red,write等,甚至包括word一词。

综上所述可知,词并非一个简单的概念。词是一个兼具形式和意义双重特征的语言单位。在日常的语言交际中,我们接触的是词的形式,联想的是词的意义。例如,我们看到的是book,听到的是/buk/,想到的是一本充满文字的印刷物。正如索绪尔(Ferdinand de Saussure)所说,词的形式是能指,词的意义是所指。word一词既用于指具有形式与意义双重特征并可以独立使用的最小语言单位,又用于指这个最小语言单位的表现形式。因此,很多英美人士在探讨word时,就特别纠结。例如,里德(Read,2000)在撰写*Assessing Vocabulary*一书时,就纠结于要用哪些词表达词的概念。词的英文表达有vocabulary,word,lexicon,lexis与lexical item。最终索绪尔用vocabulary作话题词,用word指语言单位,用word form指代词的形式。对此,汉语似乎比英语更为高明,因为汉语用“字”与“词”两个概念对形式及形式与意义的组合体进行了区分。“字”是语言单位的记录符号,加载了意义的“字”是词。“词符”或“字符”特指词的形式;用“词”指具有形式与意义双重特征并可以独立使用的最小语言单位,也用它泛指任何这样的单位。

一种语言中所有词的总和称为“词汇”(vocabulary),如英语词汇、汉语词汇。“词汇”一词也用于指某个特定范围内的全部单词,如法律词汇、科技词汇、医学词汇等;或用于指人们掌握和使用的一门语言中的单词数量。①

二、词汇对于外语教学的必要性

词汇教学既是英语教学的一个重要部分,又是英语教学的一个重要环节。

20世纪中叶,随着语法—翻译法和视听法相继衰落,语法教学逐渐退出历史舞台,一些以意义理解为目的、以交际活动为形式、以学生自身为中心的教学方法开始兴起。交际教学法的产生可以说是划分了英语教学时代:交际教学法之前是语法教学的时代,交际教学法之后则为词汇教学的时代。在词汇教学时代,越来越多的人开始意识到词汇在英语教学中的重要

---

① 马广惠.英语词汇教学与研究[M].北京:外语教学与研究出版社,2016:4-5.

作用。只有先学习与研究词汇，才能使语言表达更有效、纯洁。

语音、语法和词汇是构成英语语言的三个要素，而词汇是语音和语法的载体，是构成语言大厦的建筑材料。对于外语学习者来说，如果词汇量不足，将难以有效地进行听、说、读、写、译，交际也就无从说起。因此，掌握足够的词汇是交际者运用外语顺利进行交际的关键。

目前，外语学界所关注的热点话题之一：如何帮助学生巧妙记忆词汇，提高词汇教学效率，促进学生的语言学习。他们投入词汇教学研究，学习并发现新的观念，改进、激活词汇教学，研究新的教学方法，积极反思，旨在提高英语教学质量。具体来说，词汇教学有着如下几个意义：

（一）有利于提高学生口语表达的流利性

鲍林格（Dwight L. Bolinger，1975）认为，多数话语都是储存在记忆中的预制语块，所以，语言运用常出现重复的现象，并不总是创造性地临时根据特定的语法规则将单个词组合起来。一方面来看，这些预制语块往往是约定俗成的表达，有利于减少文化差异给口语带来的语用失误，所以使用广泛；另一方面来看，这些预制语块有利于减轻信息处理的压力，使口语表达更流畅。例如，英语国家的人受到别人的表扬、赞美时，回应时一般用“Thank you.”若学生熟悉该套语，可有效避免受汉语思维中的自谦语影响而产生语用失误，并想到相对应的对话进而自动地做出反应。

（二）有利于提高学生的语篇理解能力

无论在口语交际还是书面语表达中，发话人在表达自己讲话的思路时，往往会使用语篇标示词。这些标示词属于预制语块的范畴，有自身鲜明的特点。例如，在英语教学中，如果听到教师说 in a word，to sum up，as a result 等语块时，学生就知道教师要做总结；如果听到教师说“Let me start with…”“Let's start our class，what I would like to do is…”等语块时，学生就会知道教师要开始课堂教学了。借助这些常用交际语块，学生的交际能力、语篇理解能力以及听力能力会有明显的提升。可见，词汇教学可以为英语教学与学生英语技能的提高奠定良好的基础。

（三）有利于提高学生的外语综合能力

作为语言的基本材料，词汇是一切语言活动的基础。因此，离开了词汇的系统学习，英语教学活动中的听、说、读、写等其他基本语言交际活动则难以正常进行。可以说，词汇教学将直接影响英语教学的成败。

三、大学英语词汇教学的内容与目标

（一）大学英语词汇教学的内容

大学英语词汇教学的内容主要有词汇意义、词汇信息、词汇用法以及词汇学习策略。

1. 词汇意义

词汇意义简称“词义”，词义是随着社会的变化而不断变化的，并不是固定不变的。一些词汇在不同的时期其词义有所不同。因此，在英语词汇教学中，教师应该先让学生清楚词的含义。然而，一个单词的含义在很多情况下是受语境影响的，这就需要教师在词汇教学中根据词汇的特点和具体的语境运用恰当的教学手段，让学生了解词汇及其词义的转变，明白词义是随着时间的变迁、社会的发展而不断变化发展的。具体而言，词义的演变体现在如下几个方面。[①]

（1）词义的扩大

凡是词义从特定的意义扩大为普通的意义，或是从指“种”的概括扩大到指“类”的概念，结果新义大于旧义，这种演变就称为“词义的扩大”或“词义的一般化”。

通常，词义的扩大可以进一步分为以下四种类型：

其一，从特指到泛指。例如：

cookbook 烹调书→详尽的说明书

bird 幼鸟→鸟

butcher 宰羊的人→屠夫

journal 日报→一切期刊

其二，从具体到抽象。例如：

arrive 靠岸→到达

bend 上弓弦→弯曲

pain 罚款→惩罚→痛苦

其三，从术语到一般词语。近年来，随着科学知识的普及，很多学科术语走进日常生活，它们的意义也得到扩大。例如，“精神分析”在西方一些国

① 王芬．高职高专英语词汇教学研究[M]．上海：上海交通大学出版社，2012：14-17.

家经常出现，这类心理学术语进入日常生活，词义也不断扩大，如 complex 在心理学中指“情结”“复合”，如今用于指任何的变态心理。

其四，从专有名词到普通名词。例如，ampere（安培），farad（法拉），newton（牛顿），volt（伏特）等原来均为科学家的名字，如今成了物理学单位。

(2)词义的缩小

凡是词义从普通的意义缩小成特定的意义，结果新义从指“类”的概念缩小成指“种”的概念，均称作“词义的缩小”或“词义的特殊化”。以 deer 一词为例，其之前的意义是“野生动物”，可以指从鹿到老鼠的各种动物。例如，莎士比亚在 *King Lear*（《李尔王》）中写道：

Rats and mice and such small deer

Have been Tom's food for seven long days.

如今 deer 一词的词义已经缩小到仅指一种动物（鹿），先前的意义则分别由拉丁词 animal 和法语词 beast 所取代。

通常，词义缩小可以分为如下五种类型：

其一，从泛指到特指。一个指有类似之处的不同的事物的词，随时可以用来专指其中的一种事物。假如这种用法在语言中通用起来，这个词就获得了新的特指的词义。例如，pill（药片）一词原指各种药片，但有时特指一种药片——“避孕药片”（contraceptive pills），这里的 pill 的词义就缩小了。

其二，从抽象到具体。例如，probe（调查，检验）可以引申为“宇宙探测器”，其词义缩小到具体的意义。

其三，从普通名词到专有名词。例如，cape 写成 the Cape 时，指好望角（the Cape of Good Hope）。

其四，从一般词语到术语。很多术语均来自一般词语，如 memory 的含义是“记忆”，但在计算机领域中指“存储器”；pack 的原义为“包裹”，但在摄影技术中成了“软片暗包”，在医学领域中成了“包裹疗法”。

其五，外来语的词义缩小。例如，拉丁词 liquor 的含义是“液体”（liquid），但在英语中常指“烈酒”（ardent spirits），这一拉丁词的法语的变体 liqueur 在英语中的词义范围更缩小为一种“甜酒”（aromatic cordial）。

(3)词义的升格

词义的升格是指词义朝着褒义的方向发展的过程。例如，inn 一词的原义是“小客栈”，特指设备简陋的农村或者公路旁边的小旅馆，但如今一些大旅馆也用 inn 命名，如 Holiday Inn（假日旅店），此时的 inn 的词义就得到了升格。

(4)词义的降格

词义的降格是指词义朝着贬义方向演变的过程。例如，silly 在古英语中有“幸福的”(happy，fortunate)的意思，甚至有“神圣的”(holy，blessed)的解释；到了中古英语时期演变成“天真的，无害的”意思，是用来形容智力不发达的人的委婉表达；如今的意义为“愚蠢的，傻的”(foolish，imbecile)。

2. 词汇信息

词汇信息具体涉及词的分类、构词法及单词的发音、拼写等。这些信息不仅是教师在词汇教学过程中要讲授的基本信息，而且是学生词汇学习应掌握的最基本内容。学生只有清楚掌握每个词汇的基本信息，才能全面地掌握词汇，从而更好地学习短语、搭配和句法等。下面着重探讨构词法。

在英语中，主要的英语构词法有如下三种：

(1)词缀法

词缀法是英语构词法的核心，又可分为前缀法与后缀法。

其一，前缀法。前缀法是在词根基础上添加前缀而构成新词。词根一般有名词、形容词、动词等。前缀构词法通常改变词义，但词性基本不变。

按照意义进行划分，英语前缀有以下九类：

表否定：in-(变体 ir-，il-，im-)，non-，dis-，un-，a-

表贬义：mis-，mal-，pseudo-

表方向态度：contra-，pro-，anti-，counter-

表时间：fore-，pre-，ex-，post-，re-

表反向或缺失：dis-，de-，un-

表程度：co-，hyper-，micro-，out-，sub-，sur-，under-，arch-，extra-，macro-，mini-，over-，super-，ultra-

表方位：fore-，intra ，tele-，extra-，inter-，super-，trans-

表数：di-，semi-，hemi-，uni-，bi-，multi-，demi-，tri-，mono-

其他：neo-，proto-，auto-，pan-，vice-

下面是一些带有前缀的词。①

international 国际组织

anti-knock 抗震的

anti-body 抗体

counterattack 反击

---

① 夏章洪.英语词汇学：基础知识及学习与指导[M].杭州：浙江大学出版社，2011：8-10.

dehydrate 脱水

de-compose 腐烂、拆分

defunct 已消亡的

maltreat 虐待

malnutrition 营养不良

microchip 微晶片

microbiology 微生物学

non-conductor 绝缘体

rebuild 重建

react 反作用

reconsider 重新考虑

postscript 附言

post-war 战后的

prearrange 预先准备

pre-emptive 先发制人的

unwrap 打开，展开

uncooperative 不合作的

uncorrectable 不能修复的

underfeed 不喂饱

underground 地下的

subdue 征服

proverb 格言

其二，后缀法。后缀法是在词根的基础上加上后缀，增加了后缀后，词的词性有一定的改变，词汇意义没有太大的改变。

后缀按照其在构成新词时的词性可以分为名词后缀、动词后缀、形容词后缀、副词后缀。

名词后缀只构成名词，常见的名词后缀有-age，-dom，-ee，-ry 或-ery，-hood，-ness，-(t)ion，-ity 等。例如：[①]

postage 邮费

wastage 浪费(量)

wisdom 智慧

martyrdom 牺牲

① 夏章洪. 英语词汇学：基础知识及学习与指导[M]. 杭州：浙江大学出版社，2011：13.

employee 雇员

detainee 被扣留者

machinery 机械

surgery 外科手术

childhood 童年

brotherhood 手足情,兄弟关系

goodness 善良

darkness 黑暗

decision 决定

complication 复杂化

equality 平等

productivity 生产率,生产力

动词后缀通常加在名词和形容词后构成动词。常见的动词后缀有-ate,-en,-fy 或-ify,-ize(ise)等。例如：

hyphenate 用连接号连接

chlorinate 使氯化

shorten 变短

heighten(使)变高,(使)增大

beautify 美化

classify 分类

criticize 批评

dramatize 改编成剧本

形容词后缀只用于构成形容词。常见的形容词后缀有-able(有-ible和-ble 两种变体),-al(有-ial 和-ical 两种变体),-ful,-ive,-less 等。例如：

eatable 可食用的

washable 耐洗的

contemptible 可鄙的

economical 节俭的

philosophical 哲学的

beautiful 美丽的

faithful 忠诚的

interrogative 疑问的

creative 有创造性的

careless 粗心的

jobless 失业的

副词后缀只用于构成副词。常见的副词后缀主要有-fold,-ly,-ward(s),-wise 等。例如：

tenfold 十倍

hundredfold 百倍

calmly 平静地

recently 最近

firstly 第一

westward 向西

upward 向上

homeward 向家走的

education-wise 教育方面

需要提及的是,英语中的词缀没有独立的形式,不能单独使用,需要依附在词根或词干上才能构成词汇。同时,前缀和后缀的位置也较为固定,通常情况下,前缀不能后置,后缀也不能前置。

(2)缩略法

英语缩略词的数量较多,归纳起来主要有四种类型:节略式、字母缩合式、混合式、数字概括式。

其一,节略式缩略词。节略式指截取全词中的一部分,省略另一部分的形式。节略式缩略词又包括以下几种：

取头去尾。例如：

Wednesday→Wed(星期三)

gentleman→gent(绅士)

去头取尾。例如：

earthquake→quake(地震)

helicopter→copter(直升机)

去头尾取中间。例如：

influenza→flu(流感)

refrigerator→fridge(冰箱)

取头尾去中间。例如：

employed→empd(被雇佣的)

department→Dept(部门)

其二,字母缩合式缩略词。字母缩合式是提取一个短语或名称中的首字母或其中的某些字母进行缩合而形成的节略词。例如：

kilogram→kg(公斤)

Voice of America→VOA(美国之声)

very important person→VIP(贵宾)

post card→p. c.(明信片)

tuberculosis→TB(肺结核)

market→mkt(市场)

television→TV(电视)

General Headquarters→GHQ(司令部)

Defense Notice→D-Notice(防务公告)

nuclear bomb→N-bomb(核弹)

sound navigation and ranging→sonar(声纳)

radio detecting and ranging→radar(雷达)

acquired immune deficiency syndrome→AIDS(艾滋病)

light wave amplification by stimulated emission of radiation→laser(激光)

Organization of Petroleum Exporting Countries→OPEC(石油输出国组织)

其三,混合式缩略词。英语中的混合式缩略词一般包括两种:选取短语或名称的两个成分A、B的部分缩合成新词;成分A或B的部分加上另一种成分A或B的全部缩合而成。

A头+B尾。例如:

cremate+remains→cremains(骨灰)

fruit+juice→fruice(果汁)

A头+B头。例如:

communications+satellite→comsat(通信卫星)

teleprinter+exchange→telex(电传)

A+B尾。例如:

tour+automobile→tourmobile(游览车)

work+welfare→workfare(劳动福利)

A头+B。例如:

telephone+quiz→telequiz(电话测试)

automobile+camp→autocamp(汽车野营)

其四,数字概括式缩略词。英语数字概括式缩略词可分为以下两种:

提取并列成分中相同的首字母或对应字母,并用一个数字概括,放在词前。例如:

copper,cotton,corn→the three C's(三大产物:铜、棉花、玉米)

用一个有代表性的词概括出词汇所代表的事物的性质或特征,并前置一个表示数量的数字。例如:

Aglaia，Euphrosyne，Thalia→the three Graces（三女神）

death，trial，heaven，hell→four last things（最后四件事：死亡、审判、天国、地域）

（3）复合法

复合法是英语构词的主要方式之一。既然按照一定的次序排列，词汇的构成就会受到词汇形态变化的影响，通常根据后面的词对词性予以确定。根据复合词的词性，英语复合词可以分为复合名词、复合形容词、复合动词。

其一，复合名词。复合名词是英语中最常见的复合词。复合名词的构成形式有以下几类：

名词＋名词。例如：

northeast 东北

hot days 暑天

football 足球

grandfather 祖父

postcard 明信片

end product 最后结果

动词＋名词。例如：

haircut 理发

chopsticks 筷子

形容词＋名词。例如：

blackboard 黑板

deadline 截止日期

副词＋名词。例如：

off chance 不容易有的机会

afterthought 事后想到的事物

介词＋名词。例如：

afternoon 下午

by-product 副产品

-ing＋名词。例如：

cleaning lady 清洁女工

parking meter 停车计时器

learning strategy 学习策略

名词＋动词。例如：

heartbeat 伤心

daybreak 黎明

snowfall 降雪

名词+-ing。例如：

handwriting 书法

air-conditioning 空调

副词+动词。例如：

offset 抵消

onflow 滚滚向前

动词+副词。例如：

makeup 化妆品

follow-up 后续产品

-ing+副词。例如：

taking-off 起飞

going-over 彻底检查(检修)

副词+-ing。例如：

uprising 起义

up-bringing 抚养孩子

其二,复合形容词。复合形容词的后半部分主要包括名词、形容词、副词以及具有形容词性质的-ing 分词或-ed 分词。复合形容词的构成形式主要有以下几类：

名词+形容词。例如：

life-long 终身的

bulletproof 防弹的

duty-free 免税的

形容词+名词。例如：

short-term 短期的

half-hour 半小时的

动词+名词。例如：

cut-price 廉价的

breakneck 非常危险的;极快的

cross-country 横穿全国的

形容词+形容词。例如：

red-hot 炽热的

green-blind 绿色色盲的

good-temperer 脾气好的

形容词+-ing。例如：

good-looking 好看的

familiar-sounding 听起来熟悉的

副词＋形容词。例如：

all-mighty 无所不能的

evergreen 常绿的；永葆青春的

副词＋-ing。例如：

oncoming 即将来到的

well-meaning 善意的

名词＋-ing。例如：

time-saving 省时间的

peace-loving 爱好和平的

名词＋-ed。例如：

chicken-hearted 胆怯的

-ing＋形容词。例如：

wringing-wet 湿得可拧出水来的

其三，复合动词。复合动词一般是在复合名词和复合形容词基础上，通过词类转化法或逆生法而构成的。副词与动词也可以构成复合动词。

由复合名词转化而来的复合动词。例如：

nickname(*n.* 绰号)→to nickname(*v.* 给人起绰号)

moonlight(*n.* 月光)→to moonlight(*v.* 赚外快)

由复合名词或形容词逆生而成的复合动词。例如：

hen-pecked(*a.* 怕老婆的)→to hen-peck(*v.* 管治丈夫)

baby-sitter(*n.* 保姆、看管孩子的人)→to baby-sit(*v.* 看孩子)

由“副词＋动词”构成的复合动词。例如：

undergo 经历

underwrite 承担

outgo 比……走得远

3. 词汇用法

词汇的用法涉及词汇的搭配、短语、习语、风格和语域。因为语境不同，所以词的使用也不同。另外，还有些一词多义现象。

搭配一般分为两种：词汇搭配和语法搭配。词汇搭配是实词与实词的结合，动词＋名词，形容词＋名词；语法搭配是实词与虚词的结合，动词＋介词，介词＋名词，形容词＋介词。

英语习语不同于自由短语词组。自由短语词组可以从其组成部分的字面意义来判定其释义。英语习语有两个特征:一是语义的统一性;二是结构的固定性。习语是一种固定的词组,它的语义是不可分割的整体,其整体意义一般是无法通过组成习语的各个词汇意义猜出的。从结构上说,习语有一定的完整性,它的每个部分都是固定的,不可随意拆分或者替换。因为习语都是经过长期的历史考验以及人们反复的使用而最终确定下来的,所以,不可随意变动。

英语中的一词多义现象极为常见。在诸多语言中,英语因为其语义繁多而著称。从社会语言学角度说,词义的变化受社会的影响极大。通常,在社会的不断发展和变迁中,总会出现一些新事物、新思想、新观念。为了准确表达社会的变化与发展,所属语言就会不断创造新词、向其他语言借词、为原有的词增加新义。不管语言创造或者从其他语言中借用了多少词,词汇的总量都是一个有限集,所以,不会出现一个单词只有一个义项的情况,而是要一个词义引申出一些其他意思。同时,一个单词的词义不是一成不变的,而是会随着客观世界的变化发展而不断变化。从某种层面上说,词义变化的过程也是产生一词多义的过程。这主要是因为语言在发展过程中,一些词的旧词义会逐渐消亡,产生新词,词义并不是单纯产生的,但是更多时候,新词义与旧词义是同时存在的,此时就有了一词多义现象。

对多义词理解的信息处理过程并不是一个简单的信息解码和编码的过程,也不是简单寻找原型意义与原型特征的过程,而是人们在各自认知能力的基础上,根据认知语境对多义词不同程度的语用加工。多义词的选择与理解其实是在经过语用充实之后,其原型意义在一定语境下的收缩或扩充。在关联理论中,就是交际中的听话者根据特征的语境,对多义词的关联特征进行选择并且付出认知努力,从而构建最佳关联的语用推理过程。

4.词汇学习策略

大学英语词汇教学的目的不仅是传授一些词汇知识,更重要的是培养学生的学习能力,使其掌握学习的技巧,从而形成终身学习的能力。因此,教师在大学英语词汇教学中必须重视对学生词汇记忆和学习能力的培养,这就是词汇学习策略的问题。

(二)大学英语词汇教学的目标

《大学英语课程教学要求》与《高等学校英语专业英语教学大纲》都对英语词汇教学的目标进行了具体的规定。与英语的其他教学目标相比,英语词汇教学的目标更为具体和明确。

1.《大学英语课程教学要求》的目标

我国《大学英语课程教学要求》对词汇教学的目标做出了相应的规定，具体如下：

(1)一般要求：掌握的总词汇量应达到4 500个单词和700个词组，其中的2 000个单词为积极词汇，即要求学生能够在认知的基础上学会熟练运用，包括在口头表达和书面表达两个方面。

(2)较高要求：掌握的总词汇量应达到5 500个单词和1 200个词组，其中2 500个单词为积极词汇。

(3)更高要求：掌握的总词汇量应达到6 500个单词和1 700个词组，其中3 000个单词为积极词汇。

2.《高等学校英语专业英语教学大纲》的目标

《高等学校英语专业英语教学大纲》在教学要求上按级划分，每学期为一级。入学要求和第二、四、六、八级的单项教学要求规定具体如下：

(1)入学要求：认知词汇不少于2 000个；掌握1 200个左右的常用词和一定数量的习惯用语及固定搭配，并能在口笔语中运用；认识740个左右的单词和一定数量的习惯用语及固定搭配，能根据上下文的提示理解其含义。

(2)二级要求：通过基础英语课、阅读课和其他途径认知词汇达4 000～5 000个(其中含中学已学2 000个)，正确而熟练地使用其中的2 000～2 500个及其最基本的搭配。

(3)四级要求：通过基础英语课、阅读课和其他途径认知词汇5 500～6 500个(含二级要求的4 000～5 000个)，正确而熟练地运用其中的3 000～4 000个及其最基本的搭配。

(4)六级要求：通过课堂教学和其他途径认知词汇达7 000～9 000个，且能正确而熟练地使用其中的4 000～5 000个及其最常用的搭配。

(5)八级要求：通过课堂教学和其他途径认知词汇达10 000～12 000个，且能正确而熟练地使用其中的5 000～6 000个及其最常用的搭配。

四、大学英语词汇教学的原则

大学英语词汇教学需要依据一定的原则开展。具体而言，大学英语词汇教学需要遵循以下几项原则：

（一）目标分类原则

目标分类原则指的是大学英语词汇教学过程中应该以学生的具体需求、学习特点等为根据确定英语词汇学习的目标。具体来说，英语词汇学习目标包括过目词汇、识别词汇和运用词汇三类。过目词汇指的是在表达过程中起配合作用的词汇，对于这类词汇，要求学生在学习过程中大体了解即可。识别词汇指的是能够帮助学生理解的词汇，学生在阅读过程中可以通过上下文等手段了解其含义，针对这种词汇，学生只需要了解其语义即可，不需要掌握词汇的属性与用法。运用词汇是学生词汇学习的重点，使用频率较高，但不同的专业、不同的行业其语言使用的侧重点不同，因此，运用词汇也会有所差异。

通过上述分类可以看出，大学英语词汇教学并非让学生掌握全部的词汇，这是不现实的，也是没有什么效率的。教师应该结合词汇教学目的，让学生有选择性地积累一定的词汇，在掌握所需词汇的同时节省学习时间。总之，目标分类原则对于注重实效与专业的大学英语教学来说尤为重要，应该引起教师的注意。

（二）循序渐进原则

循序渐进原则是指教师在大学英语词汇教学中应该在保证数量与质量平衡的基础上对所教的内容逐层加深。在循序渐进原则的指引下，大学英语词汇教学不应单纯地追求词汇数量，还应该重视词汇掌握的质量与熟练程度，即应该做到在增长词汇数量的基础上，提升词汇使用的熟练程度。

在大学英语词汇教学中，质和量是分不开的，词汇掌握得越多，词汇与词汇之间的联系性与系统性就越强，学生进行词汇巩固的自然度就越高。所谓逐层加深，指的是在大学英语词汇教学中，教师不可能一次性地教授给学生某一词汇的所有语义，学生也不可能一次性掌握词汇的全部知识点，因此，词汇的教与学都应该有一个由浅入深的过程。

综上所述，大学英语词汇教学过程一定要避免急于求成。教师要在词汇教学中让学生不断掌握每一个词的音、形、义、用，词汇教学也需要有一定的质量和效果，程度不断推进与加深，如此才能不断提升大学英语词汇教学质量，并使学生在点滴中提升词汇学习的效果。

（三）直观性原则

在英语教材中，有很多常用词汇，如名词、动词、人称代词、形容词等与可以直接观察到的事物相联系。例如，表示事物外在特征的词，如 tall， short，thin，fat 等；表示常见动作的词，如 walk，run，sit，stand up 等；表示人称的词，如 I，you，he，she 等。针对这类单词，教师可以通过设计相应的语言环境，将这些单词直观地展示给学生。教师可以借助多种手段来做到词汇教学直观化，如可利用简笔画、实物、音像、模型、标本等形象性教具或形象生动的语言来教授英语单词。直观化的教学形式有利于学生将所学的英语与具体的事物联系起来，使学生置身于具体的语言环境中，有效激发学生的学习兴趣与动机，提高学习效率。

（四）回顾拓展原则

回顾拓展原则是对之前词汇教学的深化。在具体的教学过程中需要教师结合新教授词汇和已教授词汇，从而夯实学生词汇掌握的效果，同时，让学生接触新的词汇知识。

需要注意的是，词汇知识的回顾是为词汇拓展服务的。教师需要拓宽学生的词汇接触面，增强学生对词汇的理解程度，在原有词汇基础上提升学生的语言运用能力。

词汇教学过程中教师需要把握好回顾拓展原则的界限，教学的进行需要考虑学生的具体词汇接受程度，否则无效的词汇拓展只会加深学生理解的难度，降低学生对词汇学习的兴趣。

（五）联系文化原则

大学英语词汇教学的目的是为日后的跨文化交际服务的，因此，英语词汇教学的展开需要遵循联系文化原则。

语言是文化的载体，词汇则是语言的基础。因此，在词汇教学过程中无论是在词义、结构方面都应该和语言背后的文化相联系。在不同的语言文化中，即使存在概念意义相同的词汇，在具体使用和表达意义方面也可能存在很大的差异。同时，对于语言文化的理解有助于加深学生对词汇的理解，并使学生能够掌握词汇演变的规律，更加全面、有效地使用词汇。例如，news 事实上是由 north，east，west 和 south 四个词的首字母构成的。了解了这一点，学生就不难理解其含义为什么是“新闻”了：news 是来自四面八方的消息。

（六）词汇运用原则

词汇学习是为了词汇的使用。词汇运用原则要求教师在大学英语词汇教学过程中注意词汇使用知识的传授。也就是说，教师不能仅对词汇基本含义进行介绍，还应该从语境和语言运用的角度让学生理解词汇的具体用法。

遵循词汇运用原则的英语词汇教学应该注意：词汇运用活动的设计应该符合学生的特点；在词汇教学过程中应该培养学生的词汇联想能力；词汇教学过程中要注意词汇练习，保证练习的质量，有效地提升词汇运用效果。

五、大学英语词汇教学的现状

在语言学习过程中，词汇是其基石，也是英语学习的关键，对于学习者语言使用能力和交际能力都有着重要的影响作用。众所周知，我国传统的英语词汇教学将重点放在词汇与语法教学方面。教师花费大量的时间讲解词汇，课下学生把大部分的时间用在背单词上面，通过这种词汇教学方法，学生的单词量得到了很大的提升，但是造成的后果是大部分学生还是张口说不成句，落笔错误百出，出现哑巴英语的现象；很多学生由于词汇掌握数量较少，在语言学习过程中不能读懂文章或者导致单词拼写错误，长此以往，学生对英语学习的兴趣降低，语言学习过程中的自信心被一点点摧毁。因此，了解我国英语词汇教学的现状，并以此为基础进行针对性的教学工作十分必要。下面从教师和学生两个方面对大学英语词汇教学的现状进行分析。

（一）教师方面的现状

在大学英语词汇课堂教学中，教师起着重要的引导作用，甚至在一定程度上决定着学生词汇学习的效果。为了不断提升我国英语教师的专业能力和教学能力，就必须对教师词汇教学中存在的问题进行梳理与探讨。具体来说，教师在词汇教学中存在的问题表现在以下几个方面：

1. 教学观念错误

词汇教学过程总是观念先行，教学观念影响着词汇教学的设计、实施乃至效果。

我国很多教师存在着错误的教学观念。一些教师认为学习和记忆词汇是学生应该做的事情，因此，在课文讲解过程中，偏重句子与篇章的讲解，而忽视了词汇用法的总结。

这种教学观念没有办法真正调动学生的学习兴趣与词汇发展潜能。教师也没有帮助学生逐渐形成适合自己的、行之有效的记忆单词方法。教学实践证明，教师要在语境中教学，使学生感受到词汇学习的乐趣，而不是让学生觉得单词只是一连串毫无联系的符号，学起来太枯燥无味又很难记住，也不会使学生产生厌学情绪。从这个意义上说,教师转变英语词汇教学观念是教学开始的必要步骤。

2.教学方法单一

我国传统的词汇教学模式比较单一,一般是教师对单词进行领读之后,学生跟读,之后教师对学生不理解的单词进行讲解,课后要求学生进行记忆。

这种词汇教学方式让学生的学习处于被动状态,使得教学缺乏趣味性。长期下去,学生对词汇就失去了兴趣。在新形势下,教师应丰富词汇教学方法,在教学中不断提升学生的学习积极性,从而保证学生的主体地位。

3.缺少文化间的对比

词汇是语言的重要组成部分,语言则是文化的外在表现形式。因此,词汇教学需要对词汇背后的文化进行讲解。我国很多大学英语教师在教学中忽视对中西文化的对比,造成学生只了解词汇的表面意义,却不理解词汇的深层内涵。这种教学方式会直接导致理解上的错误,也会影响语言的习得。

教师在讲解词汇的同时要重视文化教学,因为文化辨析是词汇教学的重要组成部分。英汉两种语言反映着两种不同的文化内涵,有同又有异。注重中西文化间的对比应该是英语词汇教学重要内容。

4.忽视词汇的综合运用

词汇教学的最终目的是让学生进行词汇和语言的运用,但是,现如今很多教师的词汇教学都忽视词汇的综合运用。教师对学生的词汇学习进行检测往往通过检测学生的拼写能力,学生为了顺利通过单词的检测,不得不花费很多的时间和精力记忆单词,这样缺乏理解和运用的记忆即使检测结果合格,也是暂时的。随着时间的推移,学生使用词汇的频率下降,这些单词就会被遗忘。教师的错误做法会直接影响学生对词汇学习方法的选择,使他们在词汇学习中脱离语境和运用,从而导致词汇学习效率低下。

为了改变这种词汇教学现状,教师应该有意识地提升词汇运用在整体教学中的比重。

(二)学生方面的现状

学生是大学英语词汇教学的主体,但是很多学生的词汇学习只是孤立地死记硬背单词,因此,词汇学习效果并不是十分理想。由于英语词汇有自身的结构,含义和用法纷繁复杂,并且英语和汉语在语言和文化方面存在着明显的差异，因此，单凭死记硬背地学习英语词汇的方式，既花费时间又收效甚微。具体说来，学生在词汇学习方面主要有以下几个方面的问题：

1.词汇接触受限

根据我国的英语教学大纲，英语被定位为我国学生学习的第一外语，因此，与母语相比，学生学习英语缺乏必要的条件。学生的英语词汇学习仅停留在课堂上，因此，很难真正地扩大词汇量。

这样的词汇接触情况对我国的词汇教学效果造成了不利影响。虽然英语教学大纲对词汇量提出了较高的要求，但是由于学生接触的词汇量比较小，很多学生并未达到大纲规定的要求。

针对词汇学习的这一现状，教师和学生都必须付诸努力。对于学生来说，他们应该主动、积极地接触词汇，扩大自身的词汇量，并对新的词汇进行有效记忆；对于教师而言，教师应该向学生介绍一些词汇学习的方法与技巧，这样便于学生的积累与掌握。

需要指出的是，提升英语词汇的接触面在很大程度上受学生词汇学习主动性的影响。如果学生真想学习英语词汇，提高自身的英语能力，就要主动积极地扩大自身词汇量，通过多种渠道掌握英语词汇，如日常生活中的英文标识语、英文电视节目、网络英文资料等。因此，教师在教学中也需要不断吸引学生的注意力，让学生了解英语词汇学习的乐趣。

2.注重汉语意义

很多学生在学习英语词汇时，总是过分关注词汇的汉语意义，这种情况在初学英语时体现得较为明显。由于此时学生的词汇掌握数量较少，因此，这种词汇学习方式的弊端并不十分明显。随着词汇数量的不断增加，英语教学的不断深化，这种记忆方式就会增加学生词汇学习的难度，甚至让学生力不从心。长此以往，词汇的记忆成了学生学习英语的最大障碍，随后学生便逐渐对英语产生畏惧、厌学的情绪，甚至会放弃英语学习。[①]

鉴于此，在记忆单词的时候，学生应该从上下文和语境入手，不断积累词汇知识，同时，要舍弃死记硬背的词汇记忆方式。

3.词汇掌握失衡

学生在学习单词的过程中，往往只注重对词汇意义的把握，而忽略在句子、语篇中的用法，这样很难学会词汇搭配、常用表达等。这很容易导致学

① 何少庆.英语教学策略理论与实践运用[M].杭州：浙江大学出版社，2010：35.

生在阅读中不理解词汇的意义，在写作中不知道如何选择更为准确、地道的词。

实际上，对一些单词搭配、常用表达的记忆有助于答题，同时能培养学生的语言知识技能。在具体的应用中，词汇一般不会单独出现，而是以短语、句子等形式出现，因此，学生应该多注意这一点。

4. 词汇疏于整理

英语词汇并不是杂乱的，而是存在规律的。但是，当今的英语教材在编写过程中，很难按照词汇系统来进行编排，这就导致很多学生仅仅会死记硬背，忽视了英语词汇系统的整合与整理。

第二节　大学英语词汇教学的方法运用

一、大学英语词汇教学的方法

（一）文化融入法

在当前的多元文化背景下，教师在大学英语词汇教学中应采用文化融入法开展词汇教学，即在英语词汇教学中融入文化知识，以丰富学生的文化知识，提高学生的词汇运用能力。

在我国，学生主要是通过课堂学习英语的，平时很少有机会接触英语，在遇到与课文相关的文化知识时，往往会非常迷惑。此时，教师就要积极发挥其主导作用，采用融入法在课堂教学中融入一些英语文化知识，即在备课时精选一些典型的与教学相关的文化信息材料，将它们恰到好处地运用到课堂上，以增加课堂教学的知识性、趣味性，活跃课堂气氛，加深学习内容的深度和广度，激发学生的求知欲。例如，对于 the Big Apple 这一表达，学生基本知道其字面含义，也有部分学生知道其是纽约市的别称。但它为什么被作为纽约的别称呢？对此，教师就可以融入美国的历史文化，这样可以使学生对英美文化有一个充分的认识。

（二）知识扩充法

课堂教学时间毕竟是有限的，因此，教师可引导学生进行自主学习，即充分利用课外时间来扩充词汇量，丰富词汇文化知识，具体可采用以下几种方式：

(1)推荐阅读。词汇的内涵是极其丰富的，涉及生活的方方面面，教师在课堂上不可能讲授所有相关的背景知识，因此，为了扩大学生的知识面，丰富学生的词汇背景知识，就可以有意识地指导学生进行课外阅读。教师可以选择性地向学生推荐一些英美国家的优秀书刊，如《英语学习文化背景》《英美概况》以及 *China daily* 等，还可以引导学生阅读原文名著，让学生深刻体会英美文化的精华。这不仅能培养学生的自主学习能力，还能丰富学生的文化知识，扩充学生的词汇量。

(2)观看英语电影。很多英语电影都蕴含着浓厚的英美文化，而且语言通俗、地道，因此，教师可以引导学生观看一些英语电影，如《飘》(*Gone with the Wind*)、《傲慢与偏见》(*Pride and Prejudice*)等。观看英语电影不仅能调动学生的积极性，而且能让学生切实感受英美文化，接触地道的英语，对于提高学生的文化素养和英语能力十分有利。

(三)对比分析法

英汉文化之间有着很大的差异，只有通过文化对比，才能了解英语和母语语言结构和文化间的差异，从而获得跨文化交际的敏感性。因此，在大学英语词汇教学中，教师应有意识地对英汉词汇文化进行比较分析，使学生了解中西方文化差异，深刻理解和掌握词汇文化的内涵。

例如，教师可以通过向学生讲述中外美食的差异，让学生达到内化有关食物(food)、食材(material and stuff)、味道(flavor and taste)、质地(texture)等英语词汇的目的。具体而言，课前要求学生自行观看《舌尖上的中国》(*A Bite of China*)、《食神》(*The God of Cookery*)等视频及影片，并根据视频影片中的英文字幕了解相关内容及词汇表达，并制作 PPT。然后在课堂上以小组为单位进行讨论，要求学生根据之前观看的影片内容以及结合课内单元所学的词汇把单词罗列出来，并通过网上搜索的形式进行补充、汇总。接着教师呈现一些单词，如 cookie，pastry，popcorn，biscuit，porridge，spring rolls，wonton，French fries，potato chips，bland，soggy，crispy，buttery，crunchy，oily，creamy，sour，spicy 等，单词可以以图片结合文字、实物等形式用 PPT 在投影上展示，使学生在规定的时间内熟悉它们。另外，教师还要为学生提供一些重点句型，如"This is my favorite…""Why don't we…""My suggestion is…"等。进而要求学生将关于中国美食(包括地方美食)、欧美地区美食、东南亚美食和饮食文化习惯的词汇进行归类，以小组为单位，利用多媒体教室的电脑对之前做的 PPT 进行修改和补充。

之后，将学生分为四人小组，或让学生自行组成四人小组，可以结合自身的旅游经历，运用之前补充并学习的词汇来描述国外美食、中华传统美食包括家乡地方美食，并谈论自己喜爱的食物，或进一步运用词汇和短语讨论美食与健康养生之间的关系。

这样的教学方式为学生提供了充分运用名词、形容词等词汇及各种短语来描述中西方美食与饮食文化的机会，并在拓展阶段进一步探讨多元文化环境下不同美食与饮食文化的差异及中西方对饮食养生的观念差异。在整个环节中，学生以小组为单位，围绕不同国家美食文化和饮食养生的主题进行合作与探究，明确了学生的主体地位。学生在小组互动交流和课堂展示的活动环节中，通过交际任务不仅复习和巩固了相关文化词汇，还能够运用语言做事情，最终使词汇学习与运用达到统一，做到学以致用。

（四）词源分析法

词源分析法特别适用于讲解源自典故的英语词汇。英汉语言中的很多词汇都来自典故，所以，这些词汇的文化内涵是难以根据字面进行理解的，而必须分析其来源。不管是中国人还是西方人，在说话、写作时都习惯引用传说、历史、文学中的人物、事件，即引用典故。因此，对典故词汇的教学是大学英语词汇教学不容忽视的方面。例如，源自《鲁滨逊漂流记》中的 man Friday 是指“得力的助手”；源自《汤姆叔叔》中的 an Uncle Tom 指逆来顺受，情愿忍受痛苦、侮辱，在思想和行动上也拒不反抗；源自《威尼斯商人》中的 Shylock 是贪婪、追求钱财、残忍、不择手段的守财奴。教师在讲解这些源于典故的词汇时要先详细介绍其背景，使学生深入理解词汇的文化内涵。

（五）游戏教学法

1. 游戏在英语词汇教学中的优势

随着计算机和网络技术的迅速发展，网络游戏开始快速发展并得到广泛应用。网络游戏改变了单一的人机对话方式，开始逐步强调人性交流。网络游戏为游戏者提供了一个逼真、互动、多样、平等的虚拟世界，并且作为一种新的教育方式迅速普及和发展起来。

随着网络游戏在教育领域的发展，出现了很多的教育游戏软件，学生可以在玩游戏的过程中理解和掌握需要学习的单词，如跳跳熊单词拼写游戏、单词游戏乐园、玩游戏背单词等英语词汇教育游戏软件。学生通过运用这些词汇教育游戏软件，可以在游戏的语境中练习单词的发音、拼写、记忆等。词汇教育游戏的广泛应用，有利于提高学生学习英语词汇的乐趣。游戏能为学生提供和创设自然、丰富、逼真的学习环境，激发学生的兴趣，使学生在愉悦的氛围中不自觉地掌握所学的知识。学生以游戏的心态投入学习中，结果是不言而喻的。

2.游戏在英语词汇教学中的应用

其一，通过游戏改进传统英语词汇教学模式的弊端。传统的英语词汇教学方式主要是教师先读单词，之后学生跟着读，然后教师开始逐个讲解单词的含义，学生在学习单词的过程中始终处于被动的状态。然而通过运用英语词汇教育游戏进行英语课堂教学，有利于转变传统的词汇教育模式。

生动活泼的小游戏能够使学生更好地理解和掌握所学的词汇，从而快速、准确地熟悉各类短语和对话。通过人机交互或者人人交互学生可以很好地对学到的知识进行吸收。游戏的教学方式有利于克服传统词汇教学方式单调陈旧和课堂组织形式保守等弊端。

其二，通过游戏为学生创设真实、地道的英语词汇学习环境。一方面，以多媒体作为主要载体的教育游戏能够为学生创设良好的学习英语的环境。学习时可以提供真实、地道的语音资料，配以原汁原味的英美文化插图、游戏。让学生有身临其境的感觉，好像本身已经到达了遥远的大洋彼岸，会不自觉地将自己置身于英语语言环境中学习英语词汇。另一方面，学生可以在玩游戏的过程中体验西方文化，加深对中西方文化差异的理解。教育游戏可以为学生学习英语提供非常感性的材料，可以将学生学习的背景文化设计成各种游戏情节，在学生体验游戏的同时，加深学生对西方背景文化的了解，在快乐的游戏中完成既定的教学目标。

事物都具有两面性，教育游戏不仅有积极的一面，能够为学生创造真实的语言环境，从而使学生有效地学习英语词汇；也有消极的一面，很多青少年缺乏自身的自我约束力和控制力，很容易沉溺于网络游戏的虚拟世界中，从而危害身心健康，对正常的学习造成很大的消极影响。因此，在运用游戏软件进行英语词汇教学的过程中，需要辩证地看待游戏的作用。

（六）网络教学法

具体来说，词汇教学的目标是以尽可能完备的形式，让词汇信息知识进入学生的长时记忆中，并且能够随时进行提取，达到熟练的程度。基于网络多媒体的大学英语词汇教学能够为学生提供更加便利的词汇学习条件，也便于学生进行实践训练。但是，要如何开展网络多媒体条件下的大学英语词汇教学呢？作者认为可以从以下几点着手：

1. 从多渠道注入英语词汇知识

与英语学习相关的要素有教师、学生、教材、教学设备等，其中，学生是最为关键的要素。在网络多媒体环境下的英语词汇教学中，教师应该让学生输入足量的语言信息，使学生能够使用这些语言信息进行自然的交流。换句话说，就是要求教师为学生提供更多真实的语言环境。根据"语义场"的理论，学生可以通过扩大语义网来扩充词汇量。同时，很多的网站可供学生学习和练习词汇，也有对词汇进行测试和阅读理解的板块，这都是扩充学生词汇量的渠道。

此外，很多学习资料富含音频资料，学生可以根据需要进行下载和听取，对自己的词汇知识进行巩固。在线字典可以帮助学生解决遇到的生词，网络搜索引擎可以扩充学生的词汇输入和词汇学习渠道，解决词汇学习中遇到的语言障碍和文化障碍。

在知识输入的过程中，教师应该注意学生对词汇知识的掌握程度，观察学生是否能够将所学的词汇与具体事物和概念联系起来，是否掌握了词的上下义关系、语体风格、感情色彩等。当然，这些在网络多媒体环境下是比较容易实现的。例如，在学习同义词时，教师可以将相关词语的不同点和不同用法运用公式和图表的形式呈现给学生，并通过文本和声音将大量例句输入给学生等。只有这样，学生才能在短时间获取有效信息，扩大自身的词汇量。

2. 加强日常监督和多向互动

网络多媒体环境下的互动主要体现在师生之间、生生之间、学生与网络之间、学生与教学内容之间的互动。通过 E-mail、BBS 等形式，教师能够与学生保持沟通，便于学生解决学习中的问题，也便于教师及时得到反馈，对教学材料和教学内容进行调控。例如，E-mail 以跨时空、灵活的特点为学生提供了一个强化交流和运用的渠道和机会。

3. 注重学习过程，培养个性化和自主学习能力

除了要为学生提供充足的网络学习资源和网络教材外，教师还可以将词汇知识、词汇学习要求、词汇测评等制作成网络课件（HTML 文件）或者 PPT 文件，并将这些课件置于 Web 服务器上。不同水平的学生根据自己的情况选择学习策略和进度，通过浏览这些网页来完成词汇学习。当学生完成某一阶段的学习后，就可以进入下一阶段，但是无论处于哪一阶段，都需要自我监控。在学习过程中，网络多媒体起着鼓励和刺激的作用，其提供

的网络空间和丰富资源增加了学生词汇学习机会，激发了学生的学习兴趣和积极性。

二、大学英语词汇教学的实践

（一）"情景"词汇教学实践

教学任务：利用情景使学生在创设的真实语境中掌握并运用有关身体部位及身体疾病的名词。

教学形式：个人、小组、全班

教学流程：

Step 1：Warming up

（1）由教师为学生唱一首带有身体部位的歌。

Head，shoulder，knees and toe…

（2）教学生唱歌并做动作。

Step 2：Learning

（1）指着身体部位，然而问："What's this?"（It's a head…）

（2）指着身体部位然后教大家该部位的单词。

（3）让学生指着自己的身体部位，并由其他同学猜。

（4）展示包含了不同身体部位的图片，并带领学生一起读。

（5）把图片挂在黑板上，然后要求学生到黑板上写上对应的单词。

Step 3：Practice

（1）让学生根据教师所做的生病表情和动作学习有关疾病的单词，如头疼、嗓子疼等。

（2）要求一些学生做动作，其他同学猜意思。

（3）组织小组合作活动。例如：

A：What's the matter?

B：I have a…

（4）Ask some pairs to act.

Step 4：Production

（1）借助投影仪展示图片，提出问题让学生回答。

（2）让学生进行对话。例如：

A：What's the matter with him? What should he do?

B：He should see a dentist. /He should drink lots of water.

（3）要求各个小组将对话表演出来。

Step 5:Homework

要求学生写一篇文章。

分析:在日常的语言交际过程中,人们在表达思想时一般以句子为单位,而词是句子的组成部分。所以,在进行词汇教学时,教师应注意结合句型来教,使学生通过具体的语言材料来理解词义,掌握词的用法。这一案例从课堂说唱入手,结合 Guessing game 以及 TPR 教学方法,使学生可以在创设的句子情景中轻松、愉快地学习和操练有关身体部位和身体疾病的名词,同时,有利于培养学生用英语思维的能力。

(二)"合作式"词汇教学实践

教学任务:训练学生的词汇理解能力。

教学目的:通过小组之间相互比赛的方式训练学生对词汇的理解和描述能力。使学生不仅能记住单词的读音和写法,而且能深刻地理解单词的具体含义。使学生用比较多元化的方法来学习词汇。

教学形式:小组

教学流程:

步骤 1:准备工作

将学生分为两组,并准备两组近义词 wear,put;eat,drink。然后将 wear 分别写到若干卡片上并分发给 A 组组员(组员不可互相交流自己手里的词语),将一张写有 put 的卡片给 A 组中的其中一人。按照同样的方法,将 eat 和 drink 分发给 B 组。

步骤 2:规则介绍

每一组中的成员对自己手中的卡片进行描述,只能用关键词或动作,不可以直接字面提示。哪一组的"卧底"(卡片上写有 put 和 drink 的人)坚持的时间久,则获胜。

步骤 3:词汇运用

在学生描述词汇的过程中,教师应注意对学生的表达能力和词汇选择运用能力做详细的记录分析。

步骤 4:提炼知识点

教师让小组讨论影响词汇意义的因素和词汇在实际运用时的注意事项。

步骤 5:总结

教师结合两个小组总结的知识点将词汇含义的影响因素和运用时的注意事项进行总结性讲解。

分析:这一教学实践将小组讨论、游戏和词汇含义的教授相结合,寓教于乐，激发学生对词汇学习的兴趣，改变了传统教学中“填鸭式”教学方法，使学生轻松、愉快地学习词汇。该教学实践综合了词汇学习、口语表达以及语法运用，综合了英语学习的几个要点，对于学生综合英语水平的提高十分有利。

英语词汇教学的展开需要教师以科学的教学理念为指导，遵循具体的教学原则，灵活选用教学方法，并综合分析学生的特点、当前的教学实际等因素，因此是一个系统的过程。词汇教学带有很大的灵活性，上述分析只是从宏观上进行的概述，教师需要根据具体教学实际安排教学工作。

第五章　大学英语听力教学的理论阐述及方法运用

听力是英语的重要技能，也是交际的重要形式，人们通过听来接收信息，进而交流信息。尤其是随着全球化的发展和国际交流的频繁，听力的作用和意义日渐凸显，因此，听力教学在大学英语教学中的地位也越来越重要。本章将对大学英语听力教学的理论进行阐述，并在此基础上分析大学英语听力教学的方法运用。

第一节　大学英语听力教学的理论阐述

大学英语听力教学是提高学生听力能力、培养学生交际能力的重要途径。本节就对大学英语听力教学的基本情况，如大学英语听力教学的意义、内容、目标，大学英语听力教学的原则以及大学英语听力教学的现状等进行简要分析。

一、大学英语听力教学的意义

（一）帮助学生巩固英语语言知识

听力教学可以帮助学生巩固英语语言知识，从而进一步帮助学生建构自己的知识体系。我们知道，听并不是盲目的、随意的听，它其实是一个信息处理的过程。在听的过程中，有两个方面是不可忽视的，一是对语言信息的理解，二是对语言信息的输出。可见，通过听力，学生既可以训练自己的听力能力，也可以通过理解信息掌握语言的规则，实现对知识的构建。

（二）帮助学生形成英语思维

良好的英语思维与英语语感对于英语学习而言至关重要，而要形成良好的英语思维和语感，就需要进行大量的听力训练。通过英语听力活动，学生可以熟知英语的表达习惯，分析英汉语言差异，进而学习和形成英语思维。而英语思维的形成反过来能促进英语听力的顺利进行，也能提高英语说、读、写的能力。

（三）有助于提高学生的英语运用能力

听力是一种语言输入活动，听力教学是语言输入的重要途径，通过听力教学，学生可以对语言的声音符号信息进行辨别和重新组合，进而准确理解所输入的语言信息。而这种听力输入活动就为今后的语言运用奠定了坚实的基础，听力是提高口语表达能力和写作水平的基础，只有有了足够的语言输入，才能有效进行语言输出。总体而言，英语听力教学能够提高学生的语言运用能力。

二、大学英语听力教学的内容与目标

（一）大学英语听力教学的内容

教学内容是英语听力教学的基础，是学生学习的重点，也是教师开展教学的基础。总得来说，大学英语听力教学的内容主要包含以下几个方面：

1. 听力知识

听力知识涉及很多内容，包含语音知识、语用知识、听力策略、文化知识等。

(1)语音知识。听语言首先要听音，所以语音知识不仅是语音教学的重要内容，也是听力教学的重要内容。熟练掌握英语的发音、连读、重读、语调等知识，可显著提高语音识别能力和对语音的反应能力。对此，在大学英语听力教学中，教师除了讲授相关的听力知识外，还要训练学生的语音能力，使学生熟悉英语的节奏，适应英语语流。

(2)语用知识。听力材料中常涉及一些有关言谈交际的话题和材料，并且会话含义在交际中是一种普遍的现象，要理解这方面的听力材料，就需要借助相应的语用知识，因此，语用知识也是大学英语听力教学的重要内容。

(3)听力策略。掌握一定的听力策略有助于学生根据听力材料和听力任务的不同选择合适的策略，提高听的效果，所以，听力策略也是大学英语听力教学的重要内容。

(4)文化知识。语言交际中会蕴含丰富的文化知识，如果不了解相应的文化背景知识，学生的听力活动就会受阻，所以，文化知识也是大学英语听力教学的重要内容。

2. 听力技能

听力技巧是英语听力过程中一定会用到的一项内容,因此是英语听力教学中的一项重要内容。具体来说,在大学英语听力教学中,教师要向学生传授以下几个听力技巧:

(1)辨音能力。在听力理解的过程中,学生需要具备基本的辨音能力,如辨别音位、语调、重音等。所以,教师在听力教学过程中应培养学生的辨音能力。

(2)交际信息辨别能力。听力材料呈现出明显的交际性,因为听力材料大多是由交际性语言组成的,所以,学生需要掌握基本的交际信息辨别能力,如话题起始语、话题转折语、话题终止语等。

(3)大意理解能力。这项听力技能的教学内容主要是要求学生能够及时抓住交际者的意图等。

(4)对细节的把控能力。听力活动不仅需要学生掌握主旨大意,也需要学生掌握足量的细节信息,这些细节信息是听力理解的基础。所以,对细节的把控能力也是学生应掌握的技能。

(5)词义猜测能力。具备词义猜测能力是一个合格的听者的必要条件,常用的词义猜测方式有根据上下文判断、借助整体语境、搜寻已有信息等。

(6)预测能力。预测能力指的是根据一定的语境信息以及已有知识,来预测下文语言话题的发展与转向。

(7)推理判断能力。推理判断能力也是学生必备的技能之一,因为听力材料中的交际者是根据一定的目的进行交际的,学生需要依据推理判断能力揣摩说话人的意图,进而保障听力活动的顺利进行。

(8)记笔记的能力。听力活动具有时间短、不可重复的特点,而且学生的记忆能力是有限的,不可能在短时间内记住所有的内容,这就需要学生具备一定的快速记笔记的能力,以辅助记忆更好地完成听力任务。

3. 听力理解

培养学生的听力理解能力也是大学英语听力教学的一项重要内容。培养学生的听力理解能力实际上就是培养学生对句子和语篇的理解能力,使学生的理解由“字面”到“隐含”再到“应用”。听力理解是一个循序渐进的过程,必须经历五个环节,即辨认、分析、重组、评价和应用,通过这一过程,学生的听力能力才能逐步提高。

4.语感

语感是指对语言的感悟能力，这种感悟带有直接性，但是可以通过不断地锻炼来提高。在听力活动中，即使缺乏一定的语境条件和必要信息，良好的语感也能够帮助听者进行语言行为的预测与判断，从而促进听力活动的进行。

（二）大学英语听力教学的目标

英语听力教学的主要目的是提高学生的听力能力，使学生能够借助听力完成现实生活中的各种任务，进而培养学生在现实生活中进行真实交际的能力。具体来讲，对于大学英语听力教学的目标，《大学英语课程教学要求》做出了详细的说明，具体分为以下三个层次[①]：

一般要求：

(1)能听懂英语授课。

(2)能听懂日常的英语谈话和一般性题材的讲座。

(3)能听懂语速较慢的英语广播和电视节目，并能掌握其中心大意，抓住要点。

(4)能运用基本的听力技巧。

较高要求：

(1)能听懂英语谈话和讲座。

(2)能基本听懂题材熟悉、篇幅较长的英语广播和电视节目，能掌握其大意，抓住要点和相关细节。

(3)能基本听懂用英语讲授的专业课程。

更高要求：

(1)能基本听懂英语国家的广播电视节目，并掌握其中心大意，抓住要点。

(2)能听懂英语国家人士正常语速的谈话。

(3)能听懂用英语讲授的专业课程和英语讲座。

三、大学英语听力教学的原则

大学英语听力教学的开展应遵循一定的原则，这样才能使教学效果更

① 教育部高等教育司.大学英语课程教学要求[M].北京：外语教学与研究出版社，2007：2-4.

加有效。具体而言，大学英语听力教学可遵循以下几项原则：

（一）循序渐进原则

在大学英语听力教学中遵循循序渐进原则，是指听力教学要由简单到复杂地进行，这在听力材料的选择上体现得尤为明显。在选择听力材料时，要注意难度的阶梯性，也就是应该从简单的开始，然后逐步向复杂过渡，同时兼顾多样性和真实性。此外，教师应选择那些吐字清晰、语速较慢的材料，而且语音、语调不要过于夸张，以免干扰学生。教师还可以选择一些故事、新闻以及社会热点话题等作为听力材料，这样可以有效激发学生的学习兴趣。

（二）激发兴趣原则

听力能力的提高需要经过一个过程，同时，听力是一项枯燥的活动，因此，学生很容易打退堂鼓，如果迟迟得不到进步，就容易丧失对听力甚至英语学习的兴趣。而兴趣在语言学习过程中的作用是不言而喻的，所以，激发学生的听力兴趣十分重要。对此，教师在开展听力教学之前应充分了解学生的兴趣所在，如学生喜欢何种听力材料，喜欢何种听力活动等，具体教师选择相应的材料和方法来调动学生的学习兴趣，进而保证教学高效地进行。

（三）交际性原则

开展听力教学，其最终目的是让学生听懂地道的英语，并且能进行流利交际。因此，在大学英语听力教学中，教师首先应严格要求自己，保证自己的发音准确，同时，保持语速的正常，这样才能避免误导学生，使学生学到准确的英语。此外，教师应多为学生播放录音，让学生尽可能听地道的英语，培养学生的语感和发音。教师也可以安排学生进行各种交际活动，如进行情景对话、开展小组活动等，进而培养学生的交际能力。

（四）情境性原则

学生在学习语言的过程中通常需要与周围环境进行有效的互动，这样学习会更加有效。学生也只有在自然、舒适的环境下，才能同环境产生相应的互动，并获得真实的语言体验，也才能真正提高听力能力。因此，听力教学必须遵循情境性原则。良好的课堂氛围不光需要教师的努力，更需要教师和学生双方共同营建。良好的氛围是在教学发挥作用的前提下，师生双方的需要得到了充分的满足后，而出现的一种心境和精神体验。只有在舒适、自然的课堂氛围中，才能更好地创建一种与学生所学母语接近的自然的语言习得环境。

（五）选材真实原则

学生学习英语听力是为了将来能够在真实的语境中有效进行交际，而不是单纯为了应付考试，所以，听力材料要真实。在具体的教学过程中，教师应选择真实性的听力材料，如可以选择完整的广播节目或一个英语电影片段等作为听力材料，这样的听力材料不仅真实而且表达地道，能让学生切身领悟英语的特点，培养学生的语感。此外，要注意材料的难易程度，材料不能太难，这样会给学生造成心理负担，但也不能太简单，否则起不到锻炼学生听力能力的目的。

（六）分析性和综合性相结合原则

在听力教学中，教师应注意分析性的听与综合性的听的有机结合，从而提高学生的听力能力。分析性的听是指对听力材料进行仔细分析，将注意力放在材料的细节上，逐词逐句地听。综合性的听是指不用仔细听每一个细节，而是将注意力放在对材料整体的把握上。将分析性的听与综合性的听结合起来，既可以提高学生的细节分析能力，又可以提高学生的整体理解能力。

四、大学英语听力教学的现状

目前，英语听力已经受到了教师和学生的重视，但大学英语听力教学中仍存在诸多问题，使得英语听力教学的现状不佳。具体而言，大学英语听力教学的现状集中体现在以下几个方面：

（一）教师教学现状

1.教学模式单一

教学模式单一是导致大学英语听力教学效果不佳的一个重要因素。在大学英语听力教学中，教师常将主要精力放在知识的传授、教学任务的完成上，而忽视了对教学材料的整体把握，也缺乏对学生进行有效的指导和监控，仅仅是在课堂上机械地播放录音，使教学陷入“听听录音、对对答案，教师解释”的境地。在这种教学模式下，学生多是无目的、被动地听，听力水平根本得不到提高。

2.听前引导不当

在应试教育的影响下,英语听力教学也多是围绕考试这个指挥棒而转的。教师大多将教学重点放在如何应付考试上,以考试的方式训练学生的听力能力,而不对学生做任何引导就直接播放录音。这就很容易使对生词、相关的知识背景等尚不熟悉的学生在听的过程中遇到种种障碍,不仅降低了听的质量,而且使学生产生挫败感,因而对听力学习失去信心和兴趣。还有的教师则走向了另一个极端,即在让学生听录音前给予过多的引导,导致学生不用太认真听就能选出正确答案。因此,对教师来说,很重要的一点就是对学生进行适度的听前引导,帮助学生切实提高听力水平。

3.教材脱离实际需求

学生在课堂上所听的材料都来自教材,因此,离开教材,听力教学就无法进行,可见教材对于听力教学的重要性。不仅如此,没有科学、合理的教材,也谈不上有效的教学。一本好的听力教材不仅能开阔学生的视野,丰富学生的文化素质,还能为培养学生的语言综合运用能力提供最佳的语料和实践活动。然而,在当今听力课堂上使用的听力教材的周期较长,教材内容比较落后,无法紧跟当今快速发展的时代。教材内容缺乏多样性和层次性,无法完整地展现最新的教学方法和教育思想。因此,更新听力教材的内容是需要引起教材编写者和听力教师重视的重要问题。

(二)学生学习现状

1.基础知识积累不足

我国学生的英语听力水平普遍偏低,这与学生基础知识积累不足有很大关系。一方面,学生缺乏必要的语音知识,再加上词汇量较小,对语法结构不熟悉等,都会影响听力理解;另一方面,学生的听力学习缺乏地道的英语环境,这导致学生对英语的语音、语调及韵律特征缺乏必要的敏感度。

2.学习兴趣不高

由于教师教学方式的陈旧和机械,再加上教学环境的单调和乏味,学生很难对听力学习产生兴趣,甚至从心理上抵触听力。这种抵触心理导致学生在听力训练中积极性较低,不愿意主动参与听力活动,大部分学生常常敷衍了事,被动应付。

3.听力习惯不良

听力理解是一个非常复杂的过程，有着复杂的心理机制，它需要学生具备一定的逻辑思维能力，并能够对听力材料进行联想、判断、分析以及整合等。但目前的大学生还普遍缺乏这一能力，进而在听力过程中常会有一些不良的听力习惯产生，具体表现为以下几点：

(1)在听力过程中不能有效借助相关信息来解决问题，也不能有效控制和消除听力中产生的焦虑情绪。

(2)在听力过程中往往只听自己感兴趣的内容，对于自己不感兴趣或者难度较大的听力内容有抵触情绪。

(3)在听力过程中一遇到听不懂的内容就停下来思考，从而影响后面内容的听取。

4.心理负担过重

由于语言基础薄弱，大部分学生每当上英语听力课时就会有焦虑紧张的情绪，听到听力材料大脑无法快速灵活思考。有的学生因成绩不佳而缺乏自信，甚至有自卑心理，有的学生性格内向，存在羞怯心理，担心教师和同学知道自己的不足而不敢开口。长此以往，这种压抑的心理状态必然导致学生的学习情绪不佳，英语听力水平也得不到有效提高。对此，在大学英语听力教学中，教师应注意学生的学习情况，并积极引导学生，使学生轻松地学习听力。

5.缺乏英语文化知识

我国很多学生不仅对听力学习缺乏足够的兴趣，对文化背景知识也缺乏一定的了解，导致在听力过程中频频出错。英语学习的过程实际上也是英语国家文化知识的学习过程。在听力理解过程中，如果不了解英语国家的文化知识，即使听懂了材料的字面意思，也无法理解其内在含义，这样常常会造成误解，阻碍听力的有效进行。

6.缺乏语言运用环境

目前，学生进行听力学习的语言材料多来自教材，而课堂是学习的主要场所。学生从课本上学到的英语都是规范英语，教学过程中教师也没有注重发展学生在不同语境中运用语言的能力。在听力教学中，教师也都使用英语教学，但为了让大部分学生听得懂，常会放慢语速，尽量会将每个单词说得非常清楚，而这样也就使得语流失去了正常的节奏。但在英美国家，人们日常生活中多使用口语化表达，人们习惯于使用常用词、短语、简单句甚至省略句等来表达。在课堂教学中却恰恰缺少这种口语化的语言，学生接触不到地道的英语，不能有效进行听力实践，听力能力自然无法得到提高。

第二节 大学英语听力教学的方法运用

要想提高教学效率，切实提高学生的听力能力，就要在遵循科学教学原则的基础上选用有效的教学方法，并加以合理运用。本节将对大学英语听力教学中常用的方法以及教学实践进行研究。

一、大学英语听力教学的方法

（一）微技能教学法

听力能力的培养需要借助一定的微技能，它们是听力有效进行的基础和保障。在具体的听力教学中，教师有必要向学生介绍一些常见的听力技能。

1.猜测词义

猜测词义是听力微技能教学的重要方式。在听力实践过程中，听者很难完全听明白材料的每一个词，此时其就可以通过上下文猜测词义，从而更加顺畅地理解材料内容。

在听力实践过程中，切勿一有生词就打断思路，应该从整体听力活动入手，综合使用词义猜测技巧，保证听力活动的顺利进行。

2.注意所提问题

在进行听力训练或测试时，准确把握所提问题十分关键，如果不了解所提问题，也就不能针对问题选出正确答案。例如：

W:John,I called you yesterday evening,but you were not in.

M:I went to the cinema with a friend of mine.

Q:Can you tell me where John went?

选项：

A. He went with Linda.　　C. He went last night.

B. He went to the cinema.　　D. He went by car.

在上述听力材料中，所提的问题是 where，只要弄清楚了问题，判断出正确答案也就不难了。正确答案是B。

3. 留意关键词

对于学生而言，完全听懂一段听力材料是很难的，但即使不能完全听懂也不影响正确答题，因为只要抓住其中的一些关键词，仍能答对问题。对此，在具体的教学过程中，教师应有意识地对学生抓取关键词的能力进行锻炼，从而提高学生的听力能力。例如：

M：Who dealt last time? I think it's my turn to shuffle.

W：Cut the deck last time，so it must be your deal.

Q：What are these people doing?

选项：

A. Dancing　　B. Sailing a boat

C. Playing cards　　D. Cutting wood

dealt(发牌)，shuffle(洗牌)，cut the deck(倒牌)，deal(发牌)等关键词是准确理解了述听力内容的关键，抓住并理解了这些关键词，正确答案C也就能很容易选出来了。

4. 边听边记录

在听的过程中记笔记十分重要，因为学生不可能完全听懂和完全记住所有的听力内容，而借助记笔记可有效弥补这一问题，尤其是在听力考试中，遇到十分冗长的材料和干扰选项时，就需要听者结合听力特点，学会用记笔记的记录方法。因此，教师要引导学生养成边听边记录的习惯，并提醒学生注意以下两个问题：

(1)记笔记要具有选择性。在听力过程中没有必要记住所有的内容，所以，学生应选择记录那些重要且容易遗忘的信息，如关于时间、地点、数量等的信息。

(2)有效运用缩写、符号。记录要讲究技巧，要有效运用一些缩写、符号等，这样不仅能提高记录的速度，还能减轻记录的负担。来看下面常用的一些缩写和符号。

缩写：

should—shd　　possible—poss

professor—prof　　teacher—teach

doctor—doc　　advertisement—ad

符号：

and—&　　dollar　$　　pound—£

smaller than—<　　bigger than—>　　because—∵

so—∴　　change into—→　　per cent—%

（二）任务型教学法

任务型教学法的关键词是任务，即通过让学生完成听力任务来锻炼其听力能力，同时，完成教学目标。在任务型教学法中，任务的真实性尤为重要，只有保证任务的真实性，才能切实有效培养学生对听力学习策略的应用能力。一般来说，听力过程中的任务主要包括六种，分别是列举型，排序、分类型，比较型，问题解决型，分享个人经验型，创造型。下面就具体介绍任务型听力教学法的实施步骤。

1.听前阶段

听前阶段主要是准备阶段，即教师通过各种方法，如预测、头脑风暴法、发现活动等方法，帮助学生确立听力目标、激活背景知识，并让学生对相应的语言形式、功能进行训练，帮助学生建立新图式或激活学生头脑中已有的图式，以更好地理解听力材料。

2.听中阶段

听力过程需要学生集中注意力认真听听力资料，以便灵活处理各种语言信息，可以说是任务型听力教学过程中的关键阶段。同时，听力阶段是教师最难以控制的阶段。在此阶段，为了保证学生顺利完成听力任务，教师可以组织学生进行形式多样的活动，帮助学生学会使用听力技巧、听力策略，训练学生的信息理解和听力技能运用能力，以更好地理解和记忆材料内容。

3.听后阶段

听后阶段的主要目的在于巩固所学知识，此阶段重点在于测试学生对听力材料的理解，而非考查学生的记忆。因此，在这个阶段，学生应该根据教师提出的各种任务，如听后说、听后写、听后填表等，通过完成多项选择题、回答问题、做笔记并填充所缺失的信息、听写等方式评估听力效果，达到巩固听力信息和技能的目的，同时，为日后的英语学习奠定基础。

（三）体裁教学法

近年来，越来越多的教师和学者开始关注体裁教学法，并将其应用到大学英语听力教学中。具体来说，体裁教学法在大学英语听力教学中的运用主要分为三个步骤:体裁分析、小组讨论和独立分析。

1.体裁分析

采用体裁教学法开展听力教学,首先要对听力材料进行体裁分析,包括语言方面的分析和文化方面的分析。其中,语言方面的分析包括分析体裁的图式结构,目的是让学生对某类文章的特点以及开展方式有所了解。文化方面的分析是指对听力材料的文化背景知识进行分析,包括听力材料的社会历史、风俗习惯等背景知识,以便学生对背景知识以及文化差异有所了解。

2.小组讨论

在这一环节中,教师对学生进行分组,将学生分为若干个小组,并播放同一体裁的听力材料,让学生与本组成员就材料的语言特点、结构等进行讨论。让学生进行小组讨论一方面可以调动学生的参与性,激发学生的兴趣;另一方面,可以促使学生积极思考,加深学生的印象。

3.独立分析

在小组讨论之后,学生对语篇体裁有了一个大致的了解,此时教师就可以安排学生进行独立分析活动,即为学生播放某一体裁的典型范文,让学生利用体裁分析的方法对这一范文进行分析。独立分析活动确立了学生的主体地位,打破了教师垄断课堂的局面,在这一活动中学生可以自主、独立地学习和思考。

(四)三段式教学法

20世纪70年代,英国伊林高等教育学院的听力教学法专家玛丽·安德伍德(Mary Underwood)通过研究听力理论和记忆心理规律,将听力教学分为三个阶段,即听前阶段(pre-listening)、听时阶段 (while-listening)和听后阶段(post-listening),并且每一阶段都有一个清晰的教学任务。这种听力教学方法受到了国内外的关注,但并未在我国的英语听力教学实践中得到发挥和应用。后来,随着语言学理论、教育学理论的发展以及英语听力教学地位的提高,三段式教学法逐渐被人们熟知。

1.听前阶段

听前阶段的主要任务是激活学生头脑中原有的词汇图式及语言背景知识,集中注意力,做好听前准备。

(1)实例、图片导入。在练习一些以真实的对话、新闻、故事等为内容的听力材料时,教师可以搜集与之相关的实例或图片进行课前导入,还可以创设真实的语言场景进行提问。这一活动的目的是帮助学生根据已有经验进行合理预测。

(2)视频、歌曲导入。听力训练开始前播放英文视频或歌曲,能够使课堂气氛更加活跃。同时,英文视频、歌曲是英语文化的重要组成部分,对于提高学生学习英语的热情有很大帮助。

(3)关键词导入。导入听力材料中的关键词,是一种降低听力训练难度的方法。

2.听时阶段

听时阶段的主要任务是提高学生引出及解决问题的技能。教师应根据学生的英语水平较好地把握听力材料和听力任务的难度,既有挑战性,又不挫伤他们听力训练的积极性。

(1)有针对性地进行听力训练。教师要有针对性地选择与学生英语听力水平相符的听力题型。

(2)指导学生提取关键词句,掌握文章的中心思想。

(3)培养学生的听力技巧,如速记等。

3.听后阶段

在听后阶段,教师可以根据听力材料的内容进行拓展练习。例如,角色扮演、对话练习、问题讨论、写作等任务。拓展练习的目的是帮助学生回顾听力材料中的语音、语法、词汇、句子表达等,检查及测试听时的记忆情况,更好地完成听力教学任务,实现学生的全面发展。

在大学英语听力教学中应用三段式教学法,需要注意以下几点内容:

(1)每个阶段的教学活动都要与听力训练具有相关性,同时,要具有多样性和趣味性。

(2)培养学生的听力技能和听力兴趣是听力教学的主要任务。同时,听力教学活动不能只培养听的技能,还要给学生创造交际的机会。

(3)听力难度要符合学生当前的语言水平,教师可以对听力教材进行一定的修改。

(五)网络多媒体教学法

随着现代化科技的飞速发展,网络多媒体开始广泛应用于大学英语教学中。在大学英语听力教学中,教师可充分利用网络多媒体技术来培养学生的听力能力。

1.建构听力学习环境

教师可以利用网络多媒体为学生建构听力学习环境，进而引导学生更加有效地进行听力学习。具体而言，教师可以从以下几点入手：

(1)通过网络多媒体查找更多的听力资源，丰富听力教学，并激发学生的学习兴趣。

(2)借助网络多媒体为学生创建真实的英语语境，使学生的听变得更加真实。

(3)通过网络选用真实、地道的听力材料，这样不仅能使学生接触地道的英语材料，感受纯正的英语表达，也可以增强学生的认同感。

(4)设计真实的课堂活动，通过小组合作的方式减少学生对教师的依赖，使学生在合作交流的过程中增强学习的主动性。

(5)为学生提供合作互动、沟通交流的机会，使学生在参与中逐渐掌握学习的方法，激发他们学习英语的兴趣。

2.培养学生的听力自主决策能力

教师还可以利用网络多媒体技术来培养学生的自主决策能力，具体包含以下两点：

(1)学习信息技术知识。在网络多媒体环境下学习英语知识，学生必须掌握现代化信息技术的操作技能，这样才能通过现代化信息技术与教师和同学交流，才能完成学习任务。

(2)掌握收集、整理和利用信息的能力。在网络多媒体环境中，学生要根据教师布置的任务通过现代化信息技术自行收集、整理和利用信息，这就需要学生具备这方面的能力。此外，通过现代化信息技术，学生可以对自己的学习效果进行评价，这也培养了学生的自我评价能力。

(六)文化教学法

语言深受文化的影响，听力也是如此，所以，在大学英语听力教学中，教师有必要向学生传授一些文化知识，在培养学生文化意识的同时，提高学生的听力能力。具体而言，教师可采用以下几种方法来进行文化教学：

1.通过词汇导入

词汇是语言的基本要素，也是听力的基础，很多英语词汇都蕴含着丰富的文化信息，所以，通过词汇导入文化知识，不仅能培养学生的文化意识，还能有效提高词汇量，为听力的进行打下基础。例如，“龙”是中华民族的象征，代表着吉祥，备受中国人的喜爱。西方国家的dragon则是罪恶的代表，并不受人们的欢迎。很明显，虽然“龙”与dragon字面意思相同，但内涵意义相差甚远。所以，学生听力水平的提高首先要从词汇抓起，据此教师可以通过词汇向学生传授文化知识，进而提高学生的听力能力。

2.通过习语导入

习语是语言的精华，其作为语言的重要组成部分，在人们的生活中发挥着重要的作用。习语经常会出现在西方人的日常交际中，如果不了解习语的文化含义，将很难理解话语的意思。例如，“I'd like Scotch on the rocks”，如果不了解其内涵，很容易按字面意思将其理解为“我喜欢在岩石上的苏格兰人”。实际上，on the rocks是一个成语，其含义是“触到暗礁，有灾祸”，其引申义为“穷困、破产”。可见，教师在听力教学中很有必要向学生传授一些习语文化，从而培养学生的听力理解能力。

3.通过习俗导入

话语交际的涉及面非常广，所以，在培养学生听力能力的过程中，除了需要学生掌握基本的语言知识、交际功能、习语文化，还需要学生了解一些基本的习俗文化，如打招呼、称呼、感谢、赞扬、谦虚等，了解并掌握这些内容对听力能力的提高具有重要的作用。在具体的教学过程中，教师可以设计情境对话，或者让学生进行角色扮演，以使学生真正置身于英语环境中，让他们感受英汉文化之间的差异，听取地道的英语表达，进而提高他们的英语听力能力。

4.通过网络多媒体导入

网络多媒体在教学中的作用是非常显著的，所以，教师可以利用网络多媒体来向学生输入英语文化知识。具体而言，教师可以利用多媒体设备向学生展示文化知识，并引导学生进行广泛的听力活动。教师还可以引导学生通过网络寻找更多的听力资源，并促使学生不断练习，在培养学生自主学习能力的同时提高学生的听力能力。

5.通过课外活动导入

课堂教学是我国教学的主要形式，学生听力能力的锻炼和提高基本都是在课堂教学中完成的。课堂时间毕竟是有限的，不但教师很难在有限的课堂教学中传授所有听力知识，而且学生也很难在课堂时间中全面学习听力和文化知识。对此，教师应引导学生有效利用课堂活动来学习听力知识，补充文化内容。

首先，教师可以鼓励学生在课外阅读一些英语书籍或报纸，使学生通过阅读来感受和学习英语国家的文化风俗。教师可以为学生列出一些书单，同时，要求学生在读完之后撰写读书笔记，这样做的目的是扩大学生的知识面，加深学生的印象。

其次，教师可以有针对性地开展一些选修课与讲座，向学生系统地介绍一些西方文化，同时，兼顾听力能力的训练，使学生的听力学习与文化导入相结合。

（七）听力练习法

学生听力水平的提高最终还是要通过不断的练习和反复的实践，因此，教师在听力教学过程中要多引导学生进行听力练习。具体来说，教师可以依据以下几种目标进行练习活动的设计：

1.提高听力预测能力

有时在听听力材料时，学生往往可以依据常识、背景知识、语言知识、图片等来预测下面即将听到的材料，为听力的进行做好准备。从下列听力内容便可看出端倪。

(1)

Bob:Hi, Tom, I haven't seen you for a long time. Where have you been all this time?

Tom:Hi,Bob! I've been away to France to teach English there. And how are you?

Bob:Good,thanks. And you?

Tom:Oh,I'm fine. Oh,my car is just outside the station. Shall I give you a lift?

Bob:Oh,yeah! Thank you.

(2)

Frank:Excuse me,Mrs. Black?

Mrs. Black:Yes?

Frank:I'm Frank from Beijing Normal University. How do you do?

Mrs. Black: How do you do? Thank you for coming to meet us.

Frank: Not at all. Did you have a good trip?

Mrs. Black: Yes, I did. Thank you for asking. Let me introduce Jackie Last to you. She's my secretary.

Frank: How do you do!

Mrs. Black: How do you do!

(3)

Man: Good morning, class. This morning I'd like to introduce you to my wife. Her name is Laura. When I met her, she was working as a nurse in Zambia in Africa. Now she's a nurse here—at King's Hospital.

Laura: It's nice to meet all of you. My husband has told me so much about you. Your name is…

Li Lei: My name is Li Lei.

Laura: Harry, and where're you from?

Li Lei: You see I'm from Tianjin. I mean my family are in Tianjin but actually I was brought up in Beijing.

Laura: Beijing!

Laura: Yeah.

Laura: I've been to Beijing 3 times. I love it.

Lissa: Hi! Dorothy. My name is Lissa. L…i…s…s…a.

Laura: Lissa. Are you from Egypt?

Lissa: No, I'm from Lebanon.

Man: Dorothy, this girl over there, her name is Yoko. She doesn't talk much but her spoken English is very good.

Laura: Yoko. It's nice to meet you. That's a very beautiful name. Are you from Japan?

Yoko: Yes, I am, but I've been in America for about seven years. I've been going to an American high school.

Yoko: Thank you.

Laura: You've been here for years?

Yoko: Yes.

Dorothy: Uh-huh.

可以看出，上述三个例子的主题是打招呼和介绍，对话的双方有的认识，有的不认识。对于这样的听力材料，学生可以进行以下练习活动，以培养预测能力。

Circle the topics that you imagine the English-speaking people tend to talk about when they first meet.

weather salary eating habit address names
hobbies nationality jobs clothes they're in

2. 培养获取主旨大意的能力

对于大部分学生而言，要听懂听力材料的每一个细节，弄清每一个词语，是很难实现的，然而有时候这是完全没有必要的。只要了解了文章的大意，抓住了文章的主旨，也就能领悟全文了，问题也就能迎刃而解了。因此，培养获取主旨大意的能力很重要。请看下面一篇听力文章：

Michael Jackson is one of America's most successful singers. He's also well-known for his dancing.

He started singing in 1965. He made his first record in 1970. Nobody knows how many records he has sold all over the world. One of his records sold seventeen and a half million copies.

Michael was born in 1959. He has four brothers. The five of them used to sing in a group called "The Jackson Five". They started singing in public in 1965. In 1970 the group made their first record; it was called "I want you back". It was very successful. In America it was Number 1 and in Britain it was Number 2. They had three more hits in the same year.

In 1978, Michael acted in his first film. The first record which he made on his own sold eight million copies in the world. This was the beginning of his success.

Michael doesn't go out much. He is too well-known. He lives in a large house and keeps lots of animals. He never eats meat.

学生可以通过以下练习来培养获取文章的主旨大意的能力。

Ⅰ. Listen to the text and decide upon a title for the text.

Ⅱ. Listen to the text and choose one title from the following.

① The Pop Singer

② The Pop Song

③ Michael Jackson

Ⅲ. Listen to the text and put the following sentences in the order in which they are mentioned.

( ) A. In 1978 Michael acted in his first film.

(　) B. Michael was born in 1959.

(　) C. He started singing in 1965.

(　) D. The five brothers started singing in public in 1965.

(　) E. He made his first record in 1970.

(　) F. In 1970 the group made their first record.

3. 培养捕捉细节信息的能力

听力不仅考查学生对听力材料的中心思想和主旨大意的把握，也考查学生抓取细节信息的能力。有些细节信息对于听力材料内容的理解起着至关重要的作用，弄清楚这些细节信息十分必要，如时间、地点、人物、数字等。学生在听的过程中往往会忽略以上重要的细节，结果在遇到与细节有关的问题时就不知从何入手。对这一问题，学生在平日训练中要多加注意。请看下面的文章：

Cary：How was your holiday? Wang Ming?

Wang Ming：Wonderful! I went to Nanjing and spent a week there. I made some friends. We went to Xuanwu Lake and Zhongshan Ling and had a wonderful time. What about you, Nan Feng?

Nan Feng：I didn't go away.

Wang Ming：Why?

Nan Feng：Well, my mother was ill.

Wang Ming：Oh, I'm sorry to hear that.

Li Jun：Where did you go, Cary?

Cary：I went back to Australia. I spent one week with my parents and two weeks by the sea.

Li Jun：Did you have a good time?

Cary：It was great!

Wang Ming：What about you, Fang Qun? Where did you go?

Fang Qun：Nowhere! I failed my maths exam! So my parents made me study during the holidays.

Cary：Bad luck! What about you, Li Jun?

Li Jun：I went to Dalian for a week.

Cary：Did you enjoy yourself?

Li Jun：I ate some bad fish and was ill. So I stayed in bed for a week.

Wang Ming：Oh dear! Are you better now?

Li Jun：Yes. Better, but thinner!

学生可以通过以下练习进行学习：

Ⅰ. Listen to the tape and tick the names of the people who are talking.

Cary	Charlie	Wang Ming	Fang Qun
Sun Yao	Nan Feng	Li Jun	Gao Lei

Ⅱ. While listening, look at the two lists below, and match the names mentioned on the tape and the places they went to during the holiday.

Names	Places
Cary	Dalian
Wang Ming	Nowhere
Li Jun	Australia
Fang Qun	Nanjing
Nan Feng	Nowhere

4. 提高做听力笔记的能力

人的记忆能力是有限的，不可能完全记住听力材料中所有的信息，这就需要做笔记来帮助听力的顺利进行，但是有部分学生不会做笔记，因此，学生可以通过一些听力任务来训练做听力笔记的能力。请看下面一篇听力材料：

First aid means the aid or help that be given to an injured person first before any other help arrives. If a serious accident happens, the first thing we should do is to telephone for help instead of waiting for an ambulance to come. But we can also do something to save someone's life before a doctor comes. For example, if someone cuts himself, wash the area of the cut, dry it and cover it. If he is bleeding badly, you must try to stop it by a piece of dry clean cloth firmly onto the bleeding point until the bleeding stops or help arrives.

Since many injuries happen every day, it is necessary for us to have some knowledge about "first aid" so that we can save a person's life and sometimes ourselves.

学生可以通过以下听力任务来帮助提高做笔记的能力。

Ⅰ. Listen to the lecture and note down the definition and importance of "first aid".

First aid means:

First aid is important because:

Ⅱ. Listen to the lecture and complete the following outline of the lecture with the main points of the lecture.

① First aid refers to ________________.

② If something serious happens, what we should do first is to ________________.

③ Before a doctor comes, there are also things for us to do such as ________________.

④ First aid is very important, because ________________.

Ⅲ. Listen to the lecture and note down the main points in the form of an outline.

____

____

____

二、大学英语听力教学的实践

教学任务:通过听力训练对 *A Tale of Two City* 有一个基本的了解。

教学目的:提高学生的英语听力水平以及提取主要信息的能力,同时,锻炼学生的口语表达能力。

教学形式:全班、个人

教学流程:

(1)教师将一张画有巴黎和塞纳河的图挂在黑板上,教师对图画进行如下讲解,并在讲解过程中对一些重点词语进行简单介绍。

This morning we are going to learn a story that is taken from "A Tale of Two Cities", written by Charles Dickens, a great English novelist in the nineteenth century. This story happened in France. The story tells us the wrongs done by the noblemen at that time. Now look at the map. This is France. This is Paris and this is the river Seine. In Paris there was a prison. It was called the Bastille.

One evening, a doctor, named Alexandre Manette, was walking by the river Seine. Two noblemen or two nobles came up to him. The word "nobleman" is a compound word, made up of two words: noble + man. A nobleman is a person of a very high rank, or a very high official at that time. The two noble men were in their carriage. A carriage is like this. The noblemen forced the doctor into their carriage. Or they compelled him to go into their carriage. The doctor was taken or brought to a lonely house. "Lonely" means "without companions". A lonely house is a house that is not often visited or is far from towns. There he was led to go upstairs. In a room upstairs he saw a young and beautiful girl. The girl was shouting and crying. She kept shouting and crying, that is, she was shouting and crying all the time. Obviously or clearly she was mad. It was clear that the girl was mad. The doctor did what he could to calm her or he did his best to make her quiet. But it was of no use. She did not listen to him. Then the doctor was taken to another room. In this room he saw a wounded peasant boy. A wounded boy is a boy that has been badly hurt. When you cut your finger with a knife, then your finger is wounded. When a soldier strikes the enemy with his sword, then the enemy is wounded. The peasant boy was badly wounded. He lay on the floor and was dying. He told the doctor his story, that is, he told the doctor why, how and by whom he was wounded. He told the doctor the story of the beautiful girl upstairs. The girl was his sister. He told the doctor the wrongs or the evil-doings or crimes of the two noblemen. Then, the boy died and a week after or a week later his sister died, too.

(2)教师让学生听一遍这个故事的录音,此录音材料中不带有任何解释性话语。

One evening, a French doctor Alexandre Manette, was walking by the river Seine. Two noblemen came up to him. They forced him into their carriage. The doctor was brought to a lonely house. He was taken upstairs. In a room upstairs he saw a young and beautiful girl. She kept shouting and crying. The doctor tried to calm her but it was of no use. Obviously she was mad. The doctor was taken to another room. There he saw a wounded peasant boy, who was dying. The peasant boy told the doctor his story and also the story of his sister, the young and beautiful girl upstairs. He told the doctor the great wrongs done by the two noble men to them. The boy died and his sister died a week later.

(3)教师就故事的情节提问,由学生回答,以检查学生对听力材料的理解情况。必要时,教师可手指黑板上有关的词,帮助学生回忆和回答。

Teacher: Who was Alexandre Manette?

Student: He was a French doctor.

Teacher: What was he doing one evening when two noblemen came up to him?

Student:He was walking by the river Seine.

Teacher:What did the two noblemen do to him?

Student:They forced him into their carriage and took him to a lonely house.

Teacher:What did he see upstairs?

Student:He saw a young and beautiful girl. She kept shouting andcrying.

Teacher:What does the word "obviously" mean?

Student:It means "clearly".

Teacher:What did he see when he was taken down to another room?

Student:He saw a wounded peasant boy,who was dying.

Teacher:What did the wounded boy tell the doctor?

Student:He told him his story and also the story of his sister,the girl upstairs.

Teacher:What else did he tell the doctor?

Student:He told him the wrongs which the two noblemen had done to them.

Teacher:What happened then to the wounded boy and his sister?

Student:The wounded boy died soon and his sister died a week later.

(4)教师朗读课文,学生看着书静听。教师每读过一段,让学生用一两句英语说出该段的中心意思。

分析:在此案例中,教师利用自己的讲解以及听力材料锻炼了学生的英语听力,同时,用提问的方式检查了学生对于材料中一些重要信息的理解,还训练了学生的英语口语表达能力。

总体而言,在具体的大学英语听力教学中,教师要向学生概括分析相关的理论基础,然后在遵循一定教学原则的基础上,合理运用各种教学方法,以提高教学质量,培养学生的听力能力。

第六章　大学英语口语教学的理论阐述及方法运用

由于国家间的交流日益频繁，英语口语的作用和地位越来越凸显，因此，英语口语教学逐渐受到人们的关注和重视，尤其在大学英语教学中，教师和学生都认识到了英语口语的重要性，但受各种因素的影响，尽管大学生学过多年英语，大学生的口语水平仍普遍较低，无法顺利进行跨文化交际。要想改变这种状况，在大学英语口语教学中教师就要分析口语教学的理论基础，遵循科学的教学原则，并合理运用相应的教学方法。本章将对大学英语口语教学的理论与方法进行论述。

第一节　大学英语口语教学的理论阐述

在大学英语口语教学中，教师首先应让学生对口语教学有一个基本的了解，如清楚大学英语口语教学的意义，明确大学英语口语教学的基本内容与目标，认识大学英语口语教学的原则，清楚大学英语口语教学的现状等。

一、大学英语口语教学的意义

（一）口语是语言能力的重要部分

口语能力在很大程度上体现着一个人的英语水平，因此，为了提高学生的英语能力，进行口语训练是必不可少的。如果忽视对学生的英语口语交际能力培养，势必在很大程度上会影响学生英语综合能力的提高，也会影响英语教学的效果。

（二）口语学习有利于其他语言技能的提升

首先，口语教学能促进阅读教学效果的提升，因为口头复述、课文朗读等都需要口语的参与。其次，口语教学能促进学生写作能力的提高。通常来说，如果学生口语能力较强，其写出来的文章也不会差。可见，写作能力的提高也离不开口语教学。

二、大学英语口语教学的内容与目标

（一）大学英语口语教学的内容

大学英语口语教学是以培养学生口头交际能力为目的的教学，其教学内容包含语音、词汇、语法、会话技巧、文化知识等。

1. 语音

在英语口语教学中，语音是最基础的内容。在口语表达过程中，如果语音有误，或者语调有变，很有可能引起理解困难。例如：

A：This movie is meaningless.

B_1：It ↘ is.（非常肯定）

B_2：It ↗ is.（可以是漫不经心的附和，也可以表示不耐烦）

B_3：It ↘↗ is.（稍带责备口气）

可以看出，相同的句子，语调不同，其传达的意思也不相同。

因此，音节、重读、弱读、连读、意群、停顿、语调等语音知识都是英语口语教学的重要内容。

2. 词汇

词汇是语言的核心，同样是口语表达的核心。口语表达是一种创造性技能，当合乎交际礼仪的交流框架架构起来之后，整个交流就有赖于作为思想和文化载体的词语来填充。在学习的过程中，很多学生认为自己已经掌握了所学词汇，但在真正的交际过程中不会使用。可见，学生的词汇问题不能得到有效解决，那么口语表达能力是难以得到提升的。

所以，词汇的掌握对于口语表达而言至关重要，这也决定了词汇在口语教学中的重要性。要想切实提高学生的口语能力，教师应从基础入手，逐步扩大学生的词汇量，为学生口语能力的提升打好基础。

3. 语法

语法是语言运用的基本法则，是词汇组成句子的重要规则，要想实现沟通的目的，必须要构建出符合语法规则的句子，只有句子符合语法规则才可以被听者理解。所以，语法也是大学英语口语教学的重要内容。

4.会话技巧

学生在进行口语表达时，还需要掌握一定的会话技巧，这样可以使交际更加流利。对此，教师在口语教学中应向学生传授一定的会话技巧，以帮助学生有效进行交际。会话技巧主要包括以下几个方面：

(1)开始交谈。例如：

Look there! …

瞧！……

Hey! You there!

嗨！是你！

(2)发出邀请。例如：

A:What are you going to do tonight?

B:Nothing important. Is there any arrangement?

A:Come to take part in my birthday party then.

(3)获取信息。例如：

I'd like to know…

我想知道……

Could you tell me…?

你能告诉我……吗？

(4)征求意见。例如：

How do you see…?

你对……怎么看？

What do you think of…?

你认为……怎么样？

(5)表达观点。例如：

It seems to me that…

在我看来，……

I'd like to point out that…

我想指出的是……

(6)对外宣布。例如：

A:Did you listen to the news last night?

B:No. Anything important?

A:Well, an earthquake was reported in…

(7)承接话题。例如：

That reminds me of…

那使我想起了……

About…,I think…

谈到……,我想……

(8)转换话题。例如:

I nearly forgot! …

差点忘了,……

Could we move on to the next item?

我们可以接着开始讨论下一个项目吗?

(9)提出请求。例如:

A:Are you using your camera this sunday?

B:No. You want to borrow it?

A:Yes,if you're not using it.

(10)拒绝答复。例如:

It all depends.

要看情形了。

No comment.

无可奉告。

(11)结束谈话。例如:

It's about time I was going,I am afraid.

恐怕我该走了。

Well,thank you for a wonderful day.

好了,谢谢你让我过了愉快的一天。

5. 文化知识

仅具备语言表达能力而没有积累一定的文化知识,是难以有效进行交际的,所以,文化知识就成了英语口语教学中不可或缺的内容。教师在口语教学中要有意识地向学生传授文化知识,这样学生在口语交际过程中才能使语言表达符合相应的文化氛围和语言环境。

(二)大学英语口语教学的目标

对于大学英语口语教学的目标,《大学英语课程教学要求》进行了具体的说明,并划分了三个层次,具体如下:[①]

---

① 教育部高等教育司.大学英语课程教学要求[M].北京:外语教学与研究出版社,2007:12-16.

一般要求：

(1)学生可以在学习过程中用英语交流，并能就某一主题进行讨论。

(2)学生可以就日常话题用英语进行交谈。

(3)学生可以经准备后就所熟悉的话题做简短发言，表达比较清楚，语音、语调基本正确。

(4)学生可以在交谈中使用基本的会话策略。

较高要求：

(1)学生可以用英语就一般性话题进行比较流利的会话。

(2)学生可以基本表达个人意见、情感、观点等。

(3)学生可以基本陈述事实、理由和描述事件，表达清楚，语音、语调基本正确。

更高要求：

(1)学生可以较为流利、准确地就一般或专业性话题进行对话或讨论。

(2)学生可以用简练的语言概括篇幅较长、有一定语言难度的文本或讲话。

(3)学生可以在国际会议和专业交流中宣读论文并参加讨论。

(4)学生可以使用较高的讲话技巧，如引起听众的注意、维持听众热情、协调与其他讲话人的关系等。

三、大学英语口语教学的原则

大学英语口语教学的开展不仅要依据明确的教学内容和目标，还要根据学生的具体情况遵循相应的教学原则，这样才能使口语教学更加有效和有序地进行。具体来讲，大学英语口语教学可遵循以下几项原则：

(一)循序渐进原则

口语教学应遵循循序渐进原则，层层深入、由易到难、循序渐进地展开。例如，我国大学生通常来自全国各地，很多学生的英语口语表达都会或多或少受到方言的影响。对此，教师首先应仔细分析学生的语音特点与发音困难，进而为纠正学生发音提出建议，使学生按照由易到难的顺序，从语音、语调、句子、语段等层面逐渐提高口语水平。

(二)先听后说原则

听与说是一个问题的两个方面，二者之间是相辅相成的关系。在具体的口语交际过程中，只有首先听懂对方的话语，才能据此进行回应，使交际顺利进行下去。因此,口语教学要坚持先听后说的原则。

具体来说,在口语教学过程中,学生通常先通过听来进行词汇量与语言信息的积累。当这种积累达到一定程度时,学生的表达欲望就会逐渐被调动起来,尝试着进行口语表达,进而实现真正意义上的口语交际。

(三)互动原则

口语练习是一件很枯燥的事情,长期的枯燥练习很容易使学生失去对英语学习的兴趣。因此,教师在口语教学中应坚持互动性原则,使口语训练充满互动性,使学生能够在互动练习中不断保持兴趣,逐渐提高口语表达技能。

"动"是互动性原则的核心。如果教师采取传统的口语教学模式,在课堂上仍以提问、回答为主要方法,那么学生对口语表达的参与是被动的,这会影响学生口语能力的提升。因此,教师为学生设计的话题应能够使学生之间进行有效的互动练习。

(四)课内外结合原则

课堂教学是学生学习口语的主要途径,但是课堂时间毕竟有限,因此,教师应当充分利用课下时间,将课堂教学与课外教学有机结合。以课堂教学为基础,同时,辅以相应的课外活动,既能让学生对课堂知识进行及时的复习与巩固,还可使他们充分利用课外活动的机会来对知识予以运用,加快从知识到技能的转化过程。此外,课外活动有课堂教学不具备的优点,如气氛轻松,学生压力小,教师也能更加及时地对学生进行指导。

(五)鼓励性原则

学生在英语学习尤其是口语练习中很容易出现焦虑情绪,此时教师应当多鼓励学生,对其多多表扬,树立其口语表达的自信心。

著名学者纽南(Nunan,1999)认为,鼓励学生并使他们大胆说英语是口语教学中一项很重要的原则,因此,教师应为学生创设更多有意义的语境。在这样的语境下,学生不会担心受到嘲笑,从而能更好地进行口语练习。针对一些口语基础较差的学生,教师可考虑采取"脚架式"教学方法,使教学策略与学生的状况相一致。

(六)生活化原则

教师在为学生设计口语课堂上的任务时,应遵循生活化原则,使其尽量与学生的日常生活、学习相贴近,以此来更好地调动学生的积极性,使他们对话题不陌生、有兴趣，进而乐于开口、勇于开口。具体来说，教师可从以下三个方面入手：

(1)应努力提高话题、主题的趣味性。

(2)应对学生的愿望与实际需求进行深度挖掘。

(3)应将教学内容与学生感兴趣的话题有机结合在一起。

(七)科学纠错原则

在口语学习的过程中，学生难免会出现各种错误，有些教师一旦发现学生表达有误，就匆忙打断学生，这种有错必纠的方式是不科学的，不仅会打乱学生思路，还会挫伤学生的自信心，使学生失去说的勇气。教师应采用科学的纠错方式，即在学生说完之后，对学生的不同错误根据不同的性质和场合分别处理，这样一方面可以让学生认识到自己的错误并加以改正，另一方面还能避免挫伤学生的积极性。

四、大学英语口语教学的现状

虽然目前的大学英语口语教学已经引起了人们的重视，并且获得了一定的发展，但实际现状仍不容乐观，具体表现在以下四个方面：

(一)教学时间得不到保证

英语是一门实践性语言，英语口语能力的锻炼更是需要大量的时间进行实践。在我国，学生的英语口语能力主要是通过课堂教学来锻炼和提高的，但课堂时间是非常有限的，学生的口语能力很难在这样有限的课堂教学中得到培养，而且，我国的口语教学被纳入英语整体教学之中，教学重形式、轻运用，因此，口语教学未能得到时间上的保证。时间得不到保证的另一个结果就是我国在整体上缺乏语言交际环境，这也是阻碍口语教学质量提升的重要因素。

(二)学生存在心理障碍

由于基础知识不扎实和英语表达不规范，学生普遍对英语口语学习缺乏自信心，不愿意开口说英语，这最终导致我国英语教学出现“高分低能”的现象。著名学者崔(Tsui,1996)总结了学生不愿开口表达的五个原因，具体如下所述：

(1)学生怕说错而遭到其他同学耻笑，因此不愿意说。

(2)学生认为自己的语言水平低，因此不愿意说。

(3)教师提出的问题难度过大,学生本身就不理解。

(4)话轮分配不均匀。

(5)教师提问时对沉默难以容忍,学生不愿意回答的结果无非两种,一是教师自问自答,二是由成绩好的学生开口说。

(三)学生表达不规范

很多学生不仅存在口语学习障碍,其口语基础较差也是学习效果不佳的重要原因,而且这也是导致学生不敢开口的最大原因。表达不规范主要包括用词不准确、句法不规范等。例如:

The reason for the car accident is not clear.

这次车祸起因不明。

根据英语的表达习惯,当描述主观原因时应使用 reason,当描述客观原因时应使用 cause,因此应修改如下:

The cause for the car accident is not clear.

My father loves to lose temper recently.

我爸爸最近爱发火。

本例中,学生在表达“爱发火”中的“爱”时使用了 love,这明显违背了 love 的本义,应修改如下:

My father is inclined to lose temper recently.

事实上,学生在口语中出现错误是难免的,也是不可避免的。对此,学生一方面要客观看待自己出现的错误,减小心理压力,努力改正错误,不断进步;另一方面,教师要采取科学的纠错方式,对不同学生犯的不同错误根据不同场合及不同性质进行分别处理。

(四)教师的口语教学素质有待提升

教师不仅是课堂知识的教授者,也是课堂的策划者和活动的引导者。教师在教学活动中还应该有效地指导学生,帮助学生解决困难。我国很多教师在教学中频繁使用“放羊式”的教学方法,课堂的随意性过大,教学方法也比较单一、传统,缺乏趣味性。总之,教师素质水平低下对学生的口语学习造成了很大的影响。

第二节　大学英语口语教学的方法运用

恰当、有效地采用教学方法对于提高大学英语口语教学的质量、培养学生的口语能力十分有利。本节就对大学英语口语教学中常用的几种方法以及教学实践进行说明。

一、大学英语口语教学的方法

（一）情景教学法

情景教学法是指在英语口语教学过程中，教师有目的地创设、引入以形象为主体、具有一定情绪色彩的具体场景，从而提高学生的口语能力与文化意识的教学方法。角色表演是情景教学法的重要表现形式。采取角色扮演的方法一方面符合学生爱表演的特质，能调动他们的学习兴趣；另一方面能为学生接触不同文化背景创造条件，使他们在口语交际练习过程中体会不同的角色身份，切实提高口语交际能力。具体来说，教师可以通过以下几个步骤进行：

（1）根据学生的不同特点对他们进行分组，并为他们分配适当的角色。当然，教师也可以让学生自行分组，自己安排角色，这可以更好地锻炼学生的协调能力。

（2）组织学生进行角色扮演，在此过程中教师原则上不进行干预，但如果学生有困难或有需要，可进行适当指导。

（3）寻找适当机会，安排学生进行表演。

（4）表演结束后，进行学生自评和同伴评价，让学生对自己的表演有一个初步的评价印象。

（5）教师从表演技巧、语言运用等方面对学生进行点评，指出存在的问题，给出建设性意见。

（二）配音教学法

配音是一种很好的锻炼学生的口语表达能力的活动，因此，在口语教学中也被广泛使用。在配音练习中，教师可以选取一部电影的片段，首先让学生听一遍原声对白，在听的过程中教师可以适时讲解其中一些比较难的语言点；之后，让学生再听两遍原声并要求他们尽量记住台词；最后，教师将电影调成无声，安排学生进行模仿配音。

教师在选择需要配音的电影时，要注意以下几个问题：

（1）电影的语言信息含量要丰富。有些电影尤其是动作片，虽然很好看，也很受学生欢迎，但其并不适合配音，原因是这类电影往往语言信息较少，甚至充满暴力。

(2)语言发音要清晰,语速要适当,这样容易被学生学习和模仿。有些电影虽然很优秀,但是角色说话语速过快,对英语水平要求较高,学生在配音时很难跟上话语节奏,这就很容易打击他们的积极性。因此,教师在选择影片时要充分考虑学生的英语水平,尽量选择情节简单、发音清晰的影片。

(3)电影应当配有英语字幕,有中英双字幕更好。如果没有字幕,教师可以要求学生提前将台词背下来,如果学生对电影情节比较熟悉,可以不背。

(4)影片内容要尽量贴近生活。由于影片内容和语言大多和人们的真实生活很贴近,因此,配起音来相对容易,且能让学生真正体会到学习英语的实用意义,从而激发其学习英语的积极性。

(三)任务型教学法

在口语教学中采用任务型教学法,可有效调动学生学习的动力和积极性,培养学生的合作竞争意识,进而培养学生的口语交际能力。一般任务型教学法包含以下三个实施步骤:

1.任务前

这一阶段的主要任务是让学生做一些准备工作,如语言上的准备、知识上的准备,也可以就话题做准备。呈现任务时,教师可结合学生的实际生活和学习经验,创设与学生学习或生活相关的情景,激发学生的学习兴趣。教师还要为学生提供与话题有关的环境及思路,以加强新旧知识之间的连接,激发学生说的欲望,使学生对新课的学习充满期望。另外,在呈现任务时,要遵循先输入、后输出的原则。实际上这一阶段是为下一阶段的练习做准备的。

2.任务中

在任务准备完成之后,就要开始实施任务。学生在接受任务之后,就可以采用不同的方式实施任务,如可以采用结对子、小组自由组合等方式,也可以由教师设计许多小任务构成任务链等。在这一过程中,学生会根据任务主动收集资料,学习口语知识,积累口语语料,锻炼口语能力。教师则对学生起指导和监督的作用,确保学生的活动有序进行。

3.任务后

在完成任务之后,每个小组派出一名代表向全班汇报自己小组任务的完成情况。在各个小组完成汇报之后,教师要对学生的完成情况予以评价,指出每个小组的优点和不足。

(四)探究教学法

探究教学法的关键在于“探究”,这里的探究主要是由师生合作完成的。具体来说,教师利用现代教育手段与媒介,综合多种教学资源,以学生为中心,通过以学生的自主学习、自我探索和自我研究为主的方式,最终完成语言知识和口语技能的习得。下面对探究教学法的特点和实施步骤进行详细介绍。

1.探究教学法的特点

探究教学法与传统的教学法相比,体现出一定的优势和特点。

(1)开放性

开放性是探究教学法的显著特点之一,主要体现在教学内容、教学组织形式和教学管理三个方面。

首先,在教学内容上,探究教学的内容以教材为基础,但并不受教材的制约与束缚,其涉及的内容要比教材内容广泛得多。这是因为探究教学往往针对某一主题进行深层次的考究,无形之中就会涉及多领域、多学科的内容。

其次,在教学组织形式上,探究教学常常在学生与学生之间或学生与教师之间的交流、协商、讨论中展开,这种教学活动组织形式与传统的教学方法相比,具有明显的开放性。

最后,在教学管理上,探究教学以学生的自主探究为主要的学习方式,教师起着监督与指导的作用。

(2)合作性

合作性是探究教学法的另一个显著特征。这里的合作主要是指教师和学生间的合作。具体来说,口语教学是依靠学生的自主探究来完成知识的学习和技能的掌握,但仅仅依靠个人能力是不现实的,还离不开教师的监督与指导以及同伴间的合作学习。

此外,每位学生的学习技巧、学习方法、学习能力等都是存在差异的,也是可以进行互补的,因此,要拓宽探究内容的广度与深度,就必须加强合作,增进互补性。

(3)实践性

大学英语口语探究教学的实践性是由大学英语教学的目标决定的。当今社会对英语人才提出了较高的要求,不仅要具备扎实的语言知识和技能,还要具备熟练的英语运用能力。探究教学为学生提供了充足的思考和使用英语的机会，能够帮助学生切实提高口语表达能力。

2.探究教学法的步骤

在大学英语口语教学中，探究教学法大致包括五个步骤：

(1)确立探究问题

确立探究问题是探究教学法的第一步。旧问题解决后，有时会产生新的问题，因此，探究教学是一个循环往复的过程。口语教学实践中会产生多种问题，但是探究问题的选择和确立需要考虑多方面的因素。一方面，有些问题产生的原因简单，很容易解决，因此不必探究。另一方面，有些问题用其他方法讲解会更加浅显易懂，因此适用于探究教学法。所以，教师在确立探究问题时要进行深入的分析和精心的选择，以下几个方面值得考虑：

首先，务必要考虑课程内容和先前教学中的知识积累。探究问题要在整个教学知识结构中起到承上启下的作用。此外，问题的深度与广度要符合维果茨基的最近发展区原则，即通过自我探究和教师的指导能够解决问题。

其次，要考虑问题的创设情景，以教材内容为基础，创设出能够自然导出问题的情景。

最后，还要考虑学生的学习兴趣与学习动机，用新颖的方式提出问题。

(2)收集数据

大学英语口语探究教学法中数据的收集指的是与语言有关的语料，以及与文化、语言使用有关的策略的收集。

这一环节的实施需要教师严格监控，并给予学生收集内容、方向与来源方面的指导和建议。这样才能起到事半功倍的效果，否则就会白白浪费时间和精力。

(3)分析解释

分析解释是探究教学法的第三个步骤，这一环节对下一环节的讨论交流有重要的影响。

对收集的数据进行分析，主要围绕语义和语用两个方面进行思考，对特定的交际情景和交际目的中所涉及的词汇、语法、句式、文化、交际策略等方面的因素在交际中的功能做出解释和总结。

(4)讨论交流

讨论交流贯穿于大学英语口语教学的始终，体现在课内与课外的各种交际活动中。在探究教学法中，学生完成课外探究之后，结合所得在课堂上与同伴就老师所给的探究材料进行有目的的交流讨论。同时，做好记录。

(5)展示评价反思

展示评价反思是探究教学法最后一个环节，也是不容忽视的一个环节。这一环节需要注意两个方面：一是学生的展示行为是否规范，二是教师的点评内容与评价方式是否得当。

(五)影视教学法

现在大学生的文化生活丰富多彩，学习渠道也多种多样，其中，欣赏原版影视就是学习英语和训练口语的有效方式。原版电影通常具有强烈的视觉冲击力，文化性与故事性强，能够大大降低学生的学习焦虑，并从视、听、说等方面将学生的积极性与注意力调动起来，提高其认知能力与理解能力，达到寓教于乐、陶冶情操、拓展思维的效果。因此，教师可以采用影视教学法，充分发挥原版影视在提高学生的英语口语能力方面的作用。一般来说，将影视教学法应用于英语口语教学中可从以下几个方面入手：

(1)选择合适的影视资料。教师应以不同的教学目标、学生的现有英语水平以及影视资料的难度等作为主要依据，保证所选择的影视资料既有利于教学目标的实现，又与学生的英语水平相适应；既不会过于简单，又不会难度太大。此外，影视资料的内容最好能体现英语国家的文化，这样可以帮助学生拓展文化视野，一举两得。

(2)在课前，教师应对影视资料进行适当剪辑，并据此来设计相应的口语练习。例如，如果选用电影《*What about Bob?*》中的湖泊情景进行教学，可将 Leo 带儿子 Siggy 到码头教他潜水的 2 分钟资料剪辑出来，并采取以下教学步骤：

第一步，向学生介绍影视资料的主题，即 The Lake Scene。

第二步，向学生介绍影视资料的主要情景，即“Leo is teaching Siggy how to do something.”

第三步，为学生介绍活动中可能用到的动词。

第四步，将学生分成两人一组，安排一人担任观看者，另一人担任倾听者。

第五步，为学生讲解任务要求。具体来说，观看者只负责观看，应放下耳机或塞住耳朵，及时记下与所看到的动作相对应的动词，并对面部表情、手势、体势等非言语信息和情景给予特别关注。倾听者则需背对屏幕，只靠耳朵来捕捉信息，并及时记录一些关键词。

第六步，为学生播放影视资料，可多播放几次，以保证学生尽自己最大努力来完成任务。

第七步，安排学生在组内互相交流获得的信息，即由倾听者表述自己听到的信息，由观看者表演自己看到的动作。

第八步，由各组轮流为大家表演。

第九步，再次播放影视资料，全体同学可以同时听和看。

第十步，教师对影视资料进行讲解，对同学的表现进行点评、分析与指导。

（六）文化植入法

1. 文化植入的概念

“植入”最初是医学用词，后被广泛地应用于非医学方面，其中，用得最多的概念是“植入式广告”。现在，我们在很多影视剧和综艺节目中都能看到植入式广告。简单来说，植入式广告就是为了达到营销目的，将产品及其服务的视听品牌符号融入影视或舞台产品中，从而给观众留下深刻的印象。

在英语口语教学中，文化植入与广告植入的理念类似。具体来说，如果让人们直接看广告，即使广告再精彩，看多了也会厌烦，最后适得其反。文化学习也是如此，如果只是生硬地开设文化课，学生会因为文化内容的博大精深而退却，从而失去学习的兴趣和动力。如果在英语教学中植入文化，那么就能对学生产生潜移默化的作用，从而加深他们对文化的印象，同时，产生文化学习的兴趣，最终提高口语学习的效果。

2. 文化植入的原则

在选择文化植入的内容时，要遵循一定的原则，具体来说主要有以下几个：

(1)在精不在多原则

在口语教学中，教师在进行文化植入时，要注意找到一个恰当的“切入点”。因为文化知识背景复杂、内容繁多，通过“切入点”的“植入”，可以激发学生对于相关文化内容的兴趣和关注，也有助于学生对口语进行学习和操练。一旦打开文化世界的大门，学生会自己主动学习。

(2)适当原则

植入的时候并不是无原则地随意植入，要植入的内容应当符合学生的兴趣爱好，并且能深入浅出，切实帮助学生提高口语水平。教师首先要充分了解学生的兴趣所在，并找到学生感兴趣的文化内容。其次，要在深入了解植入内容的基础上，尽量通过直观、简易的方式呈现出来。总之，所植入的文化内容难度要适宜，既不能太肤浅，也不能太深入，否则文化植入不仅不能帮助学生进行口语学习，反而会成为学生学习过程中的阻碍，严重的甚至会削弱学生的学习兴趣。

(3)服务于口语教学原则

文化植入的一切内容都要围绕口语教学进行，并与主题紧密相关。这是因为文化植入的最终目的是帮助学生更好地应用口语，掌握口语课的教学内容，所以，文化植入的内容一定要凸显其服务功能。

3.文化植入的方式

文化植入并不是生硬地插入文化知识，否则和一般的文化课程就无异了，因此，教师在教学中要采用合适的植入方式，将文化内容很自然地融入教学中，使其服务于口语教学，这里要注意不能喧宾夺主，而是要起到潜移默化的作用。具体来说，文化植入的方式主要有以下两种：

(1)直接呈现

直接呈现是指教师选择一些与教学内容密切相关的文化主题，然后在课堂上将其直接呈现给学生，引导学生理解这些文化主题。教师在呈现时，可以通过一定的手段将其融入教学内容，如借助多媒体教学设备进行呈现。

例如，在学习有关建筑物的口语课堂上，有很多有关建筑的描述和表达方式需要进行呈现和练习。此时，教师可以利用多媒体设备，将不同建筑的时代背景、风格特点等展示给学生，同时，融入教学要求掌握的一些表达方式。这些内容能引导学生了解学习内容，并使用所学内容进行操练。通过呈现，学生在其表达练习中会更有针对性，也更容易加深印象、掌握知识。

(2)间接呈现

间接呈现是指口语教学应根据教学要求和学生实际情况，灵活设计一些小活动，如游戏、竞赛等，并将文化内容有效植入这些活动中。

例如，在有关商务用餐的口语表达学习中，教师要植入“酒文化”。学生经过前期学习，对酒文化有一定了解，教师可以组织“抢答竞赛”的小活动。具体来说，教师可以设计一些实用又有趣的英语选择题供学生抢答，每题结束后再结合直接呈现方式，通过图片、视频等向学生介绍该题所包含的文化内涵。这样，学生在互动中锻炼了自身的口语能力，同时，拓宽了知识面。

(七)文化渗透法

由于每种语言都处于不同的文化背景中，因此，需要结合文化来理解语言的具体含义。教师在口语教学中可以采用文化渗透法，即通过总结归纳相关的文化信息，提高大学生的英语口语表达能力。具体来说，教师可以采取以下几种方式进行：

1. 交流学习法

大学生经过几年的英语学习，一般已经有了一定的英语基础，有的也有一些跨文化交际的经历。因此，教师可以充分利用大学生的这些特点，开展课堂交流，通过交流促进学习。

2. 文化对比法

在口语教学中，教师可以通过对比英语文化与母语文化，帮助学生了解不同文化的差异，培养跨文化意识。教师可以首先向学生传授有关中西方文化的各种差异，然后指出学生在交流中容易犯的错误，并表明这些错误正是由于不注意中西方文化差异造成的。在反复对比和介绍中，学生就能掌握英语和汉语及中西方文化间的差异，并在以后的交流中多加注意。此外，学生通过了解不同文化的差异，还能更加尊重不同文化的风俗与习惯，并形成正确处理语言与文化关系的能力。总之，文化对比法是一种行之有效的口语教学方法。

3. 教师引导法

教师在口语教学以及与学生的交流中，应当时刻注意进行有效的引导，特别是在学生产生交际障碍时，应及时进行启发性的引导。这样既充分尊重了学生的主体性地位，又对学生进行了文化知识的熏陶，激发了其学习和运用语言的积极性。

（八）课外活动法

我国大学英语口语教学无论在教学时间、教学方法以及教学过程等方面都存在很多问题，都难以有效培养学生的交际能力。因此，对课堂起着有效补充和辅助作用的课外活动就成了学生提高交际能力的重要途径和方式。为了弥补课堂教学的不足，教师应引导学生多利用课外活动时间，给学生创造更多了解英语文化、培养跨文化交际能力的机会。具体来说，教师可指导学生通过以下方式来丰富语言文化知识，提高跨文化交际能力。

(1)教师可以组织学生举办外国影视欣赏会，让学生更多地了解英语国家的生活、工作、学习以及交友等方面的情况，使学生切身感受英语文化，并接触地道的英语表达。

(2)教师可以在课余时间定期或不定期地邀请学校的外籍教师或留学归来的教师组织一些英语文化知识讲座,如关于习俗方面的、思维方面的等。这样可以使学生集中、有针对性地学习英语文化知识,而且还能提高学生的学习积极性。

(3)教师可以组织学生进行英语知识竞赛、英语演讲等活动,以促使学生将平时所学习的语言运用于实践。这样不仅可以激发学生的积极性,还可以有效巩固学生的英语知识,提高学生的表达能力。

(九)移动技术教学法

在生活方面,移动通信技术为人们提供了一种丰富、生动且不受时空限制的信息交流方式;在学习方面,移动通信技术在提高学习效率、丰富学习交互、扩展学习时间等方面的优势也逐渐显现。因此,越来越多的学者开始关注如何将移动技术与大学英语教学,特别是口语教学进行有机结合,并从多个角度对这种新的教学方法进行界定。黄荣怀教授采取了"移动学习"这个提法,并将其定义为"学习者在非固定和非预先设定的位置上发生的学习,或有效利用移动技术所发生的学习"[①]。在大学英语口语教学中采取移动技术教学法可以为学生的口语练习提供全方位支持,增加学生与英语的接触机会,并实现课内与课外的相互连接。移动技术支持的大学英语口语教学的具体流程如下:

1.课前自学

在课前,教师对本单元的文化语境、相关知识点进行综合分析,并据此制作长度适中的音频或视频短片,通过播客(Podcast)传递给学生。学生通过移动设备收到音频或视频文件后,可根据自己的实际情况选择适当的时间、地点进行自主学习。在这一过程中,学生应完成相应的选择题或录音形式的口语作答,这有利于教师了解他们的学习情况。此外,课前的活动还能引导学生激活已有的背景知识,并事先进行充分的口语练习,有效降低焦虑、自卑、害羞等带来的负面影响。

2.教师讲解

在课前自学阶段,学生已经对相关内容进行了自主学习,对知识点已有所熟悉,因此,老师的讲解主要集中在一些重要的词汇、句式与语法项目上,

---

① 黄荣怀.移动学习——理论·现状·趋势[M].北京:科学出版社,2008:8-10.

讲解过程也不会像传统课堂那样枯燥。教师可在讲解过程中再次为学生播放音频或视频资料，从而使学生将所讲知识与语言材料结合起来进行理解。一般来说，教师可采取以下三个步骤：教师先讲，学生后练；教师先做示范，学生及时领会；教师提问，学生回答。在这三个步骤中，学生可以进行大量的口语训练，从而深化对材料的认知程度。

3. 课堂互动

课堂互动的形式灵活多样，可采取生生互动、师生互动等形式，旨在引导学生在具体语境中对语言进行灵活运用。需要注意的是，教师在设计互动活动时应坚持由易到难、由浅入深的原则，将机械性练习与灵活性练习、创造性练习与半机械性练习、高难度练习与可接受性练习相结合。课堂互动能创造愉快、轻松的学习氛围，为每位学生提供参与的机会，有效弥补大班上课的缺点，使一些害怕开口的学生也敢于进行英语交流。需要特别说明的是，学生在参与互动活动的过程中可以随时通过移动设备来查找相关信息，使移动技术真正成为口语教学的得力助手。

4. 课后的移动式合作学习

课堂教学时间是有限的，只能引导学生对新知识进行初级的认知与练习。要想在真实情景中对语言进行更深层次的运用，则必须依靠课后的时间。教师可以以本单元的主要内容与知识点为依据，为学生安排开放式的真实任务，以此来引导学生通过合作的方式进行口语交际，使他们在探索语言运用方式的过程中扩展新知，并在发现问题、分析问题、解决问题的过程中培养创新思维。

为保证每位学生可以顺利完成任务并在任务的完成过程中有所收获，教师可以以学生的课堂表现为依据来进行分组。具体来说，教师可用短信的方式来通知学生分组情况与具体任务，使他们的合作学习得以顺利开展。学生在完成任务时可充分利用移动技术进行沟通，使生生之间、师生之间保持信息的通畅。学生可将自己的任务上传给教师，教师可在阅览后进行及时回复并给出适当建议。

二、大学英语口语教学的实践

（一）“任务型”口语教学实践

教学任务：采用任务型口语教学法，通过组织学生讨论“现在的生活是否比几十年前更好”这一话题，充分调动学生口语表达的积极性。

教学目的：本课通过将生活中的问题引入课堂，引导学生用英语思考、分析和解决问题，同时，练习使用形容词、副词的比较级。

教学形式：五人小组

教学流程：

1. 呈现任务

呈现任务环节主要包括以下几个步骤：

(1)在教学开始之前，教师要求学生展示通过不同方式查找到的关于过去生活状态的相关信息。例如：

They can't go to school.

They are poor.

There isn't enough food to eat so they are often hungry.

…

(2)教师利用多媒体向学生展示现代生活的图片和视频，让学生用英语表达自己的看法。

(3)在学生表达过后，教师引出要讨论的核心话题——现在的生活是否比几十年前更好，引导学生从以下几个方面进行对比：

work：We work harder than before.

medicine：We know more about medicine today.

transport：Faster but more dangerous.

personal health：People are healthier today and live longer.

2. 实施与汇报任务

实施与汇报环节主要包括以下两项任务：

(1)分组讨论。教师对学生进行分组，分为五人小组，小组分为正反两方，一方认为现在的生活更好，一方认为过去的生活更好，并论证自己的观点，最后总结陈词，在组内汇报讨论结果。

(2)对话练习。根据上述讨论，每组可编出一个辩论式对话，对话中尽量出现教学内容中的词汇。然后派两三组同学进行对话表演，向全班汇报成果。

3. 评价任务

当学生完成任务之后，教师对学生完成的情况进行评价。评价内容涉及以下三个方面：

(1)总结、评价学生的表演、汇报及其所表达的观点;评价每个小组的课上表现,指出其各自的优点和不足;指出学生在完成任务中出现的错误,并加以纠正。

(2)引导学生珍惜现在的幸福生活,好好学习。

(3)布置课下的写作任务,写作主题要和本话题有关,并要求学生尽量使用比较级。

分析:在上述任务型口语教学中,学生处于中心地位,而且小组合作的形式可有效激发学生的参与性。该教学模式以话题为切入点,给予学生很大的发挥空间,不仅能激发学生的学习兴趣,还能有效锻炼学生的口语能力。

(二)"互动式"口语教学实践

教学任务:学习教材中的 speaking 部分,中心话题为 Future Life。

教学目的:掌握本课相关单词、词组及句型;运用适当的语言进行简短交流;运用所学知识解决相关情景中的类似问题;培养口语表达能力;训练会话技巧。

教学形式:个人活动、小组活动、全班活动

教学流程:

Step 1:Warming-up

First,show a video of the strange Crop Circles.

Teacher:Have you ever heard of this kind of strange circles?

(Option):Who can say something about them?

Next,show some pictures of the Statues of Easter Island.

Teacher:Do you know the famous Statues?

Can you guess whether they were artificial or natural? And who built them?

(Option):The teacher can introduce the Statues to the students if necessary.

Teacher:Would you say some more examples that may be caused by aliens?

(Option):The teacher can show some other pictures such as UFO,the Bermuda devil triangle and etc. to the students.

Step 2:Revision and imagination

Virtual situation given:Suppose you are the great scientists in our future world,and you are lucky to have a chance to visit a planet where a lot of intelligent aliens live.

Teacher: Our dear scientists, welcome to the Space Station. I'm the guide of the spaceship. Because of our leader's order, all of you will visit some planet where there are the advanced science and technology. Of course, you have the opportunities to see and do a lot of interesting things, even to communicate with aliens. I'm sure you will have an unforgettable experience. Are you ready? Let's go!

Activity 1: Pair work

Teacher: Everyone, this is the just planet, we got it. Oh, my god, I see a lot of strange creatures corning near. How special they are! I'm so surprised that I couldn't say anything. Can you help me to do a report to describe them for our leader?

Ask students to work in pairs to discuss what the aliens they meet are like and draw the figures out on the paper.

(Option): The teacher can prompt the students to consult some useful information in the blank on Page 22 in SB if necessary.

Then, ask 2 pairs to present their imaginations.

Activity 2: Team work

Teacher: The aliens are very particular and I believe that they must be very intelligent because, you see, their city is also very special. Can you find any interesting things here? We have so limited time that I'd like to see who can do best in such a short time. Go around the city and you'll find more. Come on!

Ask students to discuss in their teams and tell the others about what attract them most. At least 2 or 3 sentences for each and everyone should try to say more details to make the description better organized and more perfect.

The teacher could show a short movie about the city in the future while the students are discussing.

(Option): The teacher can prompt the students to consult the useful information in the blank on Page 17 and Page 19 if necessary.

Teacher: I'd ask 2 teams to report their discoveries. While they are reporting, others should listen carefully and write down the useful information or key words they have talked about in the following blank.

location of settlement	
towns	
houses	
air quality	
transportation	
entertainment	
education	
culture	
…	

Finally, as students to take a vote on which team is the winner.

(Option): And ask them to give their reasons.

Activity 3: Group work

Divide the class into 2 parts. One stands for scientists from the earth, the other aliens who are also scientists in this planet.

Teacher: We continue our visit. Now, we are very happy to meet these great alien scientists here. Form a group of four, and introduce a new product invented by your group to the other part. And the Human Team and the Alien Team should try your best to persuade the other team to buy your products. The result will show whether human are cleverer than the aliens or not. Write down the names and some useful information of the inventions you have bought. Now you have 3 minutes to get ready. While you are discuss, I'll show yon an special invention that is invented by me. (Use the video—I/O Blush for example.)

Attention: The product can be anything that people might find useful in the future. It might save them time, make the work easier or more helpful in communication. Second, you will have to explain to the class exactly how your product works. It can use any branch of science. Third, you need to show that people will be willing to use it.

Give out each group \$100 (fake money), and ask each group to buy at least one product that they think is the best and most useful.

The group should give their product a name. One member can describe its appearance. One can say something about its usage. Another can do the bargain to make sure they can make a good profit. The last one can add up any information that can more easily persuade the customers to buy it.

(Option): The teacher can prompt the students to imitate the examples on Page 56 for description. They can add the price of the product on their dialogue.

The teacher could write down the names of the products on the blackboard when going around.

Teacher: Time is up. Now, let's hand up to see which product is the most popular. If you have had this invention, please hand up… So, from the data, we know group ________ is the winner.

Finally, ask the winner to show and say something about their invention to the class.

Teacher: Now, all of us, congratulations to the Team because they have successfully proved that ________ are cleverer than ________…

Step 3: Summary and homework

Teacher: Well done, everyone. We have done a lot of things today. We have talked about the aliens from his ________, ________, ________, ________… and have described their cities from it's ________, ________, ________, ________… And we met their great scientists and learnt a lot of advanced science and technology from them.

Some of you even have had their inventions.

Now, it's time for us to come back to the earth. And during this long-time journey, you have to continue your work.

You should write a report that will be presented to our leaders when you are back. The report should contain the information that we have experienced today. Below is how it is organized.

Para. 1. Explain why the report is being written and set out the three ideas about the aliens to be discussed.

Para. 2～4. Explain ideas 1～3, one in each paragraph, and give examples if necessary.

Para. 5. How you think your ideas will help.

Hope all of you have a pleasant space trip!

分析:该口语教学实践采用互动式的教学模式,利用教材现有资料进行有效整合,充分考虑学生的学习兴趣,所设计的内容与学生的日常生活密切相关，侧重培养学生的英语口语表达能力，同时，结合听、读、写各项技能，充分发挥小组合作的优势，使学生真正成为学习的主人。整个课堂条理清晰，层次分明，教学步骤十分紧凑，具有很强的操作性，课堂评价贯彻始终，自主学习、探究性学习与合作学习相结合，不仅培养了学生主动探究和自主调控的学习策略，还有助于使学生获得成就感。

总体而言，在大学英语口语教学中，教师应在了解基本理论的基础上，合理运用各种教学方法，从而提高教学效率，培养学生的口语能力。

第七章 大学英语阅读教学的理论阐述及方法运用

阅读是读者凭借其语言体验和思维能力对文本进行感知和理解的一种方式和途径，它是人们日常生活中必不可少的活动。由于阅读是一项语言综合性技能，因此，对学生来说，其阅读能力的提高不是一蹴而就的。同时，由于各种原因，我国大学英语阅读教学中仍存在不少问题。本章就对大学英语阅读教学的相关内容进行探讨。

第一节 大学英语阅读教学的理论阐述

一、大学英语阅读教学的内容与目标

（一）大学英语阅读教学的内容

培养、提高学生的各种阅读技能是英语阅读教学的主要内容，具体涉及以下几项技能：

(1)能够辨认单词。

(2)能够猜测陌生词汇、短语的含义。

(3)具备跳读技巧。

(4)能够理解句子内部与句子之间的关系。

(5)能够对文章的主要信息或观点能进行准确梳理与把握。

(6)能够对句子及言语的交际意义进行理解。

(7)能够对文章的主要信息进行总结概括。

(8)能够对语篇的指示词语进行辨认。

(9)能够对文中的信息进行图表化理解与处理。

(10)能够理解衔接词进而理解文字各部分之间的意义关系。

(11)能够把握细节与主题。

(12)具备基本的推埋技巧。

（二）大学英语阅读教学的目标

《大学英语课程教学要求》(2007)针对大学英语阅读教学目标划分了三个层次，具体要求如下：

一般要求：

(1)能以中等速度(每分钟70词)基本读懂语言难度中等、一般性题材的文章，理解其大意及主要细节。

(2)能以较快速度(每分钟100词)阅读篇幅较长、语言难度略低的文章。

(3)能借助词典阅读本专业的英语材料和题材熟悉的英语报刊的文章，掌握中心大意，理解主要事实和有关细节。

(4)能读懂生活中常见表格，如注册表、申请表、问卷调查表等。

(5)能读懂指示语、产品说明书、广告、海报、邀请函等。

(6)能读懂涉及日常生活的个人信件或一般内容的商业信函。

(7)能浏览互联网上的一般信息，基本读懂国内英语报刊，理解大意及主要事实。

(8)掌握基本的阅读技能，如根据上下文猜测生词或习语的意思、寻读、略读等。

较高要求：

(1)能以中等速度(每分钟70～90词)基本读懂英语国家大众性报纸杂志上一般性题材的文章。

(2)能以较快速度(每分钟120词)阅读篇幅较长、难度适中的文章。

(3)能略读新闻、人物、事件等报道的主要内容，抓住其要点，能寻读有关材料，快速查找所需信息。

(4)能阅读所学专业的综述性文献，并能正确理解中心大意，抓住主要事实和有关细节。

(5)能借助词典读懂与专业相关的技术性论文，能从技术性手册中快速查找所需信息以及解决遇到的技术问题。

更高要求：

(1)能读懂有一定难度的文章，理解其主旨大意及细节。

(2)能借助词典读懂原版英语教材和英语国家报纸杂志上的文章。

(3)能较为顺利地阅读所学专业的英语文献和资料。

二、大学英语阅读教学的原则

在开展大学英语阅读教学时，教师需要从学生的兴趣出发，保证教学内容的针对性、渐进性、真实性。因此，总结起来需要坚持如下几项原则：

（一）兴趣性原则

兴趣可使一个人对某一事物持续地注意，并且将一个人的积极性、主动性充分调动起来。正因为如此，“兴趣是最好的老师”这一观点得到普遍认同。所以，教师在英语阅读教学过程中也应采取丰富多样的手段激发学生的学习兴趣，使他们在兴趣的带领下积极进行英语阅读学习。

具体来说，教师可采取以下几种方法：

(1)丰富教学手段。

(2)对教学内容进行适当变化。

(3)有效避免教学活动中的枯燥情绪。

（二）针对性原则

每位学生都有不同于其他学生的特点，在阅读学习过程中也会表现出一些个性化的学习方式。因此，为充分发挥每位学生的阅读潜能，教师可以以学生的特殊需求为基础来采取针对性教学，即因材施教。

具体来说，为更好地调动成绩较好的学生的积极性，教师可以安排他们阅读一些具有挑战性的材料，使他们在不断的练习中逐步提高阅读水平。总之，教师应因材施教，对不同类型的学生采取不同的措施与方法。

（三）渐进性原则

阅读能力与阅读速度是既有联系又有区别的一组概念。因此，教师应该从阶段和目的出发，对阅读效果反馈、阅读任务确定、阅读方法选择等因素进行综合考虑，对学生的阅读速度渐进调整，使其达到张弛有度的效果，具体可采取以下手段：

(1)教师在英语阅读教学的起始阶段应将学生对阅读材料的理解作为重点，因此，可适当放慢阅读速度。

(2)随着英语阅读教学的不断深入，学生在词汇量扩充、语法知识的增加以及语感提升方面都会逐渐取得进步。

（四）关联性原则

教师在运用关联性原则时，应激活与材料相关的话题、图式、作者背景以及词汇语法知识。这是因为英语阅读教学以阅读材料为中心来展开，但是材料的背景知识，如作者背景、文章主题等对于文章内容的理解非常重要，所以，也是教学中必须加以考虑的因素。

需要注意的是，教师应对关联性原则进行准确理解，不能对背景知识大肆介绍而忽视材料的主体地位，正确的做法是在阅读教学中将这些背景知识自然而然地融入进去，切勿喧宾夺主，应把握好比例，即在背景知识的基础上对材料进行讲解。

（五）真实性原则

教师运用真实性原则时，应从以下两个方面入手：

1. 阅读目的的真实性

教师应深刻认识阅读教学的目的，并据此来对阅读练习进行多样化的设计，选择合适的教学方法。通常来说，学生的英语阅读目的也是多种多样的，有的是为了对自身的语言知识进行扩充和验证，有的是为了消遣，有的是为了批判作者的思想，因此，教师应依据目的的不同来采用相应的教学方法和练习。

2. 阅读材料的真实性

为了更好地激发学生的阅读兴趣，教师应选择学生喜闻乐见的或与学生的日常生活紧密相关的阅读材料。此外，教师应重视阅读材料中的语言使用情况，应使其与学生的实际语言水平相适应。同时，为对学生的阅读技能进行专项训练，教师还可以选择不同体裁与题材的阅读材料，从而提高学生的综合阅读能力。

（六）选择合适的阅读材料原则

上文提到高校英语阅读教学要遵循兴趣原则和因材施教原则，这就要求教师在教学过程中为学生选择和推荐合适的阅读材料，即在选择时充分考虑文章本身的难度、思想性、知识性和多样性。

就阅读材料的难度而言，其难易程度要与学生的水平相适应。思想性和知识性是指教师在选择阅读材料时要考虑文章内容是否有利于学生的健康成长，是否能传递给学生新的知识。多样性要求教师选择多种内容、多种文体的文章让学生阅读。

三、大学英语阅读教学的现状

（一）教师教学方面的现状

1. 教材设计不合理

总体来说，我国英语阅读教材中的内在连续性亟待提高。我国的英语阅读教材主要可分为小学英语阅读教材、中学英语阅读教材与大学英语阅读教材三个部分，词汇学习是小学阶段的重点，语法知识的学习是中学阶段的重点，而阅读技能的掌握是大学阶段的重点。这三个阶段各有自己的侧重点，其重点是与学生的认知规律、学习特点相一致的。然而，每个阶段的首尾部分在与前后阶段的承接、过渡方面都表现出一定的问题，于是造成了大学英语阅读教材与中小学英语阅读教材的脱节现象，不仅为学生的阅读进展带来消极影响，学生的阅读能力提升也遇到不小的障碍。

除了衔接性的问题之外，很多英语阅读教材对内容的选择应在广度与深度方面进行拓展。具体来说，自然科学、人文科学与社会科学等方面的内容在英语阅读教材中的比重明显不足，很多入选篇章的结构性也较差，难以对学生的阅读理解能力提供帮助。

2.课程设置不合理

教学计划与教学目标的缺失是英语阅读教学在课程设置方面的主要问题。很多学校的英语阅读教学都面临着教学时间、师资力量、教学设施、教学组织等方面的困难，使英语阅读教学缺乏科学的目标与合理的计划，从而为英语阅读教学效果的改善带来一定的阻碍。此外，提升学生的阅读能力是英语阅读教学的根本目的，一些学校却将英语阅读教学活动看作一种可有可无的“附属品”，这更是对英语阅读教学初衷的背离。

3.教师教学观念错误

帮助学生提升阅读能力，使他们能在语篇中通过对信息的选择、归纳、推理来把握文章主旨与观点是英语阅读教学的根本目的。但是，很多学校的英语阅读教学水平离这一目标还有很大差距，仍停留在词汇、语法的阶段。由于对语言知识的传授投入了过多精力，很多教师都有意识或无意识地忽略了阅读理解能力的培养，并采取“讲解生词—逐句逐段分析—对答案”的传统教学模式，其后果就是英语阅读教学直接从词汇记忆阶段进入了语义获取阶段，学生的英语学习由于缺少中间力量的支撑而难度大增。

4.教师教学方法落后

目前，陈旧、单一的传统英语阅读教学方法仍在很大范围内被使用。这种教学方法以教师为主导，难以满足学生的实际需求，也很难将学生的主体意识激发出来，而完全以应试为导向。因此，这种教学法既不能有效调动学生的积极性，也无法培养学生良好的阅读习惯，其直接结果就是阅读教学费时低效。需要特别关注的是，一些偏远地区的教学条件相对落后，英语阅读教学过程中实践不多、研究不足、重视不够的情况较为普遍，尚未形成合理的教学方法，应引起英语教育界的广泛重视。

（二）学生学习方面的现状

1.阅读习惯不良

很多学生都存在一些不良的阅读习惯，可集中概括为下面几种类型：

(1)指读，即用手或笔指着文字逐词或逐行阅读。

(2)回读，即阅读过程中不断返回去再阅读一次刚刚读过的内容。

(3)唇读，即用嘴唇读出看到的内容，唇读包括出声音与不出声音两种形式。

(4)时常跳读，因而难以按照文章的表述顺序展开阅读，特别是在换行时，易因定焦不清而看错行。

上述阅读习惯不仅对理解能力的提升与阅读思维的连贯带来影响，也不利于提高阅读速度，教师应及时发现、及时纠正。

2.相关背景知识欠缺

就目前的情况来看，学生在阅读理解过程中表现出来的问题在很大程度上源于背景知识的欠缺。学生已掌握的各种知识就是背景知识，既包括学生已有的生活经验与经历，也包括与阅读内容相关的文化背景知识和语言知识。背景知识与阅读技能存在着正相关的关系，即背景知识越丰富，就越有利于阅读技能的提升。然而，很多中国学生都对英语国家的文化、地理、历史等状况不甚了解，这就使他们的英语阅读面临着一定的困难。例如：

The eagle always flew on Friday.

这句话的字面含义是“老鹰通常周五都飞来”。但如果这样理解可就大错特错了。实际上，美国以老鹰(eagle)为国家的象征，常常在货币上使用老鹰的图案，因此，本句中的eagle实际上指的是美国钱币，这句话的本义是“美国人总是在周五发工资”。可见，如果缺乏文化背景知识，那么在阅读过程中遇到一些具有特定文化内涵的词汇时就难以理解其真实含义。

3.存在阅读心理障碍

阅读心理障碍是很多学生在英语阅读过程中都存在的一个问题。由于我国的英语教学长期以来以语法—翻译法为主导，很多教师与学生都将词汇、语法作为重点内容，并错误地将词汇量与语法知识的多少等同于阅读能力。实际上,英语词汇的意义是十分丰富的,常常根据表达需要以及上下文语境的变化而变化。如果机械地对词汇意义进行套用,则很难对其含义进行准确的把握。

此外,很多学生仍习惯于采取逐句翻译的方法来进行阅读,即每读一个词或一个句子,都先将其翻译为汉语,然后再进行理解。这不仅对阅读速度的提高带来不小的阻碍,还难以从整体上对词汇、句子、段落、篇章进行把握,因而难以梳理文章的逻辑脉络。

第二节 大学英语阅读教学的方法运用

一、大学英语阅读教学的方法

(一)网络辅助法

网络环境下的大学英语阅读教学并不是让学生漫无目的地搜索和浏览,如果没有教师的准备、指导与评价,学生很难通过网络来提升自己的阅读兴趣和能力。因此,网络环境下的大学英语阅读教学离不开教师的参与。具体而言,教师可以从如下几点做起:

1.发挥网络互动优势

基于网络的大学英语阅读教学提供了一个广泛的互动平台,让学生广泛参与其中。通过网络提供的空间,教师和学生可以上传学习资料,实现资源的共享。在具体的教学中,教师需要根据教材目的来建设一个网络阅读资料库,将教材中的重点和难点置于网络上,并且补充一些课外知识,以帮助学生理解和掌握。另外,为了避免让学生感到乏味,教师应该将网络的优势发挥出来。也就是说,教师在学习资料中添加一些图片、漫画、视频等,在字体、排版上也凸显一些特殊的地方,让学生一目了然,并且能够吸引学生的注意力。

2.科学地进行评估与分类指导

基于网络的大学英语阅读教学有明确的评估目标和标准。在设计一套科学合理的教学评估方法时,教师可以通过对阅读素材的生词词汇量、语法难易程度、句子长度等的评估来衡量学生的阅读理解能力。同时,教师可以对学生的在线时间进行统计，从而计算学生的阅读时间和阅读效率。此外，教师还要考核学生在有些题型上的错误率，对学生阅读技能的掌握情况进行分析。在教学任务完成后，教师还需要进行总结和评估，对重点和难点进行分类指导。

3.积极地开展课后拓展阅读

在课堂阅读的基础上，教师应该积极地开展课后拓展阅读，并强调学生阅读与动笔练习的结合。通过长期的训练，学生在阅读中能够快速集中注意力。教师在引导过程中，可以根据教材各个单元的内容来开展活动，如可以要求学生从自身感兴趣的话题搜索、整理并写书面报告，进行演讲比赛。通过这些活动学生不仅可以对各个单元的内容有一个很好的掌握，还能够锻炼写作和归纳能力。

4.科学合理地选择阅读材料

英语阅读本身属于一门训练技巧的课程，学生需要通过大量的阅读练习来掌握技巧。因此，科学合理地选择阅读材料是最为关键的部分。在网络环境下，材料内容需要与课堂贴近，成为课堂内容的一环。在阅读课堂开始前，教师应该让学生提前搜索一些阅读材料，培养学生网上查询资料、获取信息的能力。之后，教师对学生寻找的资料进行仔细阅览，并将这些资料介绍给学生，要求学生以小组的形式进行交流。最后，教师要求学生做总结报告，教师根据学生的报告给予口头的评价。

（二）阅读技巧训练法

良好的阅读习惯与技巧对阅读具有积极的意义。在阅读教学过程中，教师可以向学生传授一些行之有效的阅读技巧，同时，提供一些有针对性的阅读训练，从而提高学生的阅读效率。具体而言，教师可以从以下几个方面入手：

(1)培养学生猜测词义的技巧。词义可以根据语境与语义关系来进行判定。教师可以引导学生通过信号词，词汇或短语的同义词、近义词或反义词，或标点符号等对词义进行推测，也可以借助逻辑推理、因果关系、类比关系等来推测词义。

(2)培养学生略读与寻读的阅读技巧。略读是十分实用的阅读技巧，在各类阅读中都可使用。略读是以尽可能快的速度粗读阅读材料，同时，获取文章的主旨大意。也就是说，采用略读技巧，可以直接跳过阅读材料中的一些细节，跳过生词以及长难句，而只需要选读每段的首、尾句，掌握文章的大概内容即可。寻读则指的是在了解文章大意(即略读)的基础上,根据要求,从阅读材料中迅速地查找诸如数字、时间、地点、原因等方面的信息,为问题的解决提供依据。

(3)培养学生学会理清长难句的句子主干,从而更好地理解句义。

不管是哪一种阅读技巧,教师都要注意有计划地引导学生进行不断的实践,通过实践培养学生的阅读意识,并将其转化为阅读动力,从而使学生逐渐掌握正确的阅读技巧,最终提高阅读效率。

(三)情感教学法

情感涉及多种因素,如个性、态度、兴趣、自信心、移情、动机等。教育在关注学生知识与智力发展的同时,不能忽视情感的发展以及情感与认知之间的密切关系。

克拉申以情感过滤假说为基础,阐释了语言学习中的情感因素,其观点可概括为“语言输入→情感过滤→语言习得机制→习得语言的能力”,其中情感因素在语言习得中起着重要作用。阅读是一个非常复杂的认知、心理与生理过程,是一个积极、主动的过程。只有学生处于积极的情感状态的时候,真正的阅读才会发生,英语阅读教学的开展才具有意义。根据克拉申的观点,学习者的动力越大,自信心越强,对语言输入的过滤就会越少,获得的知识就越多,学习效果自然就越好。因此,在阅读教学中,教师不仅要传授语言知识、文化知识,还应注重学生个人的经历、经验,考虑学生的情感发展在英语语言文化习得过程中的重要作用,从而提高教学效率。

(四)课外阅读法

阅读能力需要量的积累。只有经过大量的阅读,不断积累词汇量,培养语法意识,使结构稳固化,阅读经验才会逐渐丰富。仅仅依靠英语阅读课本上所列举的语篇是难以达到量的积累的,因此,除了课堂阅读,教师还应指导学生多进行课外阅读。教师应选择一些信息量大、知识面广的阅读材料,如英文报刊、百科知识等都可以作为课外阅读材料。此外,教师应根据学生阅读的不同材料,进行有针对性的指导,使课外阅读落到实处,最终达到课外阅读的效果。

(五)探究教学法

将探究学习这一新颖的学习方法应用于大学英语阅读教学中是一种新的尝试和探索。截至目前,国内已有一些学者和一线教师基于自己本身的实验和研究总结了一些探究学习的教学模式。在此主要结合“引入—探究—解释—详细阐述—评价”这一具有典型代表性的五环节探究学习模式进行探讨和分析。

1.引入环节

大部分学生对探究学习和教学并不熟悉，并且对一些具体的操作理解得也不深入，仅仅停留在表面层次，因而英语教师在课堂上首先应做好相关的引导工作。对探究主体以及学生的学习需求应了解，并将学生引入探究学习的氛围中，这样就能在阅读教学的一开始让学生感受到阅读学习的乐趣。

2.探究环节

探究环节是学生进行探究学习的重要环节，学生在探究环节中也将发挥着非常重要的作用。在此环节，教师首先可将学生分为不同的小组，让各个小组的成员自行地选择相应的探究任务。例如，可让组内的一员负责理解整个语篇的大致含义，其中一员负责对文章段落进行划分，并找出中心句和需要尤加注意的关键词，其中的一员负责收集同文章主题密切相关的信息等。如果有特殊需要的话，还可以进行更加具体的任务分配。如果学生在具体探究的过程中遇到了一些疑惑，教师可进行适当的的指导。各组员的任务都可分为不同的阶段，在探究阶段的最后，可以对结果进行整合，以更好地完成探究任务。

3.解释环节

解释环节主要是针对探究的主题进行详细的解释，通过研究学习活动，教师可以对学生的表现和在具体活动中所遇到的问题进行总结和汇总。具体进行解释时，教师首先需要对主题进行解释，并对各组的表现进行点评。其次，教师开始对阅读进行讲解，这一事项其实同传统教学中的讲解有很大程度的相似性，所讲解的内容也是学生需要探究的内容。最后，教师应让学生对自己在整个活动中的具体表现进行回顾。

4.详细阐述环节

详细阐述环节和解释环节存在着明显的不同，这一环节所阐述的内容通常需要按照具体情况进行相应的调整。例如，可以对探究学习的目的进行阐述，或者可以向学生扩展一些广泛的知识。这一环节的具体开展通常需要教师和学生双方进行协商而定。

5. 评价环节

评价环节是探究学习的最后环节，这一环节是对整个探究学习活动的最后总结。在此环节，教师与学生都需要对探究活动进行自我评价并进行相应的反思，并且这一环节的总结也是非常关键和必要的，对学生阅读能力的培养有着非常重要的作用。这一环节会涉及对学生优点的肯定以及缺点的总结，师生间也可以基于一些需要探讨的话题进行交流，使学生确实能够在探究学习中学有所获。

（六）策略教学法

有史以来，训练学生的学习策略同培养学生的自主学习能力都存在着密不可分的关系。一些学习成绩相对比较好的学生，通常就有着比较强的自主学习意识，并且在学习策略的掌握和运用方面也更好些。例如，改善学生的元认知策略就无形中使学生学会了对自主学习进行管理，并将一些具体的学习任务置于宏观的过程和框架内，从而使自主学习能够在确立目标、制订计划、监控过程、评估得失以及不断调整中得以实现。掌握切实有效的学习策略是对学生自主学习能力进行培养的重要方式和途径。比较常见的阅读学习策略有略读、寻读、对阅读内容进行预测、对指代关系进行识别等。只有扎实地掌握这些学习策略，才能根据阅读材料和目的的不同进行灵活的选择和运用。需要尤加注意的是，教师不仅应在具体的阅读教学中展示这些策略，还应有意识地训练这些阅读策略。长久下去，学生才能较好地掌握并灵活运用阅读策略，也能更好地养成自主学习的习惯。

（七）语篇教学法

图式理论认为，当学生对某一体裁、题材的语篇材料有所了解时，就会对其可能涉及的内容、遣词造句、框架结构有一个整体的认知，下次再遇到这类阅读材料时，就能将脑海中对应的图式调出来以辅助阅读理解。因此，大学英语阅读教学可以从整体入手，然后到局部，最后再回归到整体，这就是语篇教学方法。

1. 分析语篇体裁

对特定的语篇体裁有所了解，有助于对文章内容进行合理快速的预测。从某种意义上来看，篇章结构的语篇分析是语篇教学的重点，因为这样不仅可以培养学生的阅读理解能力，而且可以提高学生的语言综合运用能力。

在英语阅读教学中，阅读材料的体裁是多种多样的，但归纳起来，英语阅读材料多以记叙文和说明文为主。以记叙文为例，在进行记叙文阅读教学时，教师要引导学生了解记叙文的特点，并让学生据此进行阅读，同时，要提醒学生注意事件发生的过程，引导他们抓住文章的主要内容，从而使他们准确理解文章内容。此外，教师也可以帮助学生记忆文章中的某些细节信息，使学生根据这些信息来复述文章，减轻学生理解和复述课文的困难。

2. 激活背景知识

背景知识的激活有助于学生对文章的深层理解，也有助于学生掌握文章的中心思想并把握作者的写作目的以及思想倾向。而激活背景知识的一种有效手段就是提问。

3. 将词句融入语境

词句知识是语篇学习的基础，更是培养语篇阅读理解能力的基础。英语中一词多义的现象很普遍，同一个单词处于不同的句子中会有不同的含义。同样，句子也是如此，同一个句子处于不同的语篇中也会有不同的含义和交际功能。所以，句子也必须放到具体的语境中去考察，脱离了语境的句子就无法确定其交际功能。对此，英语阅读教学不应仅局限于句子层面，而应突破句子的范围，着眼于句子在整个语篇中的作用。

总体来讲，如果不影响阅读理解，在处理词、句子和语法时没有必要逐句释义，同时，要培养学生依据上下文揣测词义的能力，使学生能够在语篇的基础上把握词句的含义，使词句回归到语篇语境当中。

4. 逐段消化吸收

经历了上述几个环节，在这一阶段，学生的主要任务就是逐段消化吸收，获得对语篇的整体理解，同时，把握各个段落结构。具体来说，在这一环节，教师要将课文中的语言点，如常见短语、句型以及固定搭配等指出来，指导学生进行造句练习，使学生能够熟练掌握和运用。

需要注意，这一环节的实施要遵循精讲多练的原则，并且教师要有意识地向学生说明段落主题句经常出现的位置、段落的构成、每一段在语篇中的作用等，使学生从整体上理解和把握各个段落的意义及作用。

5. 进行综合训练

将所学知识内化为语言技能、将语言技能转化为英语交际能力是语篇教学的主要目的。所以，当学生对语篇的内容、结构以及融合的知识有了一定的了解和掌握之后，教师就要有意识地引导学生进行整体吸收和运用，鼓励和指导学生根据篇章所提供的信息进行交际活动，如转述、缩写等，围绕作者观点进行讨论，围绕重点词汇和句型进行说写活动等，让学生处在交际的情景中，训练学生的语言表达能力，培养学生的实际交际能力。

从上述分析可知，在大学英语阅读教学中，语篇教学法有着明显的优势，具体体现为如下几点：

(1)语篇教学法强调学生的主体地位和主体参与性。

(2)语篇教学法体现了学习中学习方法与技巧的作用。

(3)语篇教学法明确了阅读教学的目的，注重学生能力的全面培养。

二、大学英语阅读教学的实践

下面就根据合作阅读法这一教学方法分析一个具体的案例。

教学任务：完成《新编实用英语读写教程(第一册)》第三单元 Text A, *May I Feed* 一课。

教学目的：将学生分成六人小组，每组将故事情节表演出来，实现对本文的深入理解，培养学生分析、归纳、演绎的能力。

教学形式：六人小组。

教学流程：

(一)课前预习

课前预习(preview)环节可分为以下两个步骤。

(1)预习 Text A, *May I Feed* 一文中的生词和短语，了解课文大意。

(2)将学生分为六人小组，将课文故事在课堂上表演出来。

(二)读前教学

在读前教学(pre-reading)环节中做跟课文主题 love 相关的听说练习，该环节包括以下三个环节：

(1)Discussion: If you have to choose one from three precious gifts: wealth, success and love, which one do you pick out? Why?

(2)Listen to the poem *when you are old* from William Butler Yeats and fill in the blanks.

WHEN YOU ARE OLD

William Butler Yeats

When you are old and ________ and full of sleep,
And ________ by the fire, take down this book,

And slowly read, and ________ of the soft look
Your eyes had once, and of their ________ deep;
How many loved your moments of glad ________,
And loved your beauty with love ________ or true,
But one man loved the ________ soul in you,
And loved the ________ of your changing face;
And ________ down beside the glowing bars,
________, a little sadly, how love fled
And paced upon the mountains ________
And hid his face amid a ________ of stars.

(3) Listen to a story about *Old Couple at McDonald's* and then retell according to some pictures.

（三）读中教学

读中教学(while-reading)环节可分为以下两个步骤：

(1)根据时间，教师可挑一两组学生上台表演，其余学生对其表演进行评价，并概括主人公的心理变化过程。

"I": happy—annoyed—reluctant—excited—glad

"Kathy": worried—lonely—awkward—thankful

(2)以启发提问的方式讲解下列词汇和短语的用法：approach, available, consider, realize, by the end of, take off, No way 倒装。例如，讲解 No way 倒装的时候，教师可先举一例。

No way am I going to sit there.

指出此句是倒装句，同时，引申出以 no, hardly, never, little 等否定词开头的句子主语和谓语也通常要倒装。例如：

Hardly had the game begun when it started raining.

Never in all my life have I heard such nonsense!

（四）读后教学

读后教学(post-reading)环节可分为以下三个步骤：

(1) Work in pairs to complete the summary cloze of the text.

I get on the plane and set down when I was asked to ________ seats for a couple. I moved next to Kathy who had both arms in ________. She was going to take therapy after a car ________. When the food came, I realized Kathy was not able to ________ herself. Though I felt comfortable,I ________ to feed her. After five-hour's fight,I felt much ________. If we can reach beyond ourselves to ________ others,we will live in a larger and more ________ world.

(2)Group Discussion:Will you offer to help others if you see them in trouble?

(3)Writing. The following flash movie is deprived of voice and you are supposed to make it an English story about one hundred words.

(资料来源:何少庆,2010)

分析:本案例主要采用了整体教学法和启发式的教学方法,能够引导学生恰当地加工和处理文本,归纳总结文章的主要情节和重点。学生以小组为单位表演课文内容,在表演前的准备阶段必然会对文本作深入的理解、分析和研究,这样便加深了他们对主题及文本的理解。小组讨论的活动能够在阅读输入一定的语言材料之后增加语言输出,锻炼了学生的口语表达能力,做到了"读"与"说"的有机结合。

总体而言,本案例突破了传统英语阅读教学模式的局限,结合语境处理词汇、语法,采取精讲多练的方式加深学生印象。此外,学生的表演、读后完形填空、小组讨论和写作等活动的设计和时间安排都十分恰当,能够充分发挥学生的主体性和教师的主导作用,最大限度地调动学生学习的积极性。

第八章　大学英语写作教学的理论阐述及方法运用

写作是文字发展到一定阶段成熟的、系统性的表达，是一种高度复杂的思维过程。英语写作能力的培养和提高对外语学习者而言十分重要。随着英语国际性地位的确立，英语写作已经成为外语教学的重要内容，写作教学也成为衡量英语教学整体效果的标准之一。本章就对大学英语写作教学的理论及实践进行具体介绍。

第一节　大学英语写作教学的理论阐述

一、大学英语写作教学的内容与目标

（一）大学英语写作教学的内容

写作教学是英语教学的一项技能，是其重要的组成部分。通过写作教学，学生不仅能够提升自己的写作能力，还能够不断提升自己的思维能力，增强自身表达思想感情的水平，诱发自身的学习动机。

写作不仅可以使读者获得美的享受，同时，可以使自己获得美的享受。英语写作教学应引导学生以写为乐，消除学生提起写作就害怕的心理。在我国英语教学中，写作是练习、考试的重要形式，教师充分利用写作的形式，使学生感受写作和学习的乐趣，这有利于激发学生的学习兴趣。

写既是一种使用英语的能力，也是一种学习英语的能力。在英语教学中开展写作教学，培养学生的英语写作能力，这对学生学习能力的提高也十分有利。对于学生而言，要想牢记足够多的单词、句型，巩固课堂所学知识，除了记忆，还应注重写作。从心理学角度来看，写作是运动觉的，其给人留下的记忆要强于听觉与视觉。写作的过程中会伴随着读与听的因素，所以，写作可以说是一项综合性的记忆活动。在英语教学中，教师从一开始就要注重写作教学，培养学生的写作能力，学生写得好、写得快，必然有利于提高学习效率。

一般来说，拼写与符号、选词、句式等都是英语写作教学的内容。

1.拼写与符号

如果缺少规范的拼写与符号，句子的含义就难以表达，文章的内在逻辑关系也难以体现出来，这就在无形之中增加了读者的阅读难度。可见，拼写与符号是英语写作教学中不可或缺的重要内容。具体来说，学生首先应保证拼写和符号的正确性，以避免引起不必要的阅读障碍。在保证正确性的基础上，学生应努力使拼写、符号规范、美观，易于辨认。虽然这些都属于细节问题，却对写作有着重要的影响。

2.选词

在不同的文化背景下，词汇有着不同的意义。此外，词汇的含义还有表层和深层、基本义与引申义之分。因此，如果缺乏对词汇含义的准确了解，就很难在写作过程中依据表达需要来选择适当的词汇，这将对写作效果带来消极影响。词汇的选取既是作者与读者进行交流的一种方式，也是作者写作风格的体现，并且常常取决于作者的个人喜好。所以，在进行词汇选择时一般要考虑语域的影响，如非正式词与正式词、概括词与具体词等。此外，还应注意感情色彩的因素，如褒义词与贬义词的选择。

3.句式

句式对于写作来讲非常关键，因为语篇就是由一个个词与一个个句子通过一定的组合而构成的。英语句式结构丰富而多变，对句式的掌握与运用是进行英语写作的利器，这就使句式成为英语写作教学的重要内容。为提升学生习作的可读性，教师可通过句式练习来帮助学生掌握对句式的运用。具体来说，教师可为学生进行“示范”，从而让他们体会句式的表达效果。此外，教师可组织进行“讨论”，使他们在讨论中相互交流认识，深化对英语句式的认识。

（二）大学英语写作教学的目标

《大学英语课程教学要求》(2007)对大学英语写作教学的目标给出了相应的说明。

一般要求：

(1)能完成一般性的写作任务。

(2)能描述个人经历、观感、情感和发生的事件等。

(3)能写常见的应用文。

(4)能在 30 分钟内就一般性话题或提纲写出不少于 120 词的短文,内容基本完整,中心思想明确,用词恰当,语义连贯。

(5)能掌握基本的写作技能。

较高要求:

(1)能基本上就一般性主题表达个人观点。

(2)能写所学专业论文的英文摘要。

(3)能写所学专业的英语小论文。

(4)能描述各种图表。

(5)能在 30 分钟内写出不少于 160 词的短文,内容完整,观点明确,条理清晰,语句通顺。

更高要求:

(1)能用英语撰写所学专业的简短的报告和论文。

(2)能以书面形式比较自如地表达个人的观点。

(3)能在 30 分钟内完成不少于 200 词的说明文或议论文,思想表达清楚,内容丰富,文章结构清晰,逻辑性强。

二、大学英语写作教学的原则

在英语写作教学中,教师应该遵循如下原则:

(一)以学生为中心原则

由于受到传统英语教学模式的影响,很多教师仍奉行"教师+黑板"的方式来进行写作教学。在这种教学模式中,教师是整个教学活动的中心,学生只是被动地接受知识。随着英语教学改革的推进,越来越多的人开始意识到学生才是教学的主体,任何教学活动都应围绕学生及其需求来进行。因此,现代英语教学为切实提高学生的英语水平,对学生的学习规律给予了充分的重视与尊重,并积极倡导以学生为中心的教学理念。

英语写作教学是英语教学的重要组成部分,同样要遵循以学生为中心的教学原则。教师在英语写作教学的过程中应将自身的主导作用充分发挥出来,树立以学生为中心的教学思想,尊重学生的主体性,切实提高教学质量,提高学生写作水平。以学生为中心的教学原则要求教师在教学过程中鼓励学生真正参与到教学中。为此,教师可以采用小组讨论的方式进行教学。小组讨论主要有以下几种方式,教师可以根据教学实际和学生水平灵活加以运用。

1.复习式

复习是一种帮助学生巩固所学知识的很好的方法。此外，通过复习，学生可以了解自身的薄弱之处，从而有针对性地加以改进。需要注意的是，在采用这种讨论方式时，教师要切忌简单地重复知识，而应该使学生对知识保持新鲜感，以激发学生对讨论的兴趣。

2.提问式

在小组讨论的过程中，提问是一个核心环节。提问的作用是多方面的，它既有利于降低学生的写作难度，还可以引导学生归纳信息、表达思想，学生之间的提问还可以鼓励学生开口，勇于质疑。提问的重点在于得当性，这主要体现在两个方面。首先，教师提问的方式要得当。其次，教师提问的次序要得当。教师应向学生提出明确的问题，从而使学生能够清楚地把握问题的对象，使教师能通过学生的回答得到有效的反馈信息，深入了解学生的学习状况与能力。

此外，教师提问时，为了避免课程秩序的混乱，还要提前对回答的方式予以规定，如写在纸上或举手回答。此外，教师提出的问题应覆盖不同的难易程度，从而使不同能力与水平的学生都能积极参与进来。

3.卷入式

卷入式也是小组讨论的重要形式。在大部分情况下，这种方法可以让尽可能多的学生参与到写作教学中。为了向所有学生提供参与、回答的机会，教师可灵活采取多种方式，如让学生重复问题或重复答案、让学生提出问题、让学生集体回答等。

4.反馈式

如果想了解学生的基本情况，反馈式是一种十分有效的方式。小组讨论的效果在很大程度上取决于是否能随时获得全班的反馈信息，因为教师正是根据反馈信息对课堂进展进行及时调整的，以此来保证全体同学都能参与进来。具体来说，教师如果想了解每位学生的情况，可以让学生将答案快速地写在纸上，然后对全班进行巡视与检查。通过巡视，教师就可以获得反馈信息。

5.学生互助式

学生互助式为多名学生共同完成一个问题的回答或者学生之间的相互

问答提供了平台，学生在此过程中还能够学会怎样尊重、支持他人的观点。需要注意的是，学生互助式的关键在于鼓励同学之间相互协作，解决难题，而不是由教师直接给出答案。

上面简答介绍了小组讨论的几种主要形式。实际上，教师应根据学生的英语水平与班级的大小来综合考虑，因此，可以有多种多样的组织讨论的技巧形式。此外，各种技巧也是互相联系、相辅相成、融会贯通的。因此，教师在组织一次讨论活动时，可灵活使用各种技巧。无论教师采取哪一种或哪几种技巧，都应将每位参与者的兴趣充分调动起来，从而使他们开动脑筋，积极参与。总之，教师在英语写作教学过程中，要时刻以学生为中心，将这一原则贯穿到写作教学的各个环节。

（二）循序渐进原则

做任何事情都不是一蹴而就的，而是一个循序渐进的过程，英语教学尤其如此。人们对知识的认知总是有一个由浅入深、由低到高、从简单到复杂、从旧质到新质的不断变化和反复巩固、完善的过程，这就决定了学生英语水平的提高需要经历一个长期的持续练习过程，而不可能是一朝一夕就完成的。所以，教师在英语写作教学中要时刻谨记循序渐进原则，遵循先易后难、循序渐进的教学规律。具体来说，在英语写作教学中，循序渐进主要有三个方面的含义：

(1)就语言本身来看，句子写作是写作训练的基础，然后逐步过渡到段落与语篇。英语写作中的最小单位是词汇，将词汇按照一定的规则进行排列就形成句子；在此基础上，人们借助句子相互传递信息、交流思想；而当句子按照逻辑相关性的系统排列时，就形成了语篇。可见，从词到句子再到语篇，是由简单到复杂的循序渐进过程。因此，学生要想打下良好的写作基础，首先必须从单词、句子的写作抓起，然后逐步向语篇过渡。在学生掌握了基本句型并能够写出简单的句子时，教师可以要求学生根据一些体例写出小段的文章。在具体的练习过程中，教师应从方方面面来引导学生养成良好的写作习惯，如对标点符号、大小写予以充分关注，能够熟练、正确地进行字母、单词和句子的书写等。而在文章的写作中，教师要教会学生如何构思文章，分析段落结构、段落的中心句、句与句之间的逻辑关系，运用正确的写作技巧等。

(2)从写作训练的活动来看，也要遵循从易到难的规律，先进行简单训练，然后逐步向复杂训练过渡。为此，卜玉坤教授曾提出了“大学英语写作分阶段教学的具体方案”，这一方案很好地遵循了写作训练活动循序渐进的原则。具体来说，该方案包括十个阶段：写简单句；写复合句；段落的组成及要点;文章的文体类别;段落的发展方法;文章的结构;写作的书面技术细节与修辞手段;写作步骤;范文分析和题型仿写;独立撰写实践。

(3)文章主要有叙述、说明、描写、议论四种文体,因此,写作教学也要注意这四种文体的写作练习。具体来说,在进行训练时,应以单项表达方式的训练为切入点。此外,训练中的字数要求应按照从少到多的顺序逐渐提高,应在学生对各单项技能都掌握之后,再开展包括两项到多项技能的组合训练。对于教师来说,可以先向学生讲解各种文体及其语言特点,然后说明写作要求和字数要求。在学生对各种表达方式的单项技能能够熟练运用之后,再安排学生进行简单应用文的写作练习。

总之,教师在写作教学中要切实遵循循序渐进的原则,不可不顾学生的写作实际盲目推进教学,这样只会适得其反。

(三)注重基础原则

在具体的教学过程中,教师经常会发现学生的习作存在这样那样的问题,如套用作文模式、语言基础不扎实、细节写作不完善等,这些都提示教师在写作教学中要先帮助学生打好写作的基础,这样才能真正帮助学生将写作水平提升至一个新的高度。在此主要讨论英汉对比对学生写作的重要影响。

众所周知,英汉两种语言分别属于不同的语系,因此,具有不同的语言特点。如果学生长时间受汉语思维影响,就很容易在英语写作过程中体现出汉语的表达方式,即平时所说的 Chinglish(中式英语)。因此,教师在英语写作教学中要注意加强词汇和句法的英汉对比教学,帮助学生了解两种语言之间的差异,避免在写作中犯错。

具体来说,在词汇教学中,教师要注意避免英汉单词语义的直接对应性,应注重单词的上下文语境等,以免学生在写作时逐词套译。在句法教学中,汉语句子注重"意合",强调通过语义将句子连接起来,而英语句子注重"形合",句子之间往往通过连词等来连接,教师要注意加强此类对比,让学生多了解英汉民族思维方式的不同。整体来说,汉民族习惯整体思维,常常按照先整体后局部、从大到小的顺序排列,英民族则相反。

(四)综合发展原则

英语学习是一个系统的过程,写作只是英语教学的一部分,况且英语各项基本技能不是孤立存在的。综合发展原则也就是与听、说、读、译相结合的原则。虽然听、说、读、写、译各有自己的特点,但在本质上它们之间是相互依赖、相互促进的关系。

(1)写与听相结合。听是重要的语言输入方式,学生通过大量的听,有利于积累写作素材。教师可多布置一些听写任务,同时,要求学生学会听讲、做笔记,这样不论对听力还是对写作都大有裨益。此外,把听作为输入的方式可获取写的内容,从而以写来反映听的结果。

(2)写与说相结合。说可以为写奠定基础,而写则是说的发展。此外,说和写都属于信息输出的途径,也都是表情达意的重要手段。教师可以让学生先口头叙述后书面表达,以说作为写的准备,在说的基础上练习写作。

(3)写与读相结合。语言信息的输入主要通过读与听来完成,学生在阅读范文的过程中可以获取一系列的写作资源,如语言、观点、篇章结构等资源,这些通过阅读获得的写作资源在一定程度上能够减轻学生的写作负担。教师在开展写作教学时,可要求学生改编课文对话,同时,对时态、人称等方面的变化予以充分关注。此外,教师可以鼓励学生将课文的主要内容用自己的语言复述出来,这些练习有助于学生写作水平的提高。

(4)写与译相结合。在进行翻译训练的过程中,学生不仅能够提升语言意识,其写作能力也会得到相应的提高。具体来说,教师可以对学生进行表达习惯、句法规则以及篇章结构等方面的指导,让学生了解英汉两种语言的异同,增强思维能力的转换。

(五)多样化原则

只积累基础语言知识是不能提高写作技能的,写作技能的掌握还需要不断的训练才能完成,因此,在英语写作教学中,教师应设置多样化的训练来锻炼学生的写作能力。教师可以在写作教学中让学生进行仿写、缩写、扩写、改写、情景作文等练习,使学生在实践练习中掌握写作技巧。例如,在仿写练习中,可先让学生观察,然后进行临摹,之后再自主学习,这样学生逐渐就会达到熟练的程度。关于缩写,可按照关键词—思考—讨论—复述—动笔的思路进行,将课文中关键词连接起来,然后写出本课的主题或中心思想。扩写能够激发和培养学生的想象力,但学生的想象要符合实际。改写则有助于学生深入了解原文,利于学生把握文章的中心思想。情景作文需要学生积累平时所学的知识点,进而将这些知识点进行提炼并转化为富有情感色彩的文字语言,这有助于锻炼学生的综合能力。此外,在英语写作教学中采用多样化的练习方式,对于激发学生的学习兴趣也十分有利。

(六)系统性原则

我国英语写作教学过程比较缺乏系统性,主要表现在以下几个方面:

(1)缺乏科学的教学计划。针对大纲规定的教学任务，教师没有制订科学的教学计划，使得教学目标的实现没有可靠的保证。

(2)缺乏充足的时间保障。除了英语专业，很多学校由于课时有限，写作并不单独设课，而只是在阅读课或是口语课中稍带进行讲解，最终使写作教学变成了一个附属品，常常是教师利用课堂的一点剩余时间，任意指定一个题目，让学生写篇作文。

(3)缺乏系统的教材。目前还没有一套专门而又系统的写作教材，写作大都安排在每课的最后，而教师由于时间的问题，往往运用布置作业的形式，这就无法达到提高写作教学质量的目的。

(4)缺乏系统的练习。要想写好文章，必须建立在积累大量材料的基础上，进行大量的系统练习，并且掌握写作的基本方法和技巧，这样写起来才能得心应手。由于我国英语课时有限，学生很难得到有效的系统训练。

对于以上问题，教师和学校都应当本着以学生为中心的教学态度，从宏观方面系统性地加以解决。否则，英语写作教学的效果必定会受到影响，学生的写作能力也很难得到提高。

(七)真实原则

我国英语写作教学的目的不是让学生为了写作而写作，更不是让学生应付考试，而是让学生能够运用写作进行自如的交际。因此，英语写作教学应当坚持真实原则，努力联系学生的实际生活，让学生在写作过程中有话想说。如果写作缺乏真实性，那么学生就感受不到写作产生的意义，也就无法对写作产生兴趣。对此，教师可让学生用英文写求职信、个人简历等，这些实用性文体的写作可将写作与学生的现实生活联系在一起，更能激发学生写作的积极性，也能提高学生的学习效率。

(八)重视评估原则

教师在写作教学中尤其要注重遵循评估原则，写作教学并不是要求学生写完作文交上就完事了，学生的习作肯定会存在这样那样的问题，教师只有进行认真的评阅，才能使学生及时得到反馈信息，以进一步修改习作，不断提高其写作能力。一般来说，写作教学过程中涉及的评估主要有两种，即结果评估和过程评估。

1.结果评估

“写作成品”是写作完成的标志，对写作结果的评估也就是对学习成绩的评估。在传统的教学环境中，教师通常采取“等级”方式对学生上交的作业进行评估，即结果评估。这种评估方式虽然可以在一定程度上帮助学生发现问题，但其缺点也是十分明显的，既增加了教师的负担，也容易使学生失去写作的信心。

根据相关研究成果，要想切实帮助学生提高写作水平，仅依靠写作惯例的监测是远远不够的，还应使用建设性、鼓励性的反馈。此外，对写作过程与写作内容的评估也有助于培养学生对写作的兴趣和正确态度。在面对学生的错误时，教师应避免过度纠错对学生自尊心带来的伤害。教师在学生几经修改或校稿以后及时进行反馈是目前较提倡的做法。教师在给出反馈时，应当以鼓励为主，并在必要时指出需要改进之处。

2.过程评估

对于英语写作来说，结果评估多于过程评估。然而，如果将写作教学看作一种过程，过程评估的重要性也是不言而喻的。一般来说，过程评估具有十分丰富的形式，并且是在写作过程中进行的，既可以由教师进行评估，也可以在教师示范如何评估的基础上由学生以讨论的方式进行。教师可在互评讨论环节为学生提供一些可参考的问题。需要注意的是，这些问题应当对互评起到关键性的作用。此外，学生自评也是过程评估的有效形式。在学生互评或自评时，教师应当提供必需的评估工具，如自我评价表等，给出评估的指标、评估的标准和粗略的评估等级等，使学生在互评和自评过程中掌握一定的依据和方向，增强对自己的评估能力的信心。

三、大学英语写作教学的现状

一直以来，写作都是我国英语教学实践中的一个薄弱环节，无论是对教师还是对学生的心理都带来不小的压力。目前，我国大学英语写作教学中依然存在一些问题，具体体现为以下几点：

（一）教师方面

1.批改方法缺乏有效性

很多英语教师对学生习作的批改方法仍停留在过去。具体来说，他们更多地将一些基础的语言使用规范，如语法错误、词汇用法错误、拼写错误等作为重点，却较少进行内在逻辑、框架结构、文章主旨等层面的分析。其直接结果就是，学生误以为只要保证标点、拼写、语法方面的正确性就可以写出好的文章，因而很难从内容、结构等方面进行反思，也很难将自己的写作能力提升至一个新的高度。

2. 课程设置缺乏合理性

尽管教师与学生对英语写作教学的重视程度已得到提升，但整体的课程设置仍存在一些不合理之处。例如，专门的英语写作课程在很多学院、学校都没有开设，这就使写作教学常常不得不面临课时紧张的困境。再如，英语教学通常都按照讲解词汇、讲解课文、组织听力练习、组织阅读练习、完成课后练习等顺序来展开，教师在完成这些环节之后，很少有时间用来进行写作教学，这也在无形之中将写作变为可有可无的内容。

3. 教学目标缺乏系统性

写作能力的培养与提高不可能一蹴而就，而必须经过一个循序渐进的过程。因此，写作教学的目标也应体现一定的阶段性与渐进性。然而，就目前的英语教学目标来看，总体目标与阶段性目标之间的脱节与不协调状况较为严重。

具体来说，总体目标是在英语教学大纲等文件中予以明确规定的总体任务，总体目标常常与英语写作教学的客观规律以及学生的心理、生理特征相一致。阶段性目标则是英语写作教学在具体的年级、学期中的具体目标与要求，它是以写作教学的总体目标为标准来制订的。可见，总体目标与阶段性目标环环相扣，它们的根本目标是一致的，只有二者有机结合才能保障英语写作教学的顺利进行，并取得满意的教学效果。然而，目前的很多阶段性目标都是脱离总体目标而独立实施的，这不可避免会影响写作教学的整体质量。

（二）学生方面

1. 语言质量不过关

从学生习作的语言表达来分析，很多学生都表现出各种错误，特别是在词汇方面。英语中的很多词汇在词性、词义、用法、搭配等方面都有自己的特点，当学生按照汉语词汇的用法进行英语写作时，常常表现出词汇使用方面的问题。除词汇方面的错误之外，很多学生由于不熟悉英语的句法表达习惯，还常常表现出一些句法方面的问题。这些问题影响了学生写作水平的提升。

2.中式英语现象严重

语言与思维、文化等都有紧密联系，并在很大程度上受到这些因素的影响。中国学生由于长期在汉语语言环境下生活，母语思维不可避免会对他们的英语学习产生影响，并且很多都属于消极影响，“中式英语”就是一个最典型的现象。具体来说，英语语言中的词汇在结构、用法、含义、搭配等方面都存在诸多不同，学生在写作过程中如果难以找到准确的对应词，常常利用汉语思维和已有的英语构词知识想当然地生造一些词汇，从而产生词不达意的后果。例如，用 sky girl 或 air girl 来表示“空姐”，用 hand heart 来表示“手心”。再如：

He put all of hope on me.

不难发现，“他把所有的希望都寄托在了我身上”是作者想表达的本义，但其使用的表达方式与英语习惯大相径庭，会令英语读者不知所云，应修改如下：

He places all his hopes on me.

3.肆意套用作文结构

可以毫不夸张地说，写作在很多英语考试中都是分值最大的一道题目。为了在这道大题中得到满意的成绩，很多学生都从一些参考书中寻找方法，这些方法大都是一些为应对作文题目要求而创设的框架或模板，学生只要将框架与题目对应起来，再将相应的内容放入其中即可。这些框架具有一定的积极意义，既节省了构思时间，又利于提高连贯性。但是，这些框架的弊端也是显而易见的，它们只是一种应对考试的工具，对学生写作能力的提升并没有实质性的帮助。正因为如此，很多学生虽然套用了框架，但由于写作基础不扎实而难以理解框架中的连接词、组织结构，因此常出现虎头蛇尾、衔接不自然、误用连接词等问题。

（三）写作教材方面

目前，我国大学英语教学采用的写作教材主要是大学英语综合英语教材或读写教材。这类教材将英语阅读与写作联系起来，通过阅读积累写作知识，通过写作培养阅读的灵感，这利于培养学生的语感，培养学生使用英语思考问题的思维，提高学生综合运用英语知识的能力。但是，仔细解析这类教材可以发现，其存在以下不足：

(1)在英语写作教材中，有关西方文化的内容较多，与中国文化相脱离。例如，教材中常出现西方的圣诞节、情人节、万圣节等文化知识，较少涉及中国的传统节假日、礼仪之道、君子之道等文化知识，这一定程度上不利于中国优秀传统文化的传承与发展。

(2)从教材编写上来看，目前英语写作教材中主要是说明文、议论文、记叙文等文体，商务英语写作、专业论文的撰写等方面的资料较少，这使得英语写作教学的目的性不强，实用性也受到一定的影响。

第二节　大学英语写作教学的方法运用

一、大学英语写作教学的方法

(一)对比教学法

要想让学生写出的文章用词地道、语句流畅、逻辑连贯，教师就必须引导学生深入了解英语与汉语的差别。大致而言，对比教学法主要涉及以下两个层面：

1.语句层面

教师在批改学生作文时应指出学生写作中不符合英语表达习惯的语句，同时，注明地道的英语表达方式，使学生更清楚地看到差别，并在不断的修改过程中逐渐学会用英语进行思考与表达。例如：

原文：老、幼、病、残、孕专座。

中式英语表达方式：Seats reserved for seniors, young people, patients, the disabled and the pregnant.

规范英语表达方式：Seats reserved for the old, the young, the sick, the disabled and the pregnant.

分析：在英语中，作者在对词汇进行选择时往往注重读者的感受。

原文：肺炎是传染的。

中式英语表达方式：Pneumonia is contagious.

规范英语表达方式：Pneumonia is infectious.

分析：按照英美人文化习惯，呼吸传染用 infectious，接触传染用 contagious。

2.语篇层面

语篇是语言的使用，是更为广泛的社会实践。从翻译角度来看，语篇是对这些语义予以连贯，译者需要理解和解读语篇中的句际联系。教师可引导学生了解并思考英语文章是如何发展主题、组织段落、实现连贯的，以此来帮助学生对英语的语篇结构有一个立体的、综合的认识。

（二）网络教学法

网络为学生提供了一个很好的学习平台。教师在写作教学中也可以采用网络教学法，充分发挥网络的优势，逐渐提高学生的英语写作水平。具体而言，教师可以从以下几个方面入手：

首先，教师应鼓励学生在学习过程中利用好网络资源，积累写作素材。在写作过程中，学生可充分利用网络来查询信息，同时，学生的自主学习能力、独立思考问题的能力也会得到相应的提升。将网络运用于写作教学中，还有利于转变传统的单向教学模式。

其次，教师应引导学生利用网络展开英语阅读，逐渐增加词汇量，学习最新的英语词汇，为学生英语写作能力的提升提供有效的辅助。

再次，教师可以利用网络技术创建网络课堂，提供一个可用于教学、与学生进行互动交流的平台，多与学生进行交流、讨论，为学生的写作实践提供相应的指导。

总之，在英语写作教学实践中，教师应充分发挥网络技术的优势，根据具体的教学实际来进行教学，改善教学效果，为教学增添新的活力。

（三）语块教学法

教师在教学中可以采用语块教学法，培养学生运用语块的意识，促使学生不断积累语块，进而在写作过程中可以迅速提取并直接运用，提高语言表达的自动化程度，从而写出地道、精美的文章。具体而言，教师可参考如下两个方面：

1.建构相关的话语范围知识

所谓相关的话语范围知识，主要包含与主题相关的各种社会知识与文化知识。在传统的写作教学中，这一环节未引起重视，但是不得不说，这是写作教学的第一步。在这一阶段，教师需要完成如下步骤：

(1)引导学生学习和掌握与话语范围相关的知识，可以通过交流，让学生对其他学生的相关经历有所了解。

(2)对与话语范围相关的双语语言进行比较，尤其是不同语言的异同点，从而使学生了解这些语言背后的文化背景，以及文化背景对话语范围产生的影响。

(3)对与话语范围相关的词汇及表达形式进行列举、选择与整理。

具体而言,教师可以引导学生开展如下教学活动:

(1)教师提前为学生准备一些与话语范围相关的语篇,让学生对这些语篇进行比较与探讨,以便学生发现不同语言的异同点。

(2)在课堂上,教师组织学生探讨自身的经历,如旅游经历,可以让学生对自己旅游过的地方、乘坐的交通工具等进行描述。

(3)为了让学生对主题有着深刻的感受,教师可以组织学生参加与主题相关的活动,如讨论购物主题时可以让学生亲自去超市购物等。

(4)教师安排学生准备一些与主题相关的物品,如实物、照片、视频等。

(5)教师让学生从写作的角度来认真阅读语篇,并对语篇中的语言符号、辨别意义等有所了解。

(6)学生在阅读语篇的过程中,将自己遇到的生词等进行归纳,并将这些新词与已学内容相联系。

2.建立相关语类的语篇模式

在这一阶段,教师写作教学的主要目的如下:

(1)让学生对语类及相关主题的语篇有清楚的了解和把握。

(2)让学生对语类结构与结构潜势有深刻的了解。

(3)让学生对语篇语境有清楚的把握。

(4)让学生对交际目的、交际功能有清楚的了解。

在这一阶段,教师需要完成如下几个步骤的工作:

(1)通过分析语篇,向学生传达与语类相关的知识。

(2)通过分析语篇,让学生感受到与语类相关的词汇、结构等,分析这些词汇、结构等如何表达主题。

(3)通过分析语篇,让学生感受语类的社会意义。

具体来说,教师在这一阶段可以安排如下几种具体的活动:

(1)教师为学生阅读一遍语篇。

(2)教师与学生一起阅读语篇,可以是教师领读,也可以是轮流阅读。

(3)教师引导学生根据语篇的内容,对相关社会与文化背景进行推测,如作者写作语篇的目的、所处的时代等。

(4)教师让学生回忆他们在其他时间学过的类似的语篇,并组织学生分小组讨论语篇的主要观点、主要内容等。

(5)教师组织学生分析语篇的结构与框架,如语篇由几个段落构成,这些段落是如何进行连贯的等。

(6)教师或者学生寻找一些类似的语篇,对语类结构的阶段方法进行训练。

(7)教师以语类为基础,引导学生对一些规律性的语法模式进行总结与归纳。

(8)教师引导学生思考语法模式与语类的关联性。

(四)文化导入法

教师在写作教学中应坚持文化原则,将文化背景知识融入教学。具体来说,教师可采用以下几种方法来培养学生的文化意识,提高学生的写作能力。

1.融入西方文化知识,提高学生的文化意识

在跨文化交际中,因文化差异导致的错误要远比语言本身出现的错误严重,所以,在大学英语写作教学中,教师应重视文化差异因素对学生写作的影响,并采用有效的方法来提高学生的文化意识,这对提高学生的写作能力具有现实的意义。

在大学英语写作教学中,教师应成为中西方文化间的中介者和解释者。作为中介者和解释者,教师首先应对某一语言成分所依附的文化内涵及文化背景有一个深入的了解,继而对学生进行讲解,做到语言教学与文化教学的并进。除了要向学生分析语言本身所承载的文化背景知识外,还应适时补充一些西方国家的风俗习惯、社会规则、生活方法、思维模式等文化背景,使西方文化背景知识渗透和融入写作教学的各个环节。教师要适时总结中西方文化差异,并形成系统的文化规则,然后介绍给学生,以提高学生的文化差异敏感度和洞察力,培养学生的跨文化交际意识。

2.培养学生的英语思维模式

我国学生的英语作文普遍存在两大缺陷,即"重点不突出"和"黏着性差",而这两大缺陷很大程度是因欠缺英语思维造成的。对此,在大学英语写作教学中,教师应有意识地引导学生对中西方不同的思维方式和特征进行对比研究,包括基本词汇文化内涵比较研究、深层文化对比研究、情景对话行为规则的研究等,帮助学生学习和掌握西方的组织篇章的思维逻辑,引导学生用英语思维模式进行写作,从而使学生写出符合语言交际规范的文章。这就需要学生用西方的写作思维模式勤加练习,没有大量的练习,写作理论与技巧只能流于形式。学生只有勤写多练,才能发现和完善自己写作中的问题,不断将所学的语言文化知识以及英语思维方式应用于英语写作实践中,才能逐步提高英语写作能力,进而写出符合英语语言规范的文章。

二、大学英语写作教学的实践

(一)"以读促写"英语写作教学实践

教学任务:阅读文章,写一篇关于如何节约和保护水资源的作文。

教学目的:通过阅读输入相关的语言材料,引导学生按照所提的写作策略对材料进行加工,充分挖掘文本中的有效信息,为写作输出做好准备。

教学形式:个人、小组

教学流程:

(1)让学生阅读一篇关于中国西南旱灾的时文,并分组讨论:What does the passage tell us?

文章内容如下:

I was terribly moved and shocked when I watched CCTV9 programme broadcasting the drought case in the southwest of our country this morning. In the programme, I saw pupils in Guizhou were thrilled to get one bottle of water per person. And the programme featured one of the pupils holding the bottle to her cheek happily like her dear loved relative. The pupils were so thrilled that some of them even cried when they got the water for drinking.

The reporter found some pupils hid several bottles of drinking water in their school desks so she asked why. The little girl who was interviewed said that she would bring them home in the weekend to give her parents to drink. The picture also featured in pupils' bags. Viewers can see that these kids saved three or five bottles of water for taking home in the weekend.

The moment I saw those pictures, my nose turned sour and tears came in my eyes. I used to have little feeling about the "drought" because I never experience the case personally. We use water everyday. We cannot live without it. Take myself for example, drinking a cup of boiled water is the first thing I do after I get up everyday, not because I am thirsty but because the water can make me fit. I need water to wash everything! I think I will be crazy without water even for one single day!

I think the drought will he an unforgettable experience in their rest life for children in Guizhou and it will teach people to save water in their future lives.

(2)抽取两三个小组汇报讨论的结果。

Ss:Southwest China is facing serious water problem. /People in Guizhou are short of water seriously. /We should save water in our lives. /…

(3)学生4人一组,针对水资源缺乏这一问题,就如何节约和保护水资源进行讨论并用句子的形式提出建议。例如,"It's a good idea to turn off the tap while you brushing teeth."

Ss:Wash clothes with less water. /Don't throw waste into the rivers. /It's a good idea to keep some rain. /Try to find some ways to reuse the water. /We should ask factories to stop pollution. / When you wash dishes,don't let the water run. /…

(4)引导学生阅读另一篇关于保护水资源的文章,并要求学生注意文章的结构、用词,找出主题句、过渡句和写得比较好的词或句子,为写作做好充足的准备。文章如下所述:

Napoga is a 12-year-old girl in Ghana,Africa. It is hard for her family to get clean water. Every morning,she leaves home at half past five to get clean water for her family in a village far away. It takes her six hours to get enough clean water for daily cooking and drinking. She has no time to go to school or to play with her friends. Millions of people in the world are like Napoga. They can't get enough clean water to keep healthy.

Earth Day is April 22. But on all other days,we must also remember it. The water we use is the most important natural resource on the earth.

Water covers 70% of the earth's surface. But most of that is sea water. We can't use it for very many things. Fresh water covers only 1% of the earth's surface.

You probably feel lucky that your life isn't as hard as Napoga's. But that doesn't mean you don't have to wony about water. We all face serious water problems. One of them is water pollution. All kinds of things from cars,factories,farms and homes make our rivers,lakes,and oceans dirty. Polluted water is very bad for people to drink. And dirty water is bad for fish,too. Now,34% of all kinds of fish are dying out.

How do cars and factories make our water dirty? First,they pollute the air. Then,when it rains,the rain water comes down and makes our drinking water dirty. Dirty rain,called acid rain,is also bad for plants,animals and buildings.

Scientists say that in 30 years,more than half of the people in the world won't have enough clean water. We have to learn how to save more water for ourselves and our children. Here is some advice for saving water:

① Turn off the water while you brush your teeth. You can save as much as 450 liters each month.

② Leaky taps waste a lot of water. Fix them right away!

③ You can easily cut your 10-minute showers in half and you'll be just as clean.

④ When you wash dishes, don't let the water run.

⑤ Only wash clothes when you have a lot to wash. If your washing machine isn't full, you're wasting water!

(5)教师为学生布置一篇与水资源有关的作文,时间限制为30分钟。题目如下:

理解公益广告:"If we don't save water, the last drop of water will be teardrop."根据以下提示,写一篇不少于120词的文章:①生活离不开水;②可饮用水的数量在减少;③水污染严重;④应该节约和保护水资源。

参考词汇:water suitable to drink 可饮用水

amount 数量

要求:①语言表达正确,要点完整;②运用段落展开策略,适当做些发挥。

(6)在学生完成作文以后,将其作文在班上共享。以下是学生的习作之一。

Water is very important to humans. As we all know, we can't live without water, but now we are facing serious water problems. Scientists say that in 30 years, more than half of the people in the world won't have enough clean water. The amount of water suitable to drink is falling now.

However, some people don't seem to care about this. They waste a lot of water, for example, they keep the water running while they are brushing their teeth. What's more, they pour dirty water and throw rubbish into rivers and lakes so that many rivers and lakes are seriously polluted.

So something must be done to stop the pollution to protect the water and find ways to reuse it as well. If we don't save water, the last drop of water will be a teardrop.

分析:上述教学实践设计结合了中国社会的热点话题,就如何节约和保护水资源安排了一系列的读写活动。通过阅读,学生可以在整体上把握文章的结构、写作的思路以及语言组织的方式。这种"以读促写"、结合听说的策略不仅可以训练学生多元化的能力,还使学生的各项能力互相影响、互相渗透、互相促进。

(二)"话题式"写作教学实践

教学任务:Write a composition about "Friendship".

教学目的:通过各种概括性和总结性的练习任务,培养学生对文章整体的感知能力和写作能力。

教学形式:个人、两人小组、四人小组

教学流程:

(1)教师通过一封书信引出今天的写作话题 Friendship,同时,让学生对书信体写作的基本格式和内容有一个整体的感知。

(2)通过书信引出学生要讨论的内容。

Task:What kind of person do you think you can make friends with? Try to find out some adjective words to describe your friends.

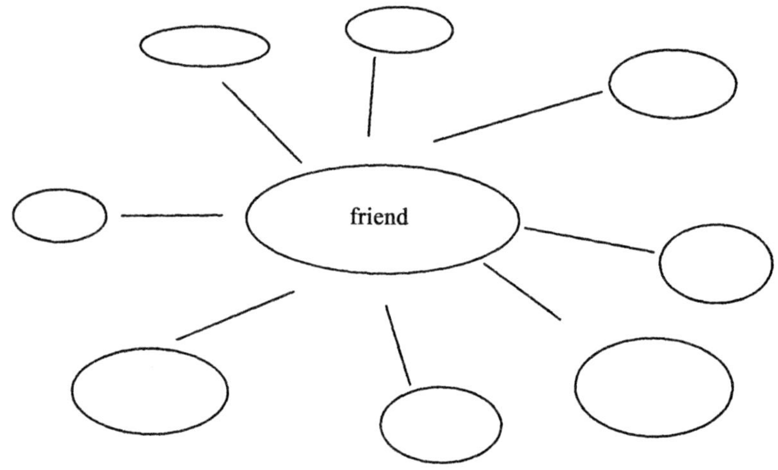

(3)给学生布置任务,让学生以 4 人小组的方式进行互动,在布置任务的同时,教师要给予适当的提示。

Task:According to your experience,can you give some advice on how to make friends? Please use the suggestion structures as many as possible. (E. g. It's a good idea to… You should… Remember to…)学生动态生成的建议如下:

A. First of all,you should find out your good points.

B. Remember to be a humorous person and everyone will like you.

C. Don't forget the old ones when you get new friends.

D. How about sharing your good things with your best friends?

E. It's a good idea to smile at everything unhappy and be a bright person.

(4)引导学生独立思考,并让学生开始搜集写作信息和素材。

Task:Please use one or two sentences in your own words to conclude your opinion about what the real friendship is.

进行思考和收集素材后,学生的情感得到升华,会明显表达出对友谊的真正理解。在表达对友谊的评论时,精彩的生成有:

① A truly friend is like gold under the ground; no friend will come to you unless you dig it out by yourself.

② A friend is the God's way of taking care of us; we cannot live well without friends.

(5)向学生展示范文,让学生仔细阅读范文,把握文章的整体结构、写作思路等。学生在写作基本要求和感知的基础上准备写作素材。

(6)依据范围和具体要求,学生仿写,教师对学生的写作过程进行监督,同时,为学生提供必要的帮助。

(7)成文之后,先让小组内学生两人之间相互批阅,再在小组内收集错误的句子并展示给全班同学,由班上一名同学更正,最后再由教师提出规范性的建议。

(8)学生对自己的文章进行重新整理,然后定稿,最后由教师批改。

分析:"友谊"(friendship)对于学生而言是非常熟悉的,因为他们每天都会与身边的朋友体验这种情感。上面的教学案例设计这一写作话题,与学生的现实生活建立了紧密的联系,学生自然有话可说、有话想说,并且学生在写作过程中也可以充分体验到英语的实用性。另外,设计不同的任务与活动,学生通过任务与活动可以熟悉和记忆单词、句子、语篇。通过大量的实践,学生的写作素养必然得到显著提升。此外,教师安排学生相互批阅则进一步加大了学生接触英语的机会,同时,提升了他们彼此合作的能力。

(三)"听说读写结合"写作教学的实践

教学任务:本教学实践要完成的教学任务是根据"急救"话题进行写作。

教学目的:通过听、说、读、写四项综合性活动帮助学生学会处理各种紧急情况以及急救的方法,提高生存能力。

教学形式:个人、小组

教学流程:

1. 读前教学

读前教学环节用时 21 分钟，主要包括听、说、读三个部分，通过综合的语言输入为写作提供素材，帮助写作教学的顺利开展。

(1)听

听用时 6 分钟，置于阅读教学的开头，作为知识竞答的环节，能够有效复习课文，为写作进行语言积累，又幽默风趣，有助于活跃课堂气氛，提升学生兴趣。

根据本课的教学内容及学生的实际情况，将课本第 39 页的听力改编成表格题。一方面，快速复习对第一篇阅读的指令模仿；另一方面，激活学生已有的背景知识，为后面的写作积累语言材料。

Listen and fill in the blanks. (instructions)

Check the answers.

设计意图：此处表格的设计和使用能够帮助学生在正式开始写作之前进行一定的语言积累，并为下一步的“说”作铺垫。

(2)说

从听力环节中导入溺水急救的话题。教师可让学生想象一个溺水的场景，并用英语进行描述。随后教师可呈现著名作家劳伦斯(D. H. Lawrence)关于溺水的一段描述，让学生欣赏，使学生对名家写作功底产生感叹，激发起学生阅读更多名著的欲望，并为下一步学生的写作积累语言素材。

为更好地体现学生的主体作用，培养学生的创造性思维，本课设计了一个开放式的结尾请学生想象。这种开放式的结尾也扩大了学生写作的范围，对积累语言素材而言极为有利。

在这一步骤中，“说”的任务设置多种多样。例如：

Task 1：What shall we do if a boy is drowning in the water? (Fill in the blanks as instructions.)

Task 2：Order the description by D. H. Lawrence.

Task 3：Finish the open-ended story by putting an end to it.

Task 4：Coherence—Time expressions/Sentences.

Task 5：Retell the story again. (if necessary)

Task 6：Try to describe/imagine a drowning accident.

Task 7：Sentence Structures.

Rewrite the description below to make it more interesting. Use the following expressions to replace the expression “as soon as”：

As soon as we saved the boy, we called his parents.

E. g.: As soon as the boy came to life, we sent him to the nearby hospital.

=No sooner had the boy come to life than we sent him to the nearby hospital.

no sooner … than …: immediately, hardly … when …

设计意图:此步骤通过各种语言形式的操练为课堂教学提出了新的任务,实现教学上的知识建构;欣赏劳伦斯关于溺水施救的描写则能够有效扩充学生的视野,增加学生的文化修养;开放式的结尾有助于提高学生的想象力,刺激学生的语言输出,为后面的写作教学环节的导入进行语言铺垫和语言积累。

(3)读

听、说结束以后即进入过程性写作教学。教师首先引导学生从合作的角度观察分析课本38页的课文,复习新闻文体的基本框架及基本要素。结合作文评价,让学生仿写课文、熟悉语言和文章框架,为培养学生的探究能力、自主学习能力以及终身学习能力奠定基础。

Organization Focus

T: Suppose we're going to cover the accident of the drowning boy.

How to organize our news report? What shall we do before writing?

Let's go over the organization on page 38 first. This is a model text for our writing.

设计意图:此步骤通过引导学生观察和分析课本上的新闻范文来掌握其写作框架,同时,使学生形成对作文评价的标准。

需要指出的是,写作教学是一个系统的、长期的教学任务,教师对学生在单词、句子以及段落等方面的写作指导必定是长期的、循序渐进的,有时也是反复的。相应的,学生的语言积累和语言输出也是一个长期的过程。教师的"教"与学生的"学"并非通过一节或者几节写作教学课就可以完成。对此,无论是教师还是学生都应有一个正确的认识,循序渐进地提升教和学的效果。

2.初稿写作

初稿写作的时间设定为15分钟。在本环节中,教师首先布置写作任务,让学生开始实践。然后在作文初稿的撰写过程中,保证每位学生的独立思考时间。由于前面的教学环节为学生积累了写作素材,此时学生能有效避免写作时无话可说的尴尬局面,使不同层次的学生都能畅所欲言。本环节可采取如下形式开展。

Now, let's begin our writing.

请根据以下内容写一篇新闻报道,并自己写出结尾。

时间:11 月 26 日,星期六上午六点

Items	Organization
News Story	Headline Lead More details(elaboration, background, secondary material)

(资料来源:姚瑞兰,2008)

地点:我家附近的河边

事件:我和 Betty 正在河边散步,突然听到有人喊救命。我们看到有一个小男孩在水中挣扎。我们跳入河中救出溺水男孩并对他进行急救。男孩恢复了知觉。我们认识到急救知识真的十分重要啊!

For your reference while writing:

be unconscious　　give first aid

shout for help　　jump into the water

apply … to　　come back　　when/as soon as …

设计意图:在之前的教学环节中,学生已经积累了足够的语言材料。这里教师留给学生独立思考的时间与空间,并在评价标准的帮助下,帮助学生有意识地进行模仿。最后以"急救知识真的十分重要"一句结尾,引导学生查找课文相关表达,学会积累词句,模仿范文的结构与语言,提升写作能力和技巧。

3. 评估/欣赏

评估/欣赏环节的时间设定为 8 分钟。在前面的教学环节中,学生对词汇和句子及篇章结构已经形成了一定的认识,并具有了一定的语言积累和写作欣赏水平。学生既能够表达自己,也能够较客观地对同学的写作进行点评,有利于学生相互之间取长补短,有利于互相学习的开展。学生评价表的使用也能够有效实现学生之间的合作学习、高效学习。

为了帮助学生形成感性认识,这里针对学生的实际情况设计了一个作文评价表,并针对本节课做了一定的微调,体现出对写作过程和小组合作的评价,更加关注写作的过程、学生非智力因素的发展以及学生各种智力的发展。

How to make sure that the passage is a good one? This is the evaluation for today's writing. Now let's enjoy our peers' work and try to evaluate it.

Polish it.

Appreciation:

表 8-1　作文评价表

Items	Criteria	Self			Peer		
		A	B	C	A	B	C
Structures	Be familiar with the writing						
	The event is stated clearly						
	Well organized (beginning, middle, end)						
Language	Spell all the words correctly						
	Use linking words properly						
	Use varieties of sentence structures						
	Employ beautiful advanced words and expressions						
	Make no grammar mistakes(esp. verbs)						
Handwriting	Neat, beautiful, easy to read						
Cooperation	Participate in discussion, helpful and polite						

A: excellent　B: satisfactory　C: need improvement

(资料来源:姚瑞兰,2008)

设计意图:本环节主要采取小组合作学习的方式开展,学生通过评价他人的写作学会欣赏与合作,以一个旁观者的角度更加深刻地体会英文写作,从而提高沟通能力。最后成果的展示有助于发展学生的多元智能,让学生体验学习的成功和快乐。

4. 布置作业

在本环节中,教师可通过上网查找相关新闻的手段改进仿写的作品,努力开发各种课程资源,积极促进信息素养的提升;尊重不同程度的学生,让更多的学生体会学习的成功和快乐,并在这一良好的气氛中点燃写作的兴趣。

Finish Learner's Log (summing up) for this unit on page 40.

Surf the Internet for more sample news. Polish the essay and decorate it,making it a part of your files.

Possible links:

http://www.for 68.com/news

http://www.hxen.com

http://www.dionews.com/

http://www.putclub.com/

http://edu.sina.com.cn/en/news.html

本环节的设计意图包括如下两个方面:

(1)提高学生信息查找与处理的能力,提升学生的信息素养并培养终身学习的良好习惯。

(2)教师批阅后,学生将完成本课程的最后一步——再次修改。随后,学生设计作文版面,并将其放入学习档案归档,从而增强写作热情,体验成功的快乐。

分析:这一教学案例突破了学生写作的难点,使得学生在课堂活动中能够获得一定的语言积累,开拓思路,为随后的写作做好充分的准备。语言积累过程形式多样,听、说、读、写的综合语言实践也为写作课增添了新意。从语言知识的积累到语言的输出,整个流程自然、开放,符合学生的认知规律。

第九章　大学英语翻译教学的理论阐述及方法运用

翻译是创造性地将一种语言所承载的意义转换为另一种语言的交际活动，是人类交流思想、传播文化的重要途径。正因为如此，翻译自诞生以来就受到人们的重视，人们对其研究的脚步从未停止。在我国英语教学中，翻译教学更是受到越来越多的关注，成为培养高素质、国际化翻译人才的重要途径。本章就对我国大学英语翻译教学的理论及方法等问题进行具体探讨。

第一节　大学英语翻译教学的理论阐述

一、大学英语翻译教学的地位、内容与目标

（一）大学英语翻译教学的地位

开展翻译教学，目的在于培养高素质的英语翻译人才。总之，翻译教学有着重要的地位和作用，具体表现为如下几点：

1. 利于增加学生的文化背景知识

众所周知，翻译不仅是两种语言之间进行的转换活动，更是两种文化之间的转换活动，因此为了保证翻译的质量，学生就必然需要掌握语言背后的文化。这就是说，在翻译教学中，教师除了给学生讲授翻译知识外，还需要将文化层面的知识融入进去。当然，文化知识不仅包括目的语文化知识，还包括母语文化知识，对两种文化知识进行对比，从而让学生了解语言差异产生的根源。因此，通过翻译教学，学生可以掌握很多与语言相关的文化知识。

2.利于提高学生的英汉语言修养

学生在翻译时,不仅要保证译文的完整性与对源语意义的准确再现,还需要保证译语的风格与源语的风格相一致、译语的修辞手段与源语的修辞手段相一致。因此,通过翻译教学,教师可以引导学生学会这些内容,从而提升学生的英汉语言素养。

对于不同的文体,教师需要引导学生保证不同文体的特色。例如,对于科普类语篇的翻译,教师需要告诉学生:译文应该做到简练,避免深奥、晦涩,让读者可以轻而易举地获取自己想要知道的信息。

在学习翻译时,学生往往会经过多重训练,这对于他们提升自身的语言素养有着重要作用。

3.利于培养学生的跨文化交际能力

无论对于英语而言,还是对于汉语而言,它们都有自身的、特定的交际模式。在进行翻译时,学生不仅需要掌握英汉两种语言知识,还需要掌握英汉两种文化知识,尤其是两种文化的差异性,这样才能掌握特定的交际模式。如果学生不了解这种交际模式,那么必然会产生交际的障碍。

在翻译教学中,教师通过讲解两种文化的差异性,有助于学生掌握一些交际模式,从而便于开展跨文化交际。

4.利于满足社会对翻译人才的需求

时代不同,社会对英语人才的需求必然也存在差异,因此,英语教学的模式也必然存在差异。近年来,随着全球化的推进,国家与国家之间的交往更为紧密,这就需要翻译发挥中介与桥梁的作用。译者翻译得是否流利、准确,直接影响着交际的开展。21 世纪对翻译人才的需求更大、要求更高。

因此,开展翻译教学显得很有必要,不仅与 21 世纪的社会需求相符,也有助于培养出高素质的翻译人才。

5.利于巩固和加强学生的综合语言能力

英语教学包含五项技能,即我们熟知的听、说、读、写、译。在这五项技能中,翻译技能起着重要的作用,并且学生会将自身所学的知识运用于口笔译中。在笔译中,通过深层次地分析和研究源语的语音、词汇、语法等含义,从而巩固自身的这些层面的知识。在口译中,通过与对方进行交际,在对原文分析的基础上进行意义传达,这就锻炼了学生的听说能力。总体而言,翻译教学有助于其他技能的掌握与运用。

（二）大学英语翻译教学的内容

英语翻译教学的内容具体包括以下几个方面：

1.翻译基础理论

翻译基础理论知识包括“对翻译活动本身的认识、了解翻译的标准、翻译的过程、翻译对译者的要求、工具书的运用等”①。

学习翻译基础理论知识可以帮助学生从宏观上来确定组织译文的思路。只有确保正确的译文思路，即使有一些细微错误，也有利于学生修改译文。

2.英汉翻译技巧

翻译技巧是为了保持译文的顺畅，在遵循原文内容的前提下，对原文的表现手法或方式加以改写的方法。翻译技巧有直译、意译、音译、增译、省译、正译、反译、套译等。在翻译学习的过程中，学生应掌握这些翻译技巧，以提高翻译的质量。

3.英汉语言对比

英语翻译教学内容还包括英汉语言对比，主要涉及两个方面的内容：

(1)语言层面的对比，具体如词法、语义、句法、篇章等的对比，使学生掌握英汉语言的异同。

(2)思维、文化层面的对比。英汉语言通过不同层面的对比，帮助学生在翻译时恰当并准确地传递原文的信息。

（三）大学英语翻译教学的目标

根据《高等学校英语专业英语教学大纲》的教学要求，大学英语翻译教学目标主要包含以下两个方面的内容。对六级(相当于第六学期结束)翻译课程的单项要求如下②：

(1)初步了解翻译基础理论方面的知识，了解并分析英汉语言的异同。

(2)能够掌握一些经常使用的翻译技巧。

(3)能够将中等难度的英语段落或篇章译成汉语。翻译的速度为每小

---

① 高华丽.翻译教学研究：理论与实践[M].杭州：浙江大学出版社，2008：3.

② 高等学校外语专业教学指导委员会英语组.高等学校英语专业英语教学大纲[M].北京：外语教学与研究出版社，2000：10.

时 250～300 个英文单词。译文的语言要通顺，做到忠实原文。

(4)能将中等难度的汉语段落或篇章译成英语，速度和译文要求与英译汉相同。

(5)能担任外宾日常生活的口译。

对八级(相当于第八学期结束)翻译课程的单项要求如下①：

(1)能运用翻译理论与技巧，将英美报纸、杂志上的文章以及文学原著译成汉语，或将我国报纸、杂志上的文章和一般文学作品译成英语，速度为每小时 250～300 个英文单词。

(2)译文需要确保语言流畅，忠实地传达原意。

(3)能够进行一般外事活动的口译。

二、大学英语翻译教学的原则

为了保证翻译教学的计划性、目的性、层次性，教师应该坚持一定的原则，在这些原则的指导下，翻译教学才能开展得更好、更有效。下面就对这些原则展开探讨。

(一)普遍性原则

翻译行为本身属于语言行为的一种，而语言行为本身具有经验性特征，这就决定着翻译教学应该坚持普遍性。通过感知对事物的经验进行把握，这种经验往往是纯粹的经验，是一种局部的、表面的经验，因此，很难普遍地说明翻译行为与现象，也很难正确地指引翻译活动。但是，我们并不能将这种经验中的开拓性与典型性磨灭掉，而是应该运用一种科学的态度来认真对待。

翻译活动在普遍性原则的指导下，能够产生新的经验，从而实现真正的调整与检验，并实现深层次的优化与修正。也就是说，教师在翻译教学中必须坚持普遍性原则，以便让学生对普遍原则的基本指导思想有清楚的了解，从而对翻译实践活动进行指导。

(二)精讲多练原则

翻译教学中要坚持精讲多练原则，其包含两大层面：一是要求精讲，二是要求多练。众所周知，翻译教学属于技能教学中的一种，如果仅仅采用传

---

① 高等学校外语专业教学指导委员会英语组.高等学校英语专业英语教学大纲[M].北京：外语教学与研究出版社，2000：10.

统的方式来开展教学，即先进行讲解与灌输，后进行练习的方式，那么这样的教学方式很难提升学生的翻译能力。因此，就当前的翻译教学而言，教师应该将讲授与练习相结合，并在实际的练习中，让学生归纳和总结翻译的相关知识点。

例如，在进行翻译练习之前，教师可以给学生讲解一些相关技巧，然后就让学生进行练习。在学生完成一阶段的练习之后，要对学生的练习进行仔细分析和批改，然后针对学生的练习进行讲评。需要注意的是，讲评并不仅仅是点评，而是基于对原文的系统分析，对知识进行整理，从而将其上升为理论。

（三）实践性原则

在翻译学习中，实践性是其重要的特征之一，这就要求翻译教学坚持实践性原则。在翻译教学中，教师需要为学生创造翻译练习的机会，如让学生去一些正规的翻译公司实习，通过实践来考查自己的翻译能力，如果有所欠缺，那么就需要针对欠缺的层面进行弥补。同时，这种真正的实践训练也有助于调动学生的积极性，还能够为他们以后进入社会奠定基础。

（四）实用性原则

在开展翻译教学时，教师需要与学生的实际情况联系起来，注重实用性。由于学生的翻译学习主要是为之后的工作准备的，这种与学生实际相结合的教学，有助于调动学生的积极性，从而提升教学与学习的效果。

（五）循序渐进原则

任何活动都需要坚持循序渐进原则，当然翻译教学也不例外，过分地急于求成显然不可取。在实际的翻译教学中，教师应该从简单到复杂、从浅显到深刻，让学生逐步学习到翻译知识，并扎实掌握。

例如，在翻译教学的初期，教师应该将翻译的一些基础知识介绍给学生，进而对一些技巧和理论进行讲解。但是，如果教师反过来先讲解技巧与理论，就会让学生感觉到晦涩难懂，也让学生很难将知识运用到实践中。

可见，翻译教学中坚持循序渐进原则必不可少，这样不仅可以调动学生的翻译学习兴趣与积极性，还能够提升学生的自信心，提升他们的翻译技巧与能力。

（六）速度与质量结合原则

在翻译教学过程中，教师还需要注意速度与质量的结合，即不能仅注重速度，而忽视译文的质量，也不能仅注重质量，而忽视速度。在翻译时，学生会更多地关注翻译的质量，害怕因为某字词的偏差影响翻译的效果。但是，这样对质量的关注必然会降低翻译速度。因此，在翻译时，除了要注重质量，还需要把握好速度，这样才能完成翻译任务。

要想提升学生的翻译速度，教师可以对学生开展限时训练，让学生在规定时间内完成任务，并随着学生速度的提升，不断增加难度。

当然，学生除了在课堂上进行限时练习，还可以在课下进行练习，这样可以循序渐进地把握好翻译速度，在有限的时间内完成翻译作品。

三、大学英语翻译教学的现状

（一）教学方法不科学

由于对翻译体系研究得不够深入和全面，很多教师在教授翻译时使用的教学的方法很不科学。在传统教学模式的影响下，很多教师教授翻译的过程为“为学生布置翻译实践任务—学生翻译并提交—教师批改学生的译文—挑出其中的错误并进行讲评—安排翻译实践练习”。这种不科学的教学方法不仅费时费力，而且还得不到满意的教学效果，学生一直处于被动接受的地位，根本无法养成科学、合理的学习习惯，自然更无法提高自己的翻译能力。

此外，在教学过程中教师不会给学生系统讲解翻译理论知识，更没有安排学生全面学习翻译的各种技巧，在教授时往往针对翻译材料中的重点词语、句型进行讲解，将翻译课上成了词汇和语法课。在学生做完翻译任务后教师就直接告诉学生任务的答案，并不指导他们仔细分析自己的译文与答案之间的区别与差距，影响了学生翻译能力的提升。

（二）师资力量薄弱

我国很多高校中的英语教师并非是翻译专业的科班出身，他们在学校学习的往往都是综合类英语内容，对英语翻译的知识、理论、技巧等方面了解得也不透彻，因而在开展翻译教学工作时会显得力不从心。另外，还有一个十分重要的原因是高校教授翻译科目的英语教师自毕业后就进入学校教学，没有过社会生活经历的体验，更没有从事过实际的翻译工作，这在一定程度上导致这些教师与社会的发展存在一定的脱节现象。在这种教师的影响下，大多数学生对于翻译学习并不能抓住核心和要点，教师对于翻译方面内容的讲授也是看课堂时间的充裕与否，由此使得学生并不能完全掌握系统的翻译理论知识及参与大量的翻译实践活动。

（三）重视程度不够

分析我国的英语教学大纲可以发现，其对学生的翻译技能和能力的培养并没有给出具体的方案与计划，与其他技能相比较而言，翻译技能的地位是很不受重视的。在这一现状的影响下，翻译教学不能引起授课教师的足够重视，他们往往采用传统的教学方法进行授课，只是将翻译看作巩固其他语言技能的一种手段，只注重语言的形式而忽视了内涵。另外，对于教材中的翻译练习，教师往往将其作为课后练习安排给学生，经常是有时间就讲解，没有时间就直接给出答案，让学生自己去核对，持有一种非常随意的教学态度。

第二节　大学英语翻译教学的方法运用

一、大学英语翻译教学的方法

（一）翻译策略法

归化和异化是文化翻译的两种常用策略。学生应根据具体语境，带着辩证的眼光灵活地运用这两种策略。

1. 归化策略

归化以目的语的语言形式、文化传统和习惯的处理为归宿。也就是说，归化是“用符合目的语的文化传统和语言习惯的‘最贴近自然对等’概念进行翻译，以实现功能对等或动态对等”[①]。例如：

Both of them always go Dutch at the restaurant.

原译：他俩在饭店一向去荷兰。

改译：他俩在饭店一向各付各的。

这句话如果直译则是：他俩在饭店一向去荷兰。这样的翻译会让译语读者不知所云，go Dutch 在原文中是带有文化色彩的词语，荷兰人喜欢算账，无论和别人做什么事，都要同对方把账算得清清楚楚，因此，逐渐形成了 let's go Dutch 的俗语。采用归化策略使译文读起来比较地道和生动。

---

① 武锐．翻译理论探索[M]．南京：东南大学出版社，2010：128.

——你做的菜真好吃！

——哪里，哪里，几个家常小菜而已。

—What delicious food you've made!

—Thanks, I'm glad you like it.

在中国文化中，谦虚是一种美德，面对别人的赞许，常用避让的方式进行处理。而在西方文化中，面对别人的赞许，人们常会欣然接受。所以，这里应该采用归化策略来翻译，提高跨文化交际的效率。

等改完了剧本，你再唱你的《西厢记》或再唱你的"陈世美"。

（《一声叹息》）

After finishing the script, you can play out you "Casablanca" thing.

采用归化策略进行翻译，译文显得更自然，用英语读者所熟悉的 Casablanca 进行表达，易于读者接受与理解。

2. 异化策略

异化是以源语文化为导向的一种翻译策略，力求使译文更好地反映异域文化特性和语言风格，使译入语读者领略到"原汁原味"的译文。

例如，一些词汇原本在汉语或英语的语言系统中是不存在的，后通过异化策略翻译，使一些具有浓郁异国文化特色的词语不断被不同文化背景的人们所接受，并广泛传播与运用。例如：

气功 qi gong

功夫 kung fu

豆腐 tou fu

internet 因特网

sour grapes 酸葡萄

wash hands 洗手间

再如：

The town's last remaining cinema went west last year and it's now a bingo palace.

这个城镇留存的最后一个电影院去年也倒闭了，现在它成了一个宾戈娱乐场。

在英语中，bingo 是西方国家设计的一种配对游戏，目的是使人们更快地认识来参加聚会的人。翻译时，对其可进行异化处理，运用音意结合翻译为"宾戈"游戏。

宝玉笑道："古人云，'千金难买一笑'，几把扇子，能值几何？"

（曹雪芹《红楼梦》）

“You know the ancient saying,” put in Baoyu,“A thousand pieces of gold can hardly purchase a smile of a beautiful woman,and what are a few fans worth?”

（杨宪益、戴乃迭 译）

译者对例中的“千金难买一笑”进行了异化处理，使中国文化特色得以保留，可以帮助目的语读者了解中国的“异域风情”。

采用异化策略有利于打破各种文化差异所引起的沟通界限，有效维护文化的多样性。

（二）文化导入法

在英语翻译教学中，教师要有针对性地向学生导入文化知识，以加深学生对翻译的认识，提高学生的翻译能力。

1. 比较法

在英语翻译教学中，教师可以对英汉两种文化进行比较，将跨文化能力与英语运用能力有机结合，使学生不仅学习英语语言知识，而且逐渐吸收语言背后的文化知识，培养文化敏感性。

2. 专题讲座法

除了比较法，英语教师还可以对学生在翻译中遇到的一些文化难题进行分析和总结，邀请专家或外教开展一些英美文化知识的专题讲座。专题讲座往往时间集中，涵盖大量的信息，这对学生文化敏感性的培养与提升很有帮助，可以使学生对英语文化有更全面的了解与认识。

（三）网络辅助法

翻译是一种语言转换为另一种语言的活动，所以，寻找两种语言之间的最佳匹配点就成为十分关键的环节。为了能在翻译的过程中体现、发扬汉语语言传统，教师应让学生熟悉汉语的行文特征，了解汉语的表达习惯。换句话说，加强学生汉语语言功底的培养具有非常重要的意义。借助于网络的帮助，有利于培养学生的英汉双语翻译能力，从而获得最佳的学习效果。在具体的实施上，教师可以从以下几点着手：

1. 扩大课堂信息量，克服课堂教学的局限性

如果仅仅依靠课堂教学，那么课时必然是有限的，因此，需要利用校园网来扩大课堂信息量，从而克服课堂教学的某些弊端。在具体的教学中，教

师以学生为中心，以网络为手段，降低学生的焦躁情绪，缓解学生的紧张心理。同时，为了弥补课时的不足，教师可以将课堂上未叙述详细的翻译模块放在网络上，让学生自主进行选择学习。此外，教师需要有计划地增大难度，加强学生对跨文化交际、英美文化的了解，开拓学生的眼界。大学生通过校园网对中英文文章进行阅读，自行进行翻译，与优秀译文进行对比并探讨，最终仿照原文写作形式来提高自己的翻译水平。在练习的过程中，学生可以从自己的专业和兴趣出发。如果学生学的是医学专业，那么他们可以选择医学材料进行翻译练习；如果学生学的是旅游专业，那么他们可以选择旅游材料进行翻译练习。

2. 展开翻译课堂教学，增加英语习得

各大高等院校可以直接使用与教材相配的多媒体教学光盘，但是由于各大高校的设备资源情况不同，并且配套的光盘大多是缺乏系统性的翻译教学内容，因此，教师需要根据不同的情况来制作多媒体课件。也就是说，多媒体课件的制作需要建立在教学过程、教学目标、教材内容、教学媒体的基础上，坚持互动性原则，以提升学生的自主学习能力，确保不同层次的学生在翻译能力上都能够得到提高和训练。据此，在开展翻译课堂教学之前，教师设计的翻译教学模块需要利用声音、图片、动画等刺激学生的大脑，使学生之前难以理解的翻译理论变得更为生动、有趣。在具体的翻译课堂教学中，教师既要对英汉互译的技巧进行分析和总结，还要补充相应的中西方文化知识，使学生能够对翻译的基本常识得以系统掌握。虽然这样的教学模式还是按照译例分析—课堂翻译—课后练习的方式，但是其内容和形式与传统的翻译教学大不相同。第一，内容上是针对不同层次的学生展开的，在课堂上由教师指导和学生自主选择，这有利于改善课堂教学的氛围。第二，形式上不再是单调的板书形式，而是以媒体形式呈现，不仅节省了时间，还便于进行分级教学。

3. 制作教学课件，建立翻译素材库

网络课件是一种新的模式，它的制作光靠个别教师很难完成，而且教师自身的知识结构、时间资源等也都是非常有限的，因此，新模式更强调资源共享、集体备课。制作教学课件，建立翻译素材库，教师需要注意如下几点：

(1)在翻译教学内容上，教师除了注重精讲，还需要注意多练。翻译毕竟属于大学英语教学的一部分，因此，不可能占据多余的课时。这就要求教师应该从教学大纲出发，通过集体讨论对精讲的翻译理论和技巧进行确定，搭建一个教学框架。同时,教师要根据自己的情况进行局部的更改和发挥。另外,在具体的实践中,教师设计的翻译练习要保证题材、体裁多样,难度要适中,并能够及时做到调整和更新。

(2)在翻译教学方法上,教师应该将课堂与课外相结合。在传统的翻译教学模式中教师讲得比较多,学生练习的机会少,学生是被动的,这就导致学生很难有兴趣去了解翻译技巧,所以课堂内外的讲练结合是十分必要的。在练习的基础上,教师给予一些指导性的意见,引导学生归纳自己的翻译技巧和方法。

(3)在翻译教学建设上,要及时补充、更新翻译素材库。从具体的、大量的教学实践中归纳出理论,然后将这些上升为理性认识,反过来对实践进行指导。翻译素材也要与时势相符,是对当代社会各个层面的反映,其难度要体现层次性。教师也要发挥主观能动作用,不断地扩充素材库。

(四)技巧讲练法

翻译技巧是翻译有效进行的保证,所以,教师在教学中要有意识地向学生讲授一些常用的翻译技巧,并引导学生进行有针对性的练习。

1. 直译法

直译法即采用和译语对应的词翻译出源语中的信息。这样可以尽可能多地保留源语文化的特征,开阔译语读者的文化视野,促进中西方文化的交流。例如:

"他一家子在这儿,他的房子、地在这儿,他跑？跑了和尚跑不了庙。"

(周立波《暴风骤雨》)

"Escape? But his home and property can't escape. 'The monk may run away, but the temple can't run with him!'"

在翻译俗语"跑了和尚跑不了庙"时,译者采用了直译法,一方面保留了源语中的形象,另一方面也很好地转达了源语中的文化信息。

And since that time it is eleven years;
For then she could stand high-lone; nay, by th'rood,
She could have run and waddled all about;

(Shakespear)

译文1:是啊,自从那天起,就糊里糊涂过了十一年。对啦,断奶那天她就会站着,不,都跑了,东倒西歪的一会儿都不消停。

(曹禺　译)

译文2:算来也有十一年啦;后来好就慢慢地会一个人站得直挺挺的,

还会摇呀摇的到处乱跑……

（朱生豪 译）

译文 3：

从那天到现在已十一年了；

那时她已经会站着了；是啊，凭着十字架起誓，

她已经会跑了，到处蹒跚着走；

（曹未风 译）

本例来自《罗密欧与朱丽叶》（*Romeo and Juliet*）。原文中的短语 by th'rood 具体指 swear by th'rood，意思是“对着十字架起誓”。在以上三个译文中，译文 1 和译文 2 省去了这一有着文化内涵的短语，只有译文 3 将这一短语直接翻译了出来，使源语中的文化色彩得以再现。

2. 转换法

由于不同民族的历史、生活地域、风俗习惯等各不相同，因此，对待同一个事物，不同民族也会有不同的理解和认识。有的事物在一种语言文化中有着丰富的内涵和外延，而且可以引起人们美好的联想，在另一种语言文化中却平淡无奇，毫无文化色彩。在翻译过程中，如果遇到这种文化差异，译者应采用变通的处理方式，也就是说，将源语中具有文化色彩的词语转换成译语中带有相同文化色彩的词语。例如：

laugh off one's head 笑掉牙齿

as hungry as a bear 饿得像狼

like a duck to water 如鱼得水

打草惊蛇 wake a sleeping dog

胆小如鼠 as timid as a rabbit

牛饮 drink like a fish

3. 译注法

有些原文是一些包含一定文化色彩的历史事件、人物、典故等。当译者在翻译这些词语时，可以先直译，再用增词和加注的方法对这些词语进行解释和说明。这样既可以保留原文的文化色彩，又可以方便读者理解。例如：

At home and abroad there is a strong dissenting view that sees the treaty as a new Munich.

（*New York Times*）

国内外一致提出强烈异议，认为该条约是一项新的慕尼黑阴谋协定。

The staff member folded like an accordion.

这个工作人员就像合拢起来的手风琴似的——不吭声了。

Of twelve adults adept at polysyllabic discourse who were polled recently, only three declared they could say February correctly, that is to pronounce the first as well as the second r… So February, not April, is the cruelest month. Thank Heaven it's now March.

(*New York Times*)

最近一次民意测验表明，在十二位擅长多音节词发音的成年人当中，只有三个声称可以正确地读出“二月”(February)一词，即能够发好第一个和第二个 r 音……因此，应该说最残酷的月份是二月而不是四月。谢天谢地这会儿已到了三月。

注释：出自艾略特的长诗《荒原》中的开篇诗行：“四月是最残酷的月份……”原诗描述了四月对万物产生近于残酷的催生作用，此处为典故活用。

(《中国翻译》1997 年第 1 期)

4. 意译法

很多时候，两种语言的表达方式与文化背景有着很大差异，译语中没有相应的词语来表达源语中有文化色彩的词语，并且其他方法也不能翻译出原文的文化色彩。此时，译者就只能使用意译法进行翻译。意译即不考虑源语的语言形式和字母意思，在译语中采用跨文化的“对等”词表达出源语的文化信息。需要指出的是，这里的跨文化“对等”严格意义上仅是文化的相似。也就是说，这种翻译可能会出现源语文化意象的缺损。例如：

It is a Greet gift to you.

这是图谋害你的礼物。

原文中的 Greek gift 来自希腊神话中的“木马计”，意思是“图谋害人”。如果将这句话按照字面意思翻译成“这是给你的希腊礼物”，会让汉语读者无法理解。

“芹儿呀，你便狠狠地说他一顿……还打发个人到水月庵，说老爷的谕：除了上坟烧纸，若有本家爷们到他那里去，不许接待……”

(《红楼梦》第九十四回)

“As for Chin, you must give him a good talking to… And send word to Water Moon Convent that, on the master's order, they're not to receive young gentlemen from our house except when: they go to sacrifice at one of the grave there…”

(杨宪益、戴乃迭 译)

在我国,“烧纸”是一个古老的习俗,通常人们会以这种方式祭祀亡灵。英语 sacrifice 一词可以表达汉语中“烧纸”的意思。这里如果将“烧纸”直译为 burn pieces of paper,将会失去“祭祀”的文化特征。

5. 音译法

有些源语文化中特有的物象在译语中为“空缺”或者“空白”。此时仅能用音译法将这些特有的事物移植到译语中。这样不仅保存了源语文化的“异国情调”,而且吸收了外来语,丰富了译语语言的文化。例如:

People considered that what he had played on that occasion was no more than a Judas kiss.

人们认为他在那种场合所表演的不过是犹大之吻。

《新英汉词典》将 Judas kiss 翻译成“奸诈,口蜜腹剑,阴险的背叛”。这样意译并无错误,但过于平淡,失去了源语的文化色彩,所以,可以用半音半译的方式翻译成“犹大之吻”更加生动形象。再如:

武夷茶 bohea

秀 show

色拉 salad

刮痧 gua sha

锅盔 Guokui

炒面 Chow Mein

酷 cool

馄饨 Wonton

普洱茶(云南) Pu'er tea

汤圆 fansyuan

磕头 kowtow

八卦 ba gua

糍粑 Ciba-made of potatoes

瑜伽 yoga

蹦极 bungee

董酒 Dongjiu(wine)

烧卖 Shaomai

Michael Jordan 迈克尔・乔丹

Phiosophy 菲洛索菲

Penicillin 盘尼西林

Travis 特拉维斯

Muse 缪斯
Hippie 嬉皮士
Johnson 强生
Lansing 兰辛
Lymph 淋巴
Mousse 摩丝
Jupiter 丘比特
Vitamin 维他命
Disney 迪士尼
Simmens 席梦思
Prometheus 普罗米修斯
Trojan horse 特洛伊木马
L'Oreal 欧莱雅
a Pandora's box 潘多拉盒子
Adams Smith 亚当·斯密
Colgate 高露洁
Chop suey 中国菜的炒杂碎
Coca-Cola 可口可乐
aspirin 阿斯匹林
Sony 索尼
sauna 桑拿浴
hacker 黑客
Disco Bar 迪吧
clone 克隆
nylon 尼龙
AIDS 艾滋病
Benz 奔驰
Ford 福特

6. 图表法

所谓图表法，是指运用图表对复杂的事物的内在关系进行对比，最后进行阐释的方法。这种方法比较简明，也容易理解，能够对事物内在的关系进行清晰的阐释。例如，莱尔在对“压牌宝”这一西方的游戏规则进行翻译时就采用了图表法，具体阐释如下所示：

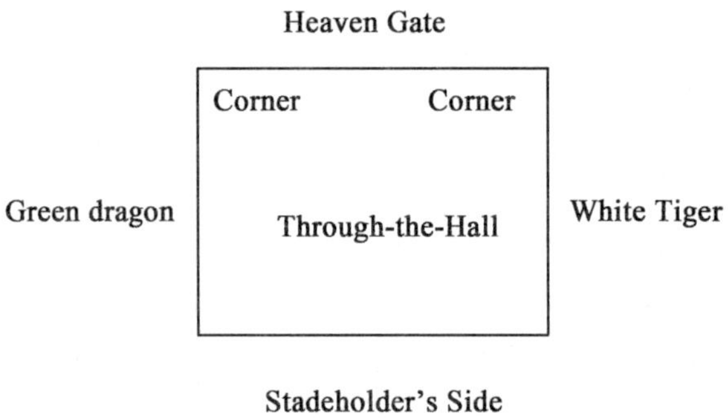

Heaven Gate

	Corner	Corner	
Green dragon	Through-the-Hall		White Tiger

Stadeholder's Side

运用图表法能够让目的语读者对译语文本中的文化信息有一目了然之感，进而理解也就非常容易了。

7. 零译法

零译法是一种前卫的、新颖的翻译法。与传统的直译法、意译法、音译法等方法相比，这一方法往往比较省时、省力，也容易让目的语读者理解和把握。在翻译中，译者应该对这一方法进行恰当的运用，从而更好地促进两种语言与文化的发展。

例如，iPad 一词的出现就是典型的例子，采用零译法，直接用 iPad 来表明，不仅能够准确理解原本的科技术语，还有助于目的语读者接受该事物。当然，类似的例子还有很多。

HR 人事部门

DVD 激光视盘

FAX 传真

DNA 脱氧核糖核酸

EQ 情商

B 超 B 型超声诊断

IT 信息技术

CEO 首席执行官

VS 对阵

VIP 要客

3M 一种机械产品

8. 改写法

所谓改写法，是指对目的语中已经存在的妙语进行改造，并运用到译文之中。其与转换法的区别在于，转换法是直接运用目的语中的与源语相同含义的词汇或句子，而改写是在其基础上进行改造。例如：

Anger is only one letter short of danger.

译文1：生气离危险只有一步之遥。

译文2：忍字头上一把刀。

上例中，译文1是采用意译法直接翻译出来，读起来通俗，可以说译文1是没有错误的，但是并不优美、文雅。这就不能体现出译者的文采。而译文2采用了习语“色字头上一把刀”，对其进行改造，翻译成“忍字头上一把刀”，即读起来给人一种文字游戏的感觉，也更能凸显“忍”的作用，是对原作很好的传达。

9. 省译法

省译法，顾名思义就是对其中的一些内容进行省略。具体而言，译者在进行翻译时，需要对特定不必要的内容进行省略。例如：

三十六计，走为上计。

The best stratagem is to quit.

显然，译者在对上述成语进行翻译时，由于句子的重要含义在于后者，因此对于前者进行了省略。

二、大学英语翻译教学的实践

（一）策略运用翻译教学实践

教学任务：本案例选取斯坦福大学校长于2001年9月21日开学典礼上的致辞，要求教师能够根据短文，运用一定的策略对加粗部分的长句进行翻译教学，使学生掌握英语长句的翻译技巧。

教学形式：小组、个人、师生互动

教学流程：

（1）教师首先展示以下翻译文段。

For each of you, this moment is the beginning of a new chapter in your life. **Let it also be a moment you remember as the initiation of your journey into the larger world, a time when you consider your role as a citizen and what your future contribution might be.**

You will not be expected to undertake this intellectual journey on your own. We have an exceptional faculty and staff, dedicated to the search for knowledge and understanding, who will support and encourage you in your journey.

I hope you are proud of the accomplishments that have brought you to this important transition in your lives. I know that all of you have worked hard to get here, but let me also acknowledge the contributions of your parents, family members, teachers, mentors and friends who have supported you on your road to Stanford. Without them, the journey here would have been more difficult and less rewarding. In recognition of the tremendous support and encouragement you have received from these important people in your lives, let me invite our new students to show their appreciation with a round of applause.

Students, I urge you to pursue your journey at Stanford with vigor. I hope that this beautiful campus will provide an ideal space for contemplation and inspiration to aid you in that journey. **And I hope that you will find an intellectual pursuit that excites you and engages you so much that it will keep you up at night and get you out of bed early, even on the weekend!** I hope that you find a passion that matches your own talents, so that you may discover, as I did, something that you can pursue for the rest of your life with enthusiasm and joy. (何少庆,2010)

(2)文章展示完毕后,教师可选出其中的三个重点长句(如上述加粗部分),让学生进行翻译。翻译时,可让学生首先根据翻译方法进行独立思考,然后将学生分成4~6人的小组进行讨论。其间,学生可利用工具书或一定的翻译策略,如猜词策略尝试着进行翻译。

(3)通过独立思考和小组讨论,学生呈现各自的翻译成果。教师从这些翻译结果中挑选出最具有代表性的翻译。例如:

①让它成为一个你能记住的,使你的旅程开始进入更大的世界,一个你认为作为一个公民未来贡献可能的作用。

②我希望你们对自己的成绩感到自豪,而这种自豪会带你到生活中重要的过渡。

③我希望你们能找到知识的追求,激发和让你从事,以至于让你甚至在周末都熬夜、早起。

(4)展示完学生的代表性翻译后,教师可首先让学生对自己的翻译进行自我评价,并提出翻译中遇到的困难,然后将学生的问题进行汇总和点评。

(5)从上述译文中可以看出,部分翻译不够准确,存在语序上的错误,并且译文也没有达到"雅"的要求。对此,教师可分析每句的句子成分,使学生掌握句子成分之间的逻辑关系，从而对原句形成一个正确的理解，并给出参考译文：

①希望你们记住这一刻：从此刻起，你们的旅程将踏入一个更加广阔的世界；从此刻起，你们也要开始考虑你们作为一个公民未来需要做出的贡献。

②我希望你们为自己的成就感到自豪，这些成就把你们带到人生中重要的转折点。

③我也希望你们能找到知识的追求，激励你们，使你们沉醉其中，使你们在深夜苦读，早起学习，即使周末也不例外！

(6)参考译文呈现以后，教师可要求学生对照参考译文找出自己译文中的不足之处，并找出产生这些问题的原因，加以改进，并在日后的翻译训练中加以注意。

分析：本案例首先提供语境，并以个人独立思考、小组讨论、师生互动的方式探讨加粗句子的翻译。随后通过对比参考译文和学生翻译，发现学生在翻译语序上的问题，以及学生对 larger，transition，engage，keep up 这几个词翻译存在较大差异。对此，教师一方面应当鼓励学生在翻译长句时使用一定的翻译技巧，并对句子成分进行深入分析，避免翻译中的语序错误；另一方面，教师应当指导学生通过上下文语境分析选择比较符合文章意义的词语，提高学生的翻译能力。

(二)“小组合作”翻译教学实践

教学任务：从语言特征分析英语新闻标题的翻译。

教学目的：使学生了解新闻的语言特征，并通过语言特征分析英语新闻标题的翻译，再通过此类训练，使学生胜任一般性英语新闻标题翻译工作，并在翻译过程中有效地获取英文资讯，增长见闻，熟悉英语语言文化。

教学形式：小组、个人、师生互动

教学流程：

(1)翻译教学进入正题之前，教师首先提出为什么要学习英语新闻标题翻译的问题，然后要求学生进行讨论，最后进行总结归纳。

(2)展示、分析新闻标题的语言特点。教师首先用幻灯片展示几组新闻标题和一般英文表述的对比，如图 9-1 所示。让学生分组讨论，并指出二者之间的区别。在此期间，教师可对学生的讨论、发言进行点评和总结，并根据以上分析，进一步探讨英语新闻标题的特点，以及在时态、语态等方面和一般英文的差异。

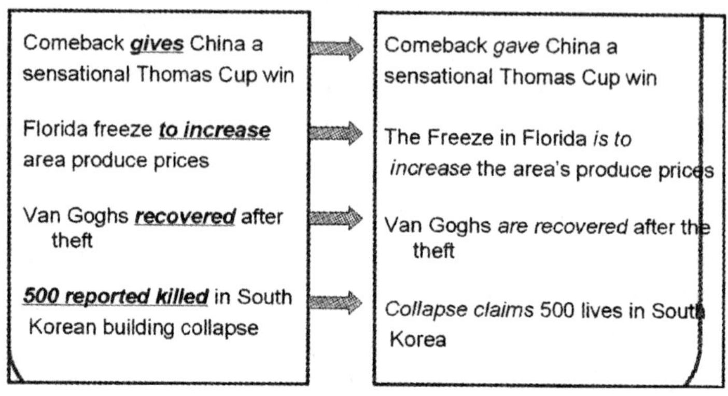

图 9-1　新闻标题和一般英文对比示意图

通过观察对比，可做出如下总结：

①英语新闻标题一般言简意赅、传神达意、时效性强。

②英语报纸、杂志的新闻标题多采用现在时态，一般不用过去时态、过去完成时等时态，以使读者阅读时有置身其中的感觉。这种存在于新闻中的现在时被称为“新闻现在时”。

③英语新闻标题中的动词常用一般现在时、现在进行时和将来时。

④英语新闻标题中常省略系动词等。

(3)分析总结完英语新闻标题的语言特点以后，教师可结合例子讲解其翻译技巧或注意事项。例如：

Comeback gives China a sensational Thomas Cup win.

中国队反败为胜荣获汤姆斯杯。

(4)举例讲解完成后，为了巩固学生的认识，教师可更深一步地讲解上述三种时态在新闻英语中的体现以及翻译，并再次举例讲解，以加深印象。

(5)时态讲解完毕后进入语态讲解。英语新闻标题中的动词表示被动语态时，被动语态结构“be＋过去分词＋by”中的 be 和 by 经常被省略，只剩下过去分词在标题中直接表示被动意义。例如：

Van Goghs recovered after theft

梵·高名画窃而复得。

需要指出的是，英语新闻标题只有在事件或动作的接受者比执行者更加重要时才会使用被动语态，以强调宾语，引起读者注意。

(6)语态讲解完毕后，教师可组织学生分组讨论英语新闻标题中的省略现象。首先，教师可通过 PPT 给学生提供一组中文新闻题目，让学生进行讨论和翻译，同时，要求每个小组派一名代表陈述标题中的省略现象：冠词省略、系动词省略、助动词省略、连词省略、人称关系代词的省略、语法引导词的省略等。

(7)省略现象讲解完毕后，新闻标题翻译教学进入最后一个环节——探讨标题翻译中缩写词的使用情况。首先，教师可将几个词的首字母加在一起合成一字，并全部用大写字母书写，代替一组冗长复杂的词或词组。缩写词的使用既可节省版面标题词数，又能更好地提示新闻内容，简洁易记，同时减少版面编排的沉闷之感。教师展示完毕后，可要求学生列举一些身边常见的缩写语，并讨论英语新闻标题翻译中经常出现的三类缩写词。

①职业、职务或职称的缩略词翻译，如议员(MP)。

②组织机构等专有名称的缩略词翻译，如全国政协(CPPCC)。

③常见事物名称的缩略词翻译，如艾滋病(AIDS)。

最后，教师可要求学生课后收集每个类别的中英文缩写词，并在下一堂课上选取部分同学的作业进行展示。

分析：本教学实践以英语语言特点为切入点，探讨了英语新闻标语的翻译。在整个教学活动中，学生一直带着任务去做一些资料的收集工作，并在小组内进行交流和讨论，学生在完成任务的过程中学习到了新的知识。教师在讲解、指导的同时，鼓励学生运用语言知识分析具体问题，成功营造了一种自主、探究、合作与交流的课堂氛围，增进了学生和教师之间的沟通交流，锻炼了学生的思考能力和翻译技能。

第十章 大学英语文化教学的理论阐述及方法运用

语言与文化是密不可分的，可以说语言学习的过程就是文化学习的过程，语言与文化相互制约、相互促进。所以，在大学英语教学中开展文化教学，能有效弥补单纯语言教学的不足，促进大学英语教学的发展，而且与大学英语教学的目标：培养学生运用英语进行跨文化交际的能力相符。本章将对大学英语文化教学的理论与方法进行论述。

第一节 大学英语文化教学的理论阐述

一、大学英语文化教学的现状

（一）受应试教育的影响

应试教育是我国教育体制中由来已久的一种教育方式。受应试教育的影响，我国传统大学英语教学主要是让学生通过英语四、六级考试，这也是衡量英语教学成果的主要标准。不可否认，英语四、六级考试对于大学英语教学具有重要的意义，但是四、六级考试将英语文化知识的考核抛之于外，注重考核语言知识，而忽视文化知识的教授和人文素养的培养。所以，应试教育无限放大了语言学习的工具价值，忽视了语言承载的文化精神。①

大学英语文化教学受多种因素的影响和制约，因此，为了提高大学英语文化教学的效率，培养学生的文化意识和跨文化交际能力，有必要对大学英语文化教学进行改革与优化。

（二）文化教材缺失

教材是教师在教学过程中的重要依据，但从我国目前的文化教学现状

① 陈桂琴.大学英语跨文化教学中的问题与对策[D].上海：上海外国语大学，2014：135.

来看，我国文化教材缺失正是导致文化教学效果不佳的重要原因。具体来说，我国文化教材中的大部分文章都是科技性或说明性的，而真正关于西方国家思维方式、风俗习惯等方面的文章很少。我们知道，学生只有对西方国家的风俗习惯等有深入的了解，才能在自身的跨文化交际中更加注意，因此，这方面教材的缺少显然对学生文化意识和思维能力的培养不利。

（三）学生的学习主动性不足

受传统教学观念的影响，我国学生对教师都具有很强的依赖性，即便是大学生也是如此，往往是教师在课堂上教授什么，学生就学习什么。学生已经习惯于课堂上这种灌输式的教学方式，很少主动去翻阅文化书籍来扩充自身的文化知识。可以说，学生学习的主动性不足且不善于获取相关文化知识，是导致我国英语文化教学效果不好的重要原因。

二、大学英语文化教学的内容

（一）国内外对文化教学内容的研究

1.国外学者的研究

20世纪40年代，弗里斯(Fries)及其学生拉多(Lado)开始分析文化对语言教学的积极影响。弗里斯从语言教学的立场出发，认为文化内容应该融入外语教学。他指出，在各个阶段的语言学习中，有关民族文化和生活方式的文化教学内容都是不可或缺的部分，它不仅仅是实用语言课的附属成分，也是语言教学的总目标。

拉多指出，语言是文化的一部分，教好语言的前提是掌握语言的文化背景，习得文化的规则与模式，从而保证能够正确、得体地进行交际。依据不同的文化教学目的，拉多将文化教学分成以下三个层面的内容[①]：

(1)初级意义单位，这些单位因文化和语言的不同而不同，教师对于这部分应该重点讲解其文化内容以及所选词汇和成语的隐含意义。

(2)虚假定式，即关于目的语文化的刻板印象，如果本族人对目的语文化的形象是虚假定式，教师就要用正确的信息替代它们。

(3)伟大成就，学生用自己的眼睛看到目的语文化成员心目中的英雄，

---

① 魏朝夕.大学英语文化主题教学探索与实践[M].北京：中国农业科学技术出版社，2010:9.

这样才能使学生真正学好一门语言。

海姆斯(Hymes)在乔姆斯基(Chomesky)的“语言能力”概念的基础上提出了“交际能力”概念。海姆斯认为,交际能力不仅包括语言形式规则,还包括语言使用的社会文化规则。因为交际教学法主张依据语言的内容而不是结构来安排教学,所以,交际法可以促进社会文化因素和教学活动进行自然的融合。这样可使学生在交际练习的过程中独立理解行为中的社会文化规则,也就是交际文化。海姆斯的这一观点给外语教学界注入了新的活力,也给外语教学专家指出了新的观点,引导他们将外语教学的主要目标转移到跨文化交际人才的培养上,使他们注意到外语教学不仅应该关注语言方面的内容,还应该向学生传授所学语言国家的文化。

2. 国内学者的研究

对于文化教学内容的研究,我国学者大致分为单一型观点和综合型观点两个派别。

(1)胡文仲、浦小君、束定芳和刘爱真等学者持单一型观点。他们认为,文化教学的主要目的是使学生学会地道的英语,提高学生的交际能力,使其能在英语国家的文化背景之下恰当得体地进行英语语言交际。对此他们指出,文化教学的内容就应该以英语文化为主,越是扎实掌握了英语国家的历史、文化、传统、风俗习惯、生活方式等,就越能恰当地使用这一语言。

(2)许国璋、张伊娜和刘长江等学者持综合型观点。他们认为除了英语文化,母语文化也是英语文化教学的重要内容。这主要源于以下两点:第一,英语教学是一种国际语言教学,英语学习者不仅需要和英语语族者进行交流,在更多的情况下需要和以英语为非母语的人进行交流,也就是要实现双语文化的交叉交际,因此,对英语文化缺乏了解,就有可能导致交际冲突的出现;第二,随着我国与各国往来的频繁,英语语言越来越注重其应用功能。

(二)我国大学英语文化教学的内容

结合国内外学者对英语文化教学内容的研究,可以将我国大学英语文化教学的内容总结为以下几点:

1. 语言文化

语言文化主要包含三个层面:语音层面、词汇层面、语法层面。

(1)语音层面

在语言的要素中,语音是一项重要内容。一种语言的语音的发出,不仅能够保证人们运用该种语言进行交际，还能够彰显交际者的文化特征。因此，语音是文化的体现，也必然成为大学英语文化教学的一项内容。

例如，一般美国人说话往往会带有明显的鼻音，并且习惯于缓慢拖长音，而相比美国人的话语，英国人一般不具有这一特点。对这些语音文化的了解，有助于帮助人们辨别发话人的文化背景，从而保证交际的顺利进行。

(2)词汇层面

在不同语言的词汇中，包含着明显的该民族的文化信息，是对该国家、民族社会文化生活的反映。词汇中有很多的习语、典故、谚语、成语等与文化有着密切的关系。例如：

a feather in your cap 荣耀或者值得荣耀的事情

上述是一则习语，这则习语与印第安人的习俗有关。当印第安人杀死一个敌人的时候，往往会在自己的头饰或者帽子上插一根羽毛，预示着自己的荣誉和胜利。再如：

the touch of Midas 点金术

上述是一则典故，出自希腊神话。希腊酒神巴科斯(Bacchus)想报恩于国王迈达斯(Midas)，因此，赋予国王迈达斯一种超强的神力，这一强大的神力可以让其接触的任何东西都化成金子，结果导致和他接触过的儿女也都化成了金子，后来国王迈达斯不得不取消这一神力。

可见，这些词语有着深层的文化内涵，如果不了解，必然会闹出笑话。因此，教师应该将这些词汇的相关文化背景知识介绍给学生，使其对这些文化内涵有深层的了解，从而真正地体会这些词汇的含义。

(3)语法层面

语法是组成句子、语篇的规律，是语言表达方式的小结。文化背景不同，其语言表达方式也存在明显差异。

在英语中，衔接手段是非常重要的，而语法在其中起了重要作用。相比之下，汉语中一般不使用衔接手段。例如：

冬天来了，春天还会远吗？

译文 1：Winter comes，spring is far behind?

译文 2：If winter comes，can spring be far behind?

上例中，汉语原文中并没有使用衔接手段，如果英语中也不使用，那么就很难让英语读者理解。而译文 2 运用 if 一词使两个句子中的关系表达得更为清楚、明白。

因此，在大学英语文化教学中，教师应该让学生注重挖掘语法中承载的文化信息，引导学生通过学习语法来理解英美文化的特点，从而避免错误的出现。

2.非语言文化

非语言文化也是大学英语文化教学的重要内容。在跨文化交际中，语言文化可以传递一定的文化内容，而非语言文化和行为也能够表达一定的思想感情和传递一定的文化信息。需要指出的是，这些非语言文化需要放在一定的语境中才能奏效。

在大学英语文化教学中，教师应该对这些非语言交际行为有足够的重视，将其传授给学生，防止出现交际失误。但是，在教学过程中，教师需要注意以下三点问题：

(1)有些非语言行为是某一文化中特有的。例如，将胳膊置于胸前，并且握紧拳头、拇指向下摆动，意味着对某人某事持有反对的态度；食指向上，并收拢四指、摇动食指，意味着不允许某人做某事或者对别人做错事的一种警告。

(2)相同的非言语行为，其代表的意义不同。例如，某人发出“嘘”声，英语中所代表的意义是“要求安静”，而汉语中的意义是“责骂，反对”；当一个人目不转睛地看某人时，英语中认为这是“不自在，不礼貌”的，而汉语中认为这只是表示“惊讶，好奇”；当一人拍他人的脑袋时，英语中代表着一种“鼓励，钟爱”，而汉语中如果是大人对孩子的动作表示一种“疼爱”，如果是对其他人则会引起他人的反感。

(3)相同的意义，但是运用的非言语行为不同。例如，如果某人吃饱了，英语国家的人往往会“一只手或两只手来拍打自己的肚子”，而汉语国家的人则往往会“一只手放在自己的喉头，手指伸开，手心向下”；一人喊某人过来，英语国家的人往往会发出“手伸向他人，手心向下，并且手指弯曲几次”的动作，而汉语国家的人往往会“手伸向他人，手心向上并握拳，食指弯曲几次”。

3.物质文化

物质文化是与人们生活息息相关的文化，主要涉及衣、食、住、行等层面的知识。但鉴于篇幅限制，这里主要从饮食上进行说明。

在饮食上，英汉文化存在明显的差异。

(1)在座位安排上，一般西方人习惯于交叉安排，并且以女主人的座位为基准，主要宾客坐在女主人的右前方，而宾客的夫人坐在男主人的右前方。在中国，座位的安排一般根据职位来定，便于彼此之间的交谈，若夫人出席宴会的话，往往都会安排在一起，便于交流。

(2)在餐具摆放上，西方人一般正面放汤盘，左手边放叉子，右手边放刀子，汤上放有汤匙，再前方放有酒杯。餐巾一般会放置在空酒杯里。但是中国并没有这些约束。

(3)在上菜顺序上，西方人一般是面包、汤类、各色菜肴、布丁、红茶或咖啡。如果宴会正式性更强，那么就会更加丰盛。但是，中国的上菜顺序没有过多要求。

除了这些之外，各国的饮食文化还有很多，这里就不一一列举。在大学英语文化教学中，教师应该让学生对这些内容有一个清晰的了解，避免出现笑话，引起不必要的麻烦，保证交际的顺利进行。

4.观念文化

在大学英语文化教学中，观念文化是非常广泛的，其内容包括：价值体系、科学技术、地理、历史、艺术、文学、哲学等层面的知识。下面以地理、历史知识为例进行说明。

文化的传承往往会受到一个国家地理、历史的影响。例如，英语国家的人们(以英国为例)往往依靠海洋和以捕鱼为生，这是因为该国家四面环海，人们为了生存不得不依靠海洋资源。中国是农业大国，人们以农业为生。因此，对这些地理、历史知识的了解，有助于了解和分析其发展演变的过程，使文化的深入学习更加有据可依。

在大学英语文化教学中，教师应该加强对观念文化知识的传授，避免产生误解。教师可以引导学生增加自己的阅读量，如给学生多推荐一些人物传记、纪实性的篇章、纪录片、欧美音乐等，从而让他们不断积累知识，开阔眼界。

5.制度文化

制度文化知识涉及政治制度、法律制度、经济制度、生活习俗、礼仪等。

文化背景不同，其语言习惯和行为方式也存在差异，这就要求教师引导学生对人类的行为方式有所了解。例如，在日常的交往中，英语国家的人们喜欢谈论地理位置、天气等话题，而将工资、年龄、婚姻等当作禁忌。在接受礼物时，西方人习惯当面拆开，并对礼物进行赞美，而中国人往往不会当面拆开，认为这是不礼貌的。

这些都是社会习俗的内容。除此之外，其他制度文化知识也非常必要。因此，在大学英语文化教学中，教师需要将制度文化知识引入教学中，利用影视剧等将生活、工作、娱乐、学习等清晰地展现给学生，让学生能够在交际中更加得体地运用语言。

总之，大学英语文化教学可以将学生学习英语的积极性激发出来，随着文化知识积累的丰富，对语言文化、非语言文化、物质文化、观念文化、制度文化知识的了解，学生对语言学习也更加深刻和透彻，从而提升英语水平。

6. 交际文化

除上述内容外，交际文化也是大学英语文化教学的重要内容。下面对此进行具体说明。

(1)寒暄

中国人初次见面时常常会问及对方的年龄、工作、家庭情况等，如“你今年多大了”“你是做什么工作的”“你结婚了吗”等问题，有时也会表现出对对方的关心，如“你好像瘦了，要注意身体啊”“你脸色不太好，是不是不舒服”等。在平日的寒暄中，中国人则通常会说“去哪啊”“吃饭了吗”等，表示对对方的关心。但是对于西方人来说，如果他听到“吃饭了吗”会以为对方是在请他吃饭，从而容易产生误会。

西方人见面寒暄时往往不会谈论个人的年龄、收入、家庭情况、住址、信仰等问题，因为这是个人的隐私。他们常常讨论的话题是天气，这是因为英国的天气变化无常，有时一天中甚至会出现犹如四季的变化，这导致人们对天气产生了一种特殊的感觉。总之，学生在跨文化交际过程中应多了解这些不同的文化背景，避免涉及个人隐私问题而引起别人的反感。

(2)关心

在跨文化交际中，中国人有时会出于善意去关心对方，这在中国人看来是很自然也是会令人感动的事情。然而，由于文化差异，这样的举动可能会惹得西方人不高兴，从而造成不必要的误解。请看下面两个对话及其区别。

A(中国人)：Put on a sweater. Otherwise you'll get a cold.

B(中国人)：Ok，Mom.

A(中国朋友)：Hi，it's so cold today，why do you only have a T-shirt? Aren't you cold?

B(美国外教)：I'm fine.

在上述第一个小对话中，中国学生自然而然地接受了妈妈的关心，并及时给予回应。在第二个小对话中，中国学生提醒朋友多穿衣服，这也是根据中国传统文化的习俗，表达了自己对朋友的关心。但是，这样的关心对于美国人来说显然是让人难以接受的，因为在西方，人们崇尚个性独立，穿衣打扮是一件非常私人的事情，穿多少、穿什么都是个人自己的意愿和选择，如果被提醒多穿一点，就意味着自己不能自立，这会使得西方人很尴尬。可见，由于文化的不同，本来是出于善意的关心反而被误解为“不能自立”，这样显然背离了交际的初衷。

(3)客套

在表达客套这方面，中国人一般很注重形式，讲究礼仪，重视表象；而西方人多是直线性思维，讲求效率和价值，没有过多的繁文缛节。

这里我们以打电话为例进行说明。中国人在打电话时常常用下面的话作为开头：

“请问您是谁？”

“喂，您好。麻烦您请××接电话。”

而西方人在打电话时通常是以下面的方式开头：

“Is that ×× speaking?”

“Could I speak to ×× please?”

此外，西方人在接电话时通常先说明自己的身份或号码。例如：

“Hello,375692405.”

“Hello,this is Tom. Could I speak to John,please?”

(4)答谢

别人对我们表达感谢时，出于礼貌，我们通常需要答谢，以维持良好的人际关系。在答谢方面，中西方也表现出了明显的文化差异。具体来说，中国人在答谢时往往会说：“不用客气”“别这么说”“过奖了”“这是我应该做的”等，以表示谦虚。但如果与西方人交往时这样回答“It's my duty”就违背了初衷，因为“It's my duty”的意思是“这是我的职责所在”，是不得不做的。

此外，中国社会推崇“施恩不求报”的美德，因此人们在答谢时往往推脱不受，对受惠者给予的物质回馈或金钱奖励也常常当场拒绝，实在无法拒绝而收下时也会说“恭敬不如从命”。

西方人对待别人感谢之词的态度与中国人有很大的不同，他们常常会说“Not at all.”“It's my pleasure.”“Don't mention it.”或“You're welcome.”在收到物质回馈或金钱奖励时也往往高兴地接受，他们认为这是对自己善举的肯定和尊重。

(5)迎客

中国自古以来就是礼仪之邦，因此，非常重视礼仪。当有尊贵的客人来访时，主人通常会出门远迎，在见面时会采用握手礼或拱手礼。在一些较为庄重的场合甚至要行鞠躬礼。问候语也有很多。例如：

“欢迎！欢迎！”

“别来无恙？”

“您的到来令敝舍蓬荜生辉。”

“与您见面真是三生有幸!”

西方人除了在外交场合会出门远迎客人外,在一般的场合都没有这种习惯。此外,西方人多采用握手礼,在一些庄重的场合还要行拥抱礼或吻颊礼。问候语则通常是“How are you?”或“Glad to see you again.”

(6)道别

与迎客时相同,在道别时,中国人也常常会远送。客人和主人互相说些叮嘱的话。最后,客人通常会说“请留步”,主人说“走好”“慢走”“再来”等。“送君千里,终须一别”就表达了主人与客人间依依惜别的情形。

而西方人在道别时并不会如此注重形式,双方示意一笑或作个再见的手势或说“Bye”“See you later”“Take care”即可。

(7)宴请

宴请是一种常见的社会现象,但由于文化不同,不同地区会产生不同的宴请方式。具体来说,中国人历来重视礼仪和形式,讲求礼尚往来,在受到别人的帮助后,出于感谢会请客吃饭。宴席举办前会发请帖以示尊重和敬意。宴席之日,东道主会在门口亲自迎宾。宴席开始后,席间的客套话也是此起彼伏,如“略备薄酒,不成敬意”等,主人向客人们敬酒,客人们回敬。此外,中国人十分好面子,重名声,因此,宴席往往会尽力操办,追求气派。近年来,整个社会倡导厉行节约,反对铺张浪费,带动人们珍惜粮食,得到从中央到民众的支持,并引发了一场“光盘行动”。这有利于节约资源、保护环境,有利于弘扬中华民族节约的传统美德,推动社会进步的正能量。

西方人在进行宴请前通常会向客人发出电话或口头邀请,将具体的时间、地点和活动内容等说清楚,并请求对方给予答复。西方人认为没有说明时间、地点和活动内容的邀请就不是真正意义上的邀请,非常重视对方的回复。受邀者通常也会明确拒绝或爽快答应,并表示谢意。

此外,西方人在安排饮宴时更看重饮宴现场的情调。他们会进行精心地布置,选择静谧温馨的、新颖奇特的或是热烈火爆的场所。饮宴的形式多以自助餐、酒会、茶话会等为主,客人们十分随意,没有过多的客套话,主人也仅会说一句“Help yourself to some vegetables,please”,此后客人便可以自由吃喝。在饮宴结束离开时,也只是轻握一下手或点头示意即可。

由上述分析可见,我国大学英语文化教学的内容是非常广泛的。但由于我国学生的学习时间和精力是有限的,因此,教师应该对文化教学的内容进行取舍。简单来说,教师应该选择实用性强并且容易掌握的内容进行教授,如英美国家的历史、地理、习语文化、思维方式等。

三、大学英语文化教学的目标

（一）学者观点

1. 国外学者的观点

诺斯特兰（Nostrand）等人针对文化教学目标设计了一套方案，目的在于使学生不单单了解文化事实，更要学会分析、对比不同的文化。

基于诺斯特兰的研究，西利（Seelye）对文化教学的目标进行了扩充。他认为，英语文化教学的目标是使学生获得一种对英语文化的理解力、文化态度，以及可以在英语环境中得体地处理文化冲突。

2. 国内学者的观点

我国很多学者都对大学英语文化教学的目标进行了研究，这里介绍以下几个具有代表性的观点：

（1）胡文仲、高一虹认为，对于我国学生而言，外语教育的目标不仅仅是工具性的，也不仅仅是为了让学生学会并掌握生存的交际技能，更不是为了将中国学生变成西方人，而是从总体上提高学生的社会文化能力。

胡文仲、高一虹把外语教学目标分为三个层面：微观层面、中观层面和宏观层面。其中，微观层面的外语教学目标是交际能力；宏观层面的外语教学目标是社会文化能力，即运用已掌握的知识、技能对社会文化信息进行有效的加工，使人格向更能充分发挥潜能的方向发展的能力。社会文化能力具体由语言能力、语用能力与扬弃贯通能力组成。此外，高一虹认为文化教学重要的是将跨文化能力与人的素质培养这一整体教育目标有机地结合起来。

（2）陈申在《外语教育中的文化教学》中指出，文化教学的目标应当是培养学生的文化创造力。他认为，文化创造力是指外语学习者在跨文化交际的实践中，掌握并熟练运用外国语言文化知识，在与母语文化相互作用过程中产生的一种创新能力。文化创造力是一种主动从外国文化的源泉中摄取新东西的能力，是学生的一种能动性。[①] 另外，陈申从语言与文化的关系之间存在动态发展的观点出发，认为从长远的角度看，文化教学除了是语言教

---

① 魏朝夕. 大学英语文化主题教学探索与实践[M]. 北京：中国农业科学技术出版社，2010：8.

学的重要目标，更是帮助学生获取文化创造力的手段。

(3)张伊娜在《外语教育中跨文化教学的重点及其内涵》中也阐述过与高一虹类似的观点。张伊娜认为，工具观的文化教学重点在于扫除那些难以用语言来理解的文化障碍，忽略对形成价值观念取向影响至深的文化命题。因此，张伊娜提出应把文化教学从狭隘的工具观中解放出来，并将其上升为外语教育培养目标的组成部分，从而在文化教学中不仅帮助学生学习、掌握外语，同时，帮助学生形成符合时代和社会要求的世界观、价值观和价值体系。

（二）大纲规定

我国的《高等学校英语专业英语教学大纲》在教学要求上按级划分，每学期为一级。其中，对英语专业教学中的文化教学提出了以下要求：

(1)入学要求：有较扎实的汉语基本功；掌握基本的数理化知识；对中国文化有一定的了解；对英美等英语国家的地理历史和发展现状有一定的了解。

(2)二至八级的要求：熟悉中国文化传统，具有一定的文化艺术修养；熟悉英语国家的地理、历史、文化传统、风俗习惯；具有较多的人文知识和科技知识；具有较强的汉语口头和书面表达能力；具有较强的创新意识和一定的创新能力。

四、大学英语文化教学的原则

遵循科学的原则可使大学英语文化教学更加有序、有效地开展，所以，大学英语文化教学应遵循以下几项原则：

（一）以学生为中心原则

学生是教学的主体，在英语教学中具有主体地位，文化教学也不例外，需要坚持以学生为中心原则。教师在文化教学中要充分尊重学生的主体地位，有意识地引导学生对语言与文化进行感受与领悟，体验文化，同时，注意学生自主学习能力的培养，使学生完成知识与意义的内在建构。

（二）以理解为目标原则

文化理解指的是“学习者以客观、正确的态度看待、理解母语文化和目的语文化，并能以得体的行为方式与非本族语者进行跨文化交际”。只有正确地理解自身以及他国文化，才能更好地进行跨文化交际。因此，英语文化教学应当坚持以理解为目标的原则。在教学过程中，教师可以采取分析或解释目的语文化等手段，帮助学生了解两种文化间的差异以及产生差异的根源。此外，对教学进行评价时，教师需要考虑学生对目的语文化的共情能力，而非一味地关注学生对非本族文化的排斥或接受情况。

（三）对比性原则

英语文化教学需要遵循对比性原则。具体来说，教师要注意引导学生对两种不同文化（母语文化与目的语文化）进行对比分析，找出两者的异同。对比性原则对于学生学习文化知识具有重要的意义，主要体现为以下几个方面：

（1）通过文化对比，能使学生更好地理解与把握英语国家的文化，如价值观、思维方式、生活习惯、人生观等，找出与母语文化的不同之处，进而提高学生的文化理解能力。

（2）通过文化对比，引导学生将母语文化带入目的语国家文化，学会对两种文化进行区分，辨别其中的可接受文化与不可接受文化。

（3）通过文化对比，能使学生对不同文化有更深层次的理解，在此基础上进行交际，从而减少跨文化交际障碍。

（四）分别组织原则

英语文化教学应遵循分别组织原则，也就是根据具体情况分别组织不同的活动。英语跨文化活动通常有大型集体活动、小组活动以及个人活动三种类型。个人、小组以及大型集体活动相互影响、相互作用。大型集体活动的效果取决于小组活动的质量，小组活动的效果又取决于个人活动的质量。教师在组织英语跨文化活动时，应合理安排这三类活动形式，使三者相互配合，最终提高跨文化教学的效果。

需要注意的是，在三种类型的活动中，小组活动最为常见。教师应结合学生的英语水平、个人兴趣将其分为不同的小组，如表演小组、会话小组、戏剧小组等，以使学生的个人才华得到充分发挥。

（五）实用性原则

英语文化教学要坚持实用性原则，也就是教师对于文化知识的讲解，应考虑学生所接触的语言内容、日常交际活动，确保具有关联性。例如，对于商贸专业的学生，应注重讲解商贸英语文化；对于法律专业的学生，应注重讲解法律英语文化；对于新闻专业的学生，应注重讲解新闻英语文化。

（六）传授式与体验式相结合的原则

在英语文化教学中，传授式教学和体验式教学是常用的两种教学模式。

传授式教学模式主要是讲授知识技能，多采取讨论、讲座等方法，旨在提升学生的认知理解能力，掌握语言知识与文化知识。传授式教学也存在不足之处，即学生一般是被动地接受知识，很少有机会进行实践。

体验式教学模式是以学生为中心的一种教学模式，通过创设真实的跨文化交际情景，使学生切身感受、体验、认知和实践文化知识。这一模式能很好地弥补传授式教学模式的不足。

在具体的教学过程中，教师要根据教学情况，将上述两种教学模式结合起来使用，确保教学中既有语言与文化知识的讲解，又有促进认知、培养实践能力的模拟活动、角色扮演等。

（七）重视课外活动原则

虽然文化教学受到越来越多人的重视，但毕竟课堂时间是非常有限的，教师在有限的时间内要进行语言基础知识和技能教学，还要留有足够的时间与学生进行互动，开展各种教学活动，因此，真正进行文化教学的时间就更少了。但这并不代表教师放弃文化教学，相反，教师应当充分利用课外时间，将课堂教学与课外教学进行有机结合。例如，教师可以充分利用文化教学内容丰富多彩的特点，在课外组织丰富多样的实践活动，如英语角、英语晚会、读书活动、配音比赛等，帮助学生在巩固语言知识的同时，不断积累文化知识。

（八）及时总结原则

在英语文化教学中，要坚持及时总结原则，以及时发现并改正问题。因此，在英语文化教学中，坚持总结原则是非常重要的。无论是哪种活动形式，在活动结束之后，教师都要及时进行分析与总结，发现所取得的进步与问题，找出问题的原因，从而为以后跨文化教学活动的开展做好充分的准备。

（九）适度原则

英语教学中强化文化性应坚持适度原则，主要体现在两个层面：

首先，语言教学中要讲解文化知识，并不意味着忽视对语言知识的讲授，在教学中仍旧需要坚持语言教学为主、文化教学为辅的方针。

其次，文化教学中运用的教学材料、采用的教学方法都应做到适度。适度的教学材料是指文化教学材料要能代表某一国家的主流文化，而不是其特殊文化或个体文化。适度的教学方法是指教师应努力创造更多机会，让学生进行自主学习与探究。

（十）趣味性原则

根据克拉申（Krashen）的“情感过滤说”，在传统的课堂上，由于教学形式、教材、课堂气氛等都存在一定的不足，学生的“情感过滤层”易于升高，容易产生紧张焦虑的情绪，这样他们接受可理解性语言输入时就没有足够的空间。与之不同，在参加跨文化教学活动的过程中，学生的“情感过滤层”降低很多，便于对可理解性语言的吸收。可见，保持趣味性对学生的语言学习非常有利。在文化教学中，教师应确保活动具有趣味性，具体体现为活动内容丰富、形式多样，富有竞赛性、娱乐性、创造性。教师应努力为学生营造英语学习的氛围，使学生在耳濡目染中提高学习效果。

（十一）循序渐进原则

英语学习并非一朝一夕就可以完成的，而是要经历一个漫长的过程。教师应意识到这一点，在组织文化教学活动时坚持循序渐进原则，由易到难，先简后繁。在刚开始组织跨文化教学活动时，教师应给学生设置较为简单的活动。随着活动的逐渐开展，可采用各种不同形式，并适当增加活动的难度。学生通过完成各种任务，进而增强自信，获得成就感。如果一开始活动的难度就比较大，学生容易产生自卑心理，这显然不利于学生的身心发展。

（十二）因材施教原则

学生跨文化能力的培养需要从学生现有的文化体验出发，通过对母语文化与目的语文化进行对比，从而提高学生的文化意识。因此，学生的思维、价值观、世界观和文化体验等在大学英语文化教学中发挥着重要的作用，它们是语言和文化教学的基础。在大学英语文化教学中，教师应针对学生的特点、个性、学习风格、学习基础等选用合适的教学方法因材施教，并尊重学生的个人体会、价值观念、思想情感等，不能对学生持有轻视、否定及批评的态度。

第二节　大学英语文化教学的方法运用

有效地开展文化教学，并培养学生的文化素养并非易事，还需要教师选择恰当的教学方法，并加以合理运用。本节将对大学英语文化教学的常用方法进行详细论述。

一、影视欣赏法

影视作品涉及社会生活的方方面面，包含着大量文化信息，为学生进行自主学习提供了丰富的资源。在欣赏影片的过程中，学生可以身临其境，感受大量有声与无声、有形与无形的社会文化知识。正如一句谚语所说："一幅图画胜过千言万语。"电影就是这样一种让我们轻松愉悦地学习西方社会文化的手段。那些以社会变迁和发展为主题的纪录电影，其直观的画面与所要教授的文化内容一一呼应，能使学生获得更直观的体验和感受，这比从书本上学的知识更让人难忘。

二、文化对比法

学生要想丰富文化知识，提升文化意识，首先需要有扎实的语言基础。不仅如此，在熟练掌握英汉双语的基础上，学生要深入学习语言层面的文化差异，这是顺利进行文化学习的前提。这里主要从词汇、句子和语篇层面介绍英汉语言文化差异。

（一）词汇文化差异

词汇是语言的重要组成部分，也是语言的基本材料，没有词汇就无法表达思想。很多词汇中往往蕴含着丰富的文化内涵，学生对此要多加学习。

1. 象征意义

受文化差异的影响，中西方很多词汇在象征意义上有很大差异，这在数字词、色彩词、动物词、植物词上体现得尤为明显。换言之，在不同语言中，同一概念可能被赋予了不同的象征意义。例如，英语的 red 与汉语的"红"虽然均可以象征喜庆、热烈，但英语中的 red 还可以表示脾气暴躁，如 see red，而汉语中并无这一象征意义。

2. 联想意义

无论是英语中还是汉语中，均有很多比喻性词汇，如成语、典故、颜色词、植物词等。这些词生动、形象，并且具有鲜明的联想意义，被赋予了特定的民族文化特色。

尽管有不少英汉词汇的本体可以相互对应，但是也有一些词汇具有在另一种语言中不同的联想意义，或缺少相对应的联想意义。例如：

beard the lion 虎口拔牙

black sheep 害群之马

as timid as a rabbit 胆小如鼠

3. 情感意义

在英汉语言中，有一些词汇虽然字面意义相同，但是有着不同的情感意义，也就是说，词的褒贬含义不同。例如，英语 peasant 一词从历史上来看具有明显的贬义色彩，指的是社会低下、缺乏教养等一类的人。与汉语的"农民"一词虽然字面意义相同，但情感意义不同。因为汉语中的"农民"指从事农业生产的劳动者，被视为最美的人，具有明显的褒义色彩。所以，汉语中的"农民"一词译为英语中更为中性的 farmer 更合适。

（二）句子的文化差异

1. 中西句子重心差异

在句子重心上，英语句子一般重心在前，汉语句子则与之相反，即重心在后。也就是说，英语句子一般将重要信息、主要部分置于主句之中，位于句首；而汉语句子一般把重要信息、主要部分置于句尾，而次要信息、次要部分置于句首。有这样一个传说，清朝末期，湘军头领曾国藩围剿太平军的时候，接连失败，甚至有一次差点丢了性命。于是，他向朝廷报告战事时说："屡战屡败"，翻译成英语即为"He was repeatedly defeated though he fought over and over again."但是他的军师看到了这一点，立即将其改为"屡败屡战"，即"He fought over and over again though he was repeatedly defeated."

从字面上看，这两句话中用了同样的词，只是更改了语序，含义却大相径庭。"屡战屡败"说明曾国藩一直失败，丧失信心，只能如实向朝廷奏报，甘愿领罚；而"屡败屡战"则说明曾国藩是一个效忠朝廷、忠肝义胆的汉子，虽然遭受了多次失败，但是仍不气馁，应该受到朝廷的褒奖。显然，从汉语层面来说，前一句的重心在于"败"，后一句的重心在于"战"，而且，正是由于军师巧妙的更改，不仅保全了曾国藩的面子，也救了他的性命。因此，在翻译成英语时，也需要注意重心的问题，即"屡战屡败"重心在于 he was defeated，而"屡败屡战"的重心在于 he fought。

这个例子非常典型，也说明了中西语言重心位置的不同。具体来说，中西句子重心的差异主要体现为如下三点：

(1)原因和结果

在英语句子中，人们往往将结果视作句子的主要信息、主要部分，因此，置于句首，然后再对原因进行分述，是一种前重后轻的思维方式。相比之下，汉语句子恰好相反，人们往往先陈述具体的原因，结尾部分才陈述结果，是一种前轻后重的思维方式。如同中国的戏剧，总是用最精彩的部分压轴，似乎在中国人看来，如果开头就说出或演出精彩的部分，那么就会锋芒毕露，压不住阵脚。例如：

We work ourselves into ecstasy over the two superpowers' treaty limiting the number of anti-ballistic missile systems that they may retain and their agreement on limitations on strategic offensive weapons.

两个超级大国签署了限制它们可保留的反弹道导弹系统的数目的条约，并达成了限制进攻性战略武器的协议，因此，我们感到欣喜若狂。

显然，原句中的 We work ourselves into ecstasy 是整个句子的结果，原因是 the two superpowers'… 从结构上，英语原文将结果置于句首，然后陈述原因。而汉语译文将“我们感到欣喜若狂”这一结果置于最后，前面是对原因的陈述。再如：

生活中既有悲剧，文学作品就可以写悲剧。

Tragedies can be written in literature since there is tragedy in life.

显然，从汉语原句分析，前半句为因，后半句为果，我们不能将两个半句对调过来。而英语句子中要想将两个半句连接起来，必须借助于连词，因此，since 的出现就满足了这一效果，即将结果置于前端，然后解释用 since 引出原因。

(2)结论与分析

英语中常见复合句，在这些复合句中，往往将结论置于前面，分析置于后面，即先开门见山，陈述实质性的东西，然后逐条进行分析。在汉语中则非如此，往往先逐条分析，摆出事实依据，然后得出最终的结果，给人以“一锤定音”之感。例如：

The solution to the problem of Southern Africa cannot remain forever hostage of the political maneuvers and tactical delays by South Africa nor to its transparent proposals aimed at procrastination and the postponement of the solution.

译文 1：南部非洲问题的解决不能永远成为南非耍政治花招和策略上采取拖延手段的抵押品，也不能永远成为提出明显是在拖延问题解决的抵押品。

译文 2:不管是南非要政治花招与策略上采取拖延手段，还是提出明显是在拖延问题解决的建议，都不能永远地阻止南部非洲问题的解决。

揭穿这种老八股、老教条的丑态，展示给人们看，号召人们反对老八股、老教条，这是五四运动时期的一个伟大功绩。

译文 1:Its public exposure of ugliness of old stereotype and the old dogma and its call to the people to rise against them were a tremendous achievement of the May 4th Movement.

译文 2:A tremendous achievement of the May 4th Movement was its public exposure of the ugliness of old stereotype and the old dogma and its call to the people to rise against them.

英语属于形合语言，因此在短语、句子中都会有连词来进行连接，句中存在明显的主从关系，也可以从一般句子结构中看出修饰关系。第一个例句属于一个长句，其中 The solution to… forever hostage 属于整个句子的主要成分，之后用介词 to 引出两个次要成分，对上面的主要成分进行解释，这样保证了整个结构的清晰。但是，如果按照英语句子模式翻译汉语，就会让目的语读者读起来拗口。显然，译文 1 读起来就让人费解。原文的意思是，采取政治花招也好，采取拖延手段也好，都不能阻挡解决南部非洲问题。The solution to… forever hostage 表明了一种决心，一种愿景，因此，汉语应该采用倒译法，译文 2 就是比较好的翻译。

另外，汉语属于意合语言，因此，在短语、句子中往往可以不出现连接词。汉语中非常复杂的复句并不多见，往往以单句的形式呈现，句子间的关系通过逻辑可以判定。例如，在第二个例句中，"揭穿这种老八股、老教条的丑态，展示给人们看"与"号召人们反对老八股、老教条"是两个并列成分，中间并没有采用连接词来连接，其意思与最后半句"一个伟大功绩"这一独立分句的意思等同。这在汉语中属于一种常见现象，先摆出具体的论据，最后得出结论。但是，如果这样翻译成英语就很难让读者理解了，译文 1 就显得头重脚轻，这在英语中是所避讳的。相比之下，译文 2 就显得更符合英语的语言习惯，是比较好的译文。

(3)假设与前提

在英语复合句中，假设置于前提之前，作为主句出现；但是相比之下，在汉语复合句中，一般前提置于假设之前。例如：

The United States could be effective in both the tasks outlined by the President—that is, of ending hostilities as well as of making a contribution to a permanent peace in the Middle East—if we conducted ourselves so that we could remain in permanent contact with all of these elements in the equation.

如果我们采取行动，便于能够继续与中东问题各方保持接触，那么我们美国就能有效地承担起总统提出的两项任务，即在中东结束敌对行动与为这一地区的永久和平做出贡献。

小国人民敢于起来斗争，敢于拿起武器，掌握自己国家的命运，就一定能够战胜大国侵略。

The people of a small country can certainly defeat aggression by a big country, if only they dare to rise in struggle, dare to take up arms and grasp in their own hands the destiny of their own country.

在表达假设上，英语句子往往比较灵活，但是重心是不会发生改变的，始终置于主句之上。在第一个例句中 The United States could be effective in both the tasks 是一个假设，充当了整个句子的主句，处于重心的地位，后面的是对这一假设的解析，属于条件句。因此，英语句子是前重心句子。相比之下，在表达假设上，汉语句子的语序往往比较固定，如第一个例句中按照汉语句子的特点，译文先将条件列出来，再摆出假设条件；第二个例句按照英文句子的特点，译文先将假设列出来，然后对前提条件进行列举。

2. 中西语序差异

语言是一维的，而世界属于三维立体，因此，人类对三维客观世界的反映就出现了表达的顺序问题，这就是语序。作为语言的一项重要组合手段，语序指的是各级语言单位在进行组合时产生的排列次序，其不仅反映语言使用者的思维模式，还反映逻辑层面的顺序，体现出人们在使用语言时所形成的语言习惯。也就是说，语言是由思维决定的，而思维的顺序、结构与语言的顺序、结构呈现对应关系。

一般来说，英语民族的思维模式是：动作的主体—主体动作—动作的客体—动作的标志，因此，其在语言层面表现为：主语＋谓语＋宾语＋状语。相比之下，汉语民族的思维模式是：动作的主体—动作的标志—主体动作—动作的客体，因此，其在语言层面表现为：主语＋状语＋谓语＋宾语。可见，中西思维方式对中西语序产生了重要影响，尤其体现在修饰成分的位置上。例如：

Lily went to Beijing from Tianjin by train.

思维模式为：

动作的主体：Lily

主体动作：went to

动作的客体：Beijing

动作的标志：from Tianjin by train

而表达相同的含义，汉语的句子为：

莉莉从天津坐火车去了北京。

思维模式为：

动作的主体：莉莉

动作的标志：从天津坐火车

主体动作：去了

动作的客体：北京

(1)语言形态差异

从语言形态学考量，语言可以划分为两种：一种属于综合型语言；另一种属于分析型语言。前者的主要特征是语序非常灵活，后者则相对固定。

从总体上说，英语属于分析型语言，但是很多英语句子既包含分析，又包含综合，因此，本书认为英语是分析与综合参半的语言。相比之下，汉语的分析型成分占主要部分，因此，汉语语序较为固定。在汉语中，句子的主谓语序为正常语序，即主语位于谓语之前，这就意味着中国人使用倒装句是非常少的。当然，英语中也有一些与汉语类似的情况，但是英语中会使用大量的倒装句，尤其是在一些商务文体里面，这些倒装句的使用频率要比汉语多得多。这里就以倒装句为例来分析中西语序的差异。

Had I known that we would be walking the sixteen blocks from the Bank to the convenience store, I would have worn more comfortable shoes.

如果我知道我们从银行到便利店要走 16 条街道的话，我会穿更舒服的鞋子。

从这一例句可以看出，中西语言在主谓语序上存在明显的差异，具体而言表现为两点：一是动词移位的差异；二是是否注重末端重量的差异。

首先，在英语中，动词是可以移位的。这可以在英语陈述句与疑问句的转换中体现出来。相比之下，汉语中并不存在这一点，也就是说汉语中陈述句与疑问句转换时，位置不需要移动。例如：

She is Lily's mother.（陈述句）

Is she Lily's mother?（疑问句）

她是莉莉的妈妈。（陈述句）

她是莉莉的妈妈吗？（疑问句）

其次，有时为了实现某些语义需要，动词需要移位。在英语中，一些话题性前置的现象非常常见，尤其是表达否定意义的状语的前置现象，即将助动词置于主语之前，形成主位倒装句式。但是在汉语中，这种语法现象是不存在的。例如：

Rarely have I heard such a rude word from Tom.

我很少从汤姆那里听到如此粗鲁的话。

最后，有时为了凸显语势，或者使描写更加生动，导致动词发生移位。在英语中，这种现象称为“完全倒装”，这种倒装是为了满足修辞的需要产生的，因此，又可以称为“修辞性倒装”，即将谓语动词置于主语之前，以此来抒发强烈的情感。例如：

In came the Mayor and the speech began.

市长走了进来，然后开始讲话。

在末端重量层面，英语是非常注重的，这可以从如下两点体现出来：

首先，英语中句尾应该放置分量较重的部分，再按照先短后长的顺序来组织句子，汉语则与之相反。例如：

Inscribed on the wall are the names of those who left their homes in the village to travel to the United States.

那些离开村子里的家、去美国旅行的人们的名字被刻在了墙上。

其次，英语中，当主语或宾语属于较长的动名词、名词性从句、不定式等成分时，一般将这些长句的主语置于句子后半部分，主语用 it 来替换。但是在汉语中，并不存在这种语法现象。例如：

It is very easy for me to pass the wooden bridge.

对于我来说，通过那个独木桥是非常容易的。

(2)扩展机制差异

所谓的扩展机制是指随着思维的改变，句子基本结构也呈现线性延伸，因此，又可以称为“扩展延伸”。如果从线性延伸的角度考虑，中西采用不同的延伸方式，英语采用顺线性扩展延伸机制，而汉语采用逆线性扩展延伸机制。

顺线性扩展延伸是从左到右的扩展，即 LR 扩展机制(L 代表 left，R 代表 right)。英语句子的延伸，其句尾是开放性的。例如：

Steven has a dog.

Steven has a dog which looks like the cat.

Steven has a dog which looks like the cat that stayed on the tree.

逆线性扩展延伸是从右到左的扩展，即 RL 扩展。汉语句子的延伸，其句首是开放的，句尾是收缩的。

以上三句话用汉语语序表达为：

斯蒂文有一条狗。

斯蒂文有一条长得像猫的狗。

斯蒂文有一条长得像待在那棵树上的猫的狗。

（三）语篇的文化差异

中西语篇文化差异主要涉及以下两个方面：

1.语篇衔接差异

语篇的衔接手段有两种类型：词汇衔接和语法衔接。在词汇衔接层面，英汉语言并没有太大的区别，而在语法衔接层面，二者的差异较大，下面主要是针对英汉语法衔接手段进行分析的。

(1)照应

所谓照应，指的是当无法对语篇中的某一个确定词语进行解释时，可以从这一个单词所指的对象中找到答案，那么就意味着这一语篇中形成了一种照应形式。从本质上而言，照应表达的是一种语义关系。

在汉语语篇中，照应关系也是随处可见的。汉语中不存在关系代词，但英语中有很多关系代词，尤其是人称代词。因而，汉语语篇通常会使用人称代词来表达英语语篇中所形成的照应关系。

在英汉语篇中，照应关系的类型是基本相同的，不过，二者使用这一形式的频率表现出很大的差异性。英语照应中使用人称代词的频率比汉语中要高，这与英语行文通常要求避免重复，而汉语多用实称有很大的关系。

(2)替代

所谓替代，即将上文中提到的内容使用其他形式进行代替，这是语篇衔接过程中经常采用的一种手段。在英语段落中，人们经常使用词汇来传达两个句子之间所形成的呼应关系。在英语语言中，替代的形式有很多种，常见的包括如下三种：

其一，名词性替代。

其二，动词性替代。

其三，分句性替代。

在汉语中，人们很少使用替代形式，因而典型的替代形式比较少见。通常，汉语中人们习惯对某一个词或某一些词进行重复，通过重复来实现句子与句子之间的连贯。另外，汉语中经常使用“的”的结构实现衔接。

英汉两种语言在替代方面的区别主要有下面两点：

其一，英语的替代手段比汉语要多。

其二，英语语篇中使用替代的频率明显比汉语高，英语常用的替代形式，汉语则多用重复、省略。

(3)连接

在语篇中,通过使用连接词、副词、词组等来实现语篇的衔接的手段即为连接。连接不仅有利于读者通过上下文来预测语义,还可以帮助读者更快速、更准确地理解句子之间的语义联系。英汉语篇在连接方面的差异主要表现为以下两点:

其一,英语连接词具有显性特征,汉语连接词具有隐性特征。

其二,英语的平行结构常用连接词来连接,而汉语中的衔接关系常通过对偶、排比等来实现。

(4)省略

所谓省略,顾名思义,就是将句子、段落、文章中某些可有可无的成分省略不提。在英语语篇中,人们经常通过省略实现语言凝练、简洁的目的。众所周知,英语语法的结构是十分严谨的,不管从形态上还是从形式上,使用省略这一方式不会引起歧义现象,因而英语语言中常常出现省略的情况,而汉语语篇在省略的频率上要大大低于英语语篇。

另外,英汉语篇对于省略的成分存在不同表现:英语语篇中不会省略主语,但汉语语篇中除了第一次出现的主语之外,后面出现的主语往往都可以省略。出现这种区别的原因主要是,汉语主语与英语主语相比较而言,其具有的控制力、承接力都更加强大。

2.语篇模式差异

(1)英语语篇模式

语篇段落的组织模式也就是段落的框架,即以段落的内容与形式作为基点,对段落进行划分的方法。通常而言,英语语篇的常见模式如下:

①叙事模式。这种模式是依据一定的时间顺序对时间发生过程进行记叙的一种语篇模式。它要求对叙事角度予以确定,通常采用第一人称或第二人称,同时,要将何时、何地、何事、何人、为何这几个方面的内容交代清楚。

②概括—具体模式。概括—具体模式多见于文学著作、社会科学、自然科学语篇中。著名学者麦卡锡(McCarthy)将概括—具体模式的宏观结构划分为以下两种:

概括与陈述→具体陈述 1→具体陈述 2→具体陈述 3→具体陈述 4→……

概括与陈述→具体陈述→更具体陈述→更具体陈述→……→概括与陈述

③主张—反主张模式。一般情况下,在主张—反主张模式中,作者先提出一种被广为接受或某些人赞同的主张或观点,并予以澄清,然后提出自己

的主张或观点，也就是提出反主张。

④问题—解决模式。问题—解决模式的程序是：首先说明情况，然后出现问题，随后做出反应，采取的反应可能解决了问题，也可能没有或没有完全解决，最后对此做出相应评价。但是，这些基本程序并非固定不变，其顺序一般会随机变动。

⑤匹配比较模式。该模式多见于对两种事物的异同点的比较。

这几种组织模式之间可以相互融合与包含。

从整体上来看，英语语篇模式主要有以下特点：

其一，语篇模式的展开一般是先综合，再分析，从一般到特殊。

其二，语篇展开分析非常注重理性和形式，结构一般比较严谨，层次清晰，语篇的重心位置以及焦点往往是固定的。

(2)汉语语篇模式

英汉语篇中的叙事模式、主张—反主张模式基本相同。而汉语语篇的段落组织模式也有其自身的特点，主要体现为以下两个方面：

第一，汉语语篇段落的重心位置与焦点虽然通常出现在句首，但有时可能会出现在段尾。例如：

你将需要时间，懒洋洋地躺在沙滩上，在水中嬉戏。你需要时间来享受这样的时刻：傍晚时分，静静地坐在海港边上，欣赏游艇快速滑过的亮丽风景。以你自己的节奏陶醉在百慕大的美景之中，时不时地停下来与岛上的居民聊天，这才是真正有意义的事情。

在本例中，段落的重心与焦点是“真正有意义的事情”，位于段尾。

第二，汉语语篇的段落组织重心和焦点有时并不直接点明，甚至可能没有焦点。例如：

坎农山公园是伯明翰主要的公园之一，并已经被授予绿旗称号。它美丽的花圃、湖泊、池塘和千奇百怪的树木则是这个荣誉的最好证明。在这个公园，您有足够的机会来练习网球、保龄球和高尔夫球；野生动植物爱好者可以沿着里河的人行道和自行车道游览。

第十一章　大学英语教学评价的理论阐述及方法运用

在大学英语教学的过程中，教学评价是最后一个环节，不仅能够对教学效果进行有效的检验，还能为教师提供及时的反馈，从而为教学方式的修正创造良好条件。可见，只有完成教学评价，整个教学流程才能形成一个完整的链条。本章将对大学英语教学评价的理论与方法运用进行阐述。

第一节　大学英语教学评价的理论阐述

教学评价是根据教学目标以及教学原则等要求，对具体的教学活动以及最终的教学成果进行价值判断的过程。它对于教师、学生以及整个教学都意义重大。本节将对大学英语教学评价的理论进行具体阐述。

一、教学评价简述

要想知道什么是教学评价，首先需要弄清什么是“评价”。“评价”这一概念是由泰勒(Tyler)提出的。对于评价的定义，不同的学者观点不同。但不得不说，从评价的定义被提出之日起，学者们就做出了评价和测试的区别。在很多学者眼中，评价是人类认知活动中的一部分，并且是非常特殊的部分，它能够揭示整个世界的价值，并对其进行创造与构建。将评价的理念运用到教学之中就形成了教学评价。对于教学评价，中外学者的观点可谓见仁见智，但总体来说可以归结为以下四种观点。值得注意的是，这四种观点都有自身的不足。

(1)教学评价是一种有系统性地去搜寻资料，以便帮助使用者恰当地选择可行的途径的历程。这种观点的优点在于强调了教学评价在决策层面的作用，其弊端在于很容易让人产生教学评价等同于教学研究的观念。实际上，教学评价与教学研究存在着差异，即研究目的与侧重的价值不同。在研究目的上，教学研究是为了获得结论，而教学评价是为了指导实践；在侧重价值上，教学研究是为了获取真知，而教学评价是为了获得价值。

(2)教学评价是一种将实际表现与理想目标进行比较的历程。这种观点认为教学评价内容、评价方法是对现实与预期的比较,具有较强的合理性。但是,这一观点过分侧重教学效果的评价,未考虑教学过程,而且这一评价观点较为宽泛,使测评者很难把控评价内容的主次,因此不可取。

(3)教学评价等同于专业判断。这种观点考虑到评价人员的主观性这一因素,认为教学评价的目的在于分清好与坏。但是,这一观点也是错误的、片面的,因为教学评价不仅是为了分清楚好与坏,还是为了找寻恰当的因素,对评价进行指导。

(4)教学评价等同于教学测验。这种观点是当前学者在教学测验的辅助下做出的认知。但是,教学评价与测验在本质上存在差异,因此,将二者进行等同是错误的、片面的。这存在两个层面的原因。第一,教学测验主要将数量统计作为重点,侧重于数量化,而如果有些教学事实不能做数量统计,那就不能称为教学测验,这恰恰违背了教学评价的定义。也就是说,教学评价不仅涉及数量分析,也涉及对事物性质的确定。第二,教学实验将对教学现状的描写作为重点,目的是获得客观事实,相比之下,教学评价将对教学情况的解释与评判作为重点。

显然,上述观点都有利有弊。笔者从这些观点中选取合理成分,对教学评价进行了界定,认为教学评价是基于教学这一对象,从教学规律、教学目的、教学原则出发,运用可行的技术和手段,来解释教学对象与目标的价值判断过程。

二、教学评价的分类

根据不同的划分标准,教学评价的类型也不同。根据评价的基准,教学评价可以分为绝对评价与相对评价。根据评价的分析技巧,教学评价可以分为定性评价与定量评价。根据评价的主体,教学评价可以分为自我评价与他人评价。此外,根据评价的功能,教学评价可以分为诊断性评价、形成性评价与总结性评价。就目前的情况来看,根据评价功能所进行的划分最具有说服力。下面从这一观点入手,对教学评价的分类进行详细说明。

(一)诊断性评价

教学评价中的诊断性评价是为了满足学生的需要,教师在课程开始之前对学生展开的情感、认知和技能等层面的评价。[1]

[1] 林新事.英语课程与教学研究[M].杭州:浙江大学出版社,2008:219.

诊断性评价的目的是在对学生的基础知识、基本能力有所了解的基础上，为教学提供必备资料，从而对学生的真实情况和问题进行诊断，以便为解决问题做好准备。

诊断性评价是在教学开展之前进行，这主要是为了测试学生的基本语言能力，并通过测试的结果，对学生分门别类进行安置。有时候，诊断性评价也可以在教学中进行，目的是检测学生的学习问题和程度，确定阻碍学生某方面提升的因素。诊断性评价具有如下几个方面的作用：

(1)对学生进行安置。

(2)对学生的学习准备程度进行监测。

(3)对学生产生学习困难的原因有所了解和辨别。

(二)形成性评价

1967 年，斯克里文(G. F. Scriven)第一次提出“形成性评价”这个术语，后来，很多学者进行了扩展和补充。形成性评价又称为“过程性评价”，指的是在教学过程中，对教师的教和学生的学进行评价，从而了解教师的教学过程与学生的学习过程中存在的问题，评价教师的教学行为与学生的学习能力。

形成性评价的目的是对学生的学习情况进行改进，而不是对学生的成绩进行评定。对于教学过程而言，形成性评价非常重要，是一个持续性的评价。其涉及的内容也非常广泛，如评价学习行为、评价情感态度、评价学习心理、评价参与情况等。形成性评价能够对教学效果与学习情况有及时的了解，便于对教与学进行反馈。形成性评价的作用如下：

(1)强化学生的学习。

(2)对学生的学习起点进行确定，尤其是确定学生对内容的掌握情况，从而为下一阶段学习确立起点。

(3)为教师提供反馈信息，通过评价，教师可以获得教学反馈，从而更好地指导教学实践。

(4)对学生的学习进行改进，因为形成性评价反映出学生在学习中的问题和缺陷，所以，教师可以根据这一情况对学生进行指导和纠正，从而改进学生的学习。

实施形成性评价的手段有很多，主要包括以下几个类别：

(1)学习日志

学习日志与人们所熟知的日记不同。所谓学习日志，是指教师对学生日常学习过程所进行的记录，往往记录的是学生的学习行为和学习积极性。学习日志可以自己制订，也可以由教师制订，但是记录的过程是由学生自己完成的。

(2)学生自评

在形成性评价中，学生自评是一个常见的手段，也是非常重要的手段。这一评价方式符合以学生为中心。通过自评，学生能够将自身存在的问题挖掘出来，并努力寻求解决问题的方式。同时，教师可以了解学生的学习状态与效果。

自评的内容有很多，如学习态度、学习过程、学习努力程度、学习方式、学习成果等。在自评中，教师并不是放任自流，应从评价目的出发，为学生制订自评表。此外，教师可与学生沟通、讨论，了解与掌握学生的学习过程、学习态度与学习成果。

一般来说，自我评价的方式有两种：自评表、自我监控表。

自评表在自评中非常常见，有着非常高的效率，操作起来简单、方便。当课堂结束之后，教师可以将自评表发给学生，让他们针对本节课所学内容来进行自评。

自我学习监控表是对学生的学习过程进行监控的表格。在高校英语教学中，自我学习监控表也非常重要。具体而言，可以从如下几个步骤做起：

第一，在使用自我学习监控表之前，教师需要将用途、操作形式介绍给学生，便于学生能够轻松使用。

第二，在学习新单元之前，教师让学生根据自身情况，提前制订一个理想的学习目标，然后在自我学习监控表上填写好自己的预期目标。在学习中，学生可以对自己的学习进度进行监控。

需要指出的是，教师也不能撒手不管，而是需要参与其中，时刻提醒学生定时检查自己的目标与任务，为下一阶段的目标与任务提供指导意见。

(3)同学互评

在形成性评价中，同学互评也是一个非常重要的手段，这是因为学生与学生之间非常熟悉，也便于合作与沟通，避免产生尴尬。在同学互评中，合作与沟通是十分必要的因素，且由于学生不同，合作与沟通的方式与态度也不同。当第一次进行同学互评时，教师可以采取一些辅助方法。

需要指出的是，同学互评需要遵循一定的原则。例如，在评论他人时，不能主观臆断，应该做到有理有据。为了体现公平与真实，教师应该让多人来评价某一位同学，通过分析不同学生的评语，来决定学生的优缺点。

(三)总结性评价

总结性评价又称为“终结性评价”“结果性评价”，是在某一阶段或者某学期结束之后进行的评价。总结性评价的作用可概括为以下几个方面：

(1)对学生的成绩进行评定。

(2)证明学生某一阶段或某一时期的语言水平。

(3)为学生提供下一阶段学习的反馈。

(4)预测学生以后成功的可能性。

总结性评价具有以下几个方面的特点:

(1)就目标而言,总结性评价主要评价的是某一时期或某一阶段的教学情况,往往需要通过成绩来展现,从而为学生的下一步学习做铺垫。

(2)就评价内容而言,总结性评价具有较高的概括性,内容往往是知识、技能等的结合。

(3)就内容分量而言,总结性评价主要评价的是学生在某一时期或某一阶段对课堂内容的掌握情况,因此比较全面,分量较大。

在总结性评价中,测试是最常见的手段。下面重点对测试进行分析和探讨。

1.测试的概念

测试(test)又被称作"测验"。美国著名心理学家安妮·安娜斯塔西(Anne Anastasi)认为,测试其实是对行为样本进行的标准的、客观的测量。这一界定被认作是权威、公正的。就这一定义而言,测试主要涉及三个要素:

(1)行为样本。所谓行为样本,指的是对语言能力表现行为进行的有效的抽取样本活动。在测试中,受试者往往比较广泛,加之每个受试者有着自身的特点,所具有的语言能力也不尽相同。因此,测试无法涵盖受试者的全部表现,只能选择代表性强的样本进行测试,从而以这一检测作为依据,对受试者的语言能力进行评价与推测。

(2)客观的测量。所谓客观的测量,主要是对测量标准的强调,即标准是否与实际相符合。要想评定某一项测试是否具有客观性,可以考虑如下几点:

①测试结果的有效性如何?

②测试结果的可靠性程度如何?

③测试题目的难易度和区分度如何?

这三个指标是对一项测试质量是否过关的重要衡量因素。

(3)标准化的测量。所谓标准化的测量,指的是测试的展开、题目的编制、对分数的解析等要按照一套严密的程序展开。只有进行了标准化测量,才能保证受试者的测试结果更具有有效性与真实性。

2.测试的手段

根据不同的标准，英语测试的形式也有所不同，具体而言可以划分为如下几种：

(1)按照评分的方式划分。按照评分方式的不同，测试可以划分为如下两种：

第一，主观性测试。主观性测试的题型有很多，如翻译题、简述题、口试等，并且设计非常容易，学生可以自由陈述自己的观点与想法，这是对学生语言运用能力的考查。

第二，客观性测试。客观性语言测试的题型较为单一、固定，主要有判断正误、选择、完形填空、阅读理解等。学生只需要在相应位置做出答案即可，存在猜测的成分，因此，很难测量出真正的语言能力。

(2)按照测试的用途划分。根据测试的用途，可以将测试划分为如下几种：

第一，成绩测试。成绩测试主要是对学生所学知识的考查，通常包含随堂测试、期中测试与期末测试。这都是从教学大纲出发来设定的。一般来说，大学英语四、六级考试也属于成绩测试，因为这也是从教学大纲出发设定的。但是，大学英语四、六级考试也属于后面所说的水平测试。

第二，潜能测试。潜能测试主要用于评价学生的潜能或者语言学习天赋。潜能测试不是根据教学大纲来设定的，对学生掌握知识的多少也不在意，而是测试学生的发现与鉴别能力，可能是学生从未接触的东西。功能语言学在研究过程中主张使用预测法来了解语言运用情况。潜能测试是为了更好地发现学生的学习潜能，因此，可以在应用语言学研究方法的基础上提升潜能测试的科学性。

第三，水平测试。水平测试主要是对学生语言能力的测试，即主要测试学生是否获得了语言能力，达到语言教学的水平，决定学生是否可以胜任某项任务。水平测试与过去的教学内容和学习方式并没有直接的关联性。

第四，诊断测试。诊断测试主要是对学生语言能力与教学目标差距之间的确定，从而便于从学生的需求出发来设计题型。诊断测试主要是课程展开一段时间后对学生进行的一定范围的测定。通过评价学生这段时间的表现，确定是否学到了应有的知识，进而发现教学中的问题，改进教学，力图做到因材施教。功能语言学带有综合性，这种综合性和诊断测试有一定的联系。诊断测试通过对学生的学习情况进行分析，可以综合了解学生的语言学习情况和使用情况，便于日后教学的改进。

(3)按照学习阶段划分。按照不同的学习阶段，学习测试可以划分为如下四种，这是从一个学期来说的。

第一，编班测试。编班测试主要是为分班做准备的，是从学生入学考量的。通过进行编班测试，教师可以对学生的语言掌握情况加以了解，从而有助于教材的选择与安排。编班测试还会从学生的水平出发，将程度相似的学生编制在一起，进行统一化的指导，从而实现因材施教。由于编班测试对于学生的差异性要求明显，因此在题型设计时应保证连贯与全面。在编班测试过程中可以采用应用语言学中的调查法和比较法，从而提高编班的科学度。

第二，随堂测试。随堂测试是指在学生经过一段时间的学习后，对学生进行的小测试。这一测试一般时间短、分量少，形式多样。一般情况下，随堂测试的形式很多，如听写、翻译、拼写等。在题目设计时，应该保证适宜的难度。通过随堂测试，教师可以了解学生每节课的学习程度和语言使用情况，为日后教学改进打下良好的基础。

第三，期中测试。期中测试除了可以将教学大纲的要求体现出来，还会基于随堂测试，形成一定的系统。在进行期中考试时，教师往往会组织学生复习或者让学生自己复习，之后让学生参加统一考试。期中测试不仅让学生产生紧张感与阶段感，还能激发他们的独立思考，对知识形成一定的系统。

第四，期末测试。与以上三种相比，期末测试具有广泛的应用价值，也具有较长的时间跨度。一般来说，期末测试的目的如下：对学生某一时期的学习效果进行评价；促进学生系统地巩固知识；为下一学期的安排做准备。期末测试的题型应该从教学大纲出发，将本学期学生的学习内容反映出来，但是也不能完全照搬教科书，应该具有灵活性，从而更全面地检测学生的学习情况。

三、大学英语教学评价的内容

教学评价的内容具体包括对教师素质的评价、对学生学习的评价、对教学课程的评价、对教学过程的评价以及对教学管理的评价。

（一）对教师素质的评价

在教学过程中，教师处于主导地位，教师素质的高低对于教学效果、学生成长意义巨大。因此，评价教师素质与能力显得尤为重要。具体来说，对教师的评价主要包含如下几点：

(1)对教师工作素质的评价，包含教学质量、教学成果、教学研究、教学经验等。

(2)对教师能力素质的评价，包括独立进行教学活动的能力、独立完成教学工作量的能力等。

(3)对教师政治素质的评价，包含工作态度、遵纪守法、为人师表、教书育人、政治理论水平、参与民主管理、良好的文明行为、坚持四项基本原则等。

(4)对教师可持续发展素质的评价，包含教师发展的潜能、自觉求发展的能力、接受新方法与新理论的能力、本身的自学能力等。

(二)对学生学习的评价

学生是英语教学的中心，也是教学的主体。对学生进行评价是教学评价的主要内容。具体而言，学生评价涉及如下三种：

(1)学业评价。学业评价是从学科课程的目标与内容出发，对学生个体、群体展开的成果式评价。学业评价具有促进性、补救性与协调性。其一般以测量作为基础，对学生个体的学习进展情况加以反映，最后做出推断。

(2)学力评价。学力与发展观、人类观、学校观等有着密不可分的关系，受时代的影响，教育与学校的要求越来越高，这就导致学力也在发生改变，产生不同的学力观。就整体而言，人们对学力的认知有两大方向：一是强调学力是对技能与知识的掌握而形成的能力，二是强调学力是教学的结果，是后天形成的。因此，可以将学力定义为：学生在学业上所获取的结果。而学力评价可以对学生的学习能力、个体差异进行甄别，从而使不同层次的学生完成自己的学习目标。

(3)学生的品德与人格评价。这也是非常重要的，在英语教学中，对学生品德与人格的评价侧重于教学内容的思想性与科学性。

(三)对教学课程的评价

合理、科学的课程设置对于提升教与学的质量非常有帮助，因此，教学中也需要对课程进行评价。课程评价主要是对课程价值、课程功能的评价，但是为了更好地开展课程评价，需要考虑和了解如下三种模式：

(1)行为目标评价模式，是由学者泰勒提出的。这一模式的中心在于确定目标，从而在此基础上组织教学评价。泰勒认为，既定目标决定着教学活动的开展，而教学评价是判定实际的教学活动，从而根据反馈对教学进行改进，使教学效果与既定目标相接近。

(2)决策导向评价模式又可以称为“CIPP 模式”，是由著名学者斯塔弗尔比姆(Stufflebeam)提出的。这一模式的中心在于决策，是将背景知识、输入、过程、结果结合起来的一种评价模式。

(3)目标游离评价模式可以称为“无目标模式”,是由学者斯克里文(Scriven)提出的。斯克里文批判了泰勒的评价模式,并指出为了将评价中的主观因素降低,因此,不能在设计方案时明确将活动目的告诉评价者,这样评价的结果就不会受预定目标的制约。

(四)对教学过程的评价

在英语教学中,大多数评价对于教学效果都非常侧重,即学生的实际成绩。但是,大多数评价都忽视了教学的过程。因此,一些学者开始对形成性评价进行研究,并从中衍生出了对教学过程的评价这一新的评价。一般情况下,对教学过程的评价可从两个角度分析:一是对教学过程进行系统性评价;二是对教学过程中各个环节进行评价。

(1)对教学过程进行系统性评价。对教学过程进行系统性评价是指以某一节课作为教学内容或目标,对课堂开始之前、课堂开始之中、课堂后练习进行系统和整体的评价。

(2)对教学过程中各个环节进行评价。对教学过程中各个环节进行评价主要是对课堂之前的学习、课堂教学、课后的练习进行观测与评价。这样做的目的是引导教师关注和把握教学的各个环节,将各个环节视作重点。

(五)对教学管理的评价

除了对教师、学生、课程设置、教学过程进行评价之外,对教学管理进行评价也是教学评价的一项重要内容,很多教学评价中忽视了这一点。所谓教学管理,是指将教学规律、教学特点作为依据,对教学工作进行组织和安排。

对教学管理进行评价是对教学过程与结果的评价。通过这一评价方式,评价者可以挖掘出教学管理中的问题,并对其进行改进。在进行教学管理评价时,有两个层面的问题需要注意:

第一,对教学管理进行评价时,需要注意评价的内容不仅包含对课堂的管理,还包含对学校的管理等。

第二,对教学管理进行评价时,需要注意评价指标的合理性与科学性,即需要将教学规章、教学计划、教学步骤、教学检查等囊括进去。

四、大学英语教学评价的原则

在大学英语教学评价中,坚持一定的原则有助于更好地指导教学评价实践工作。根据这些评价原则，教师才能制订合理的评价方法和手段，才能真正做到与教学评价规律的结合。

（一）参与性原则

学习者是学习活动的主体，也是测试的主体，因此，学习者要参与到语言测试的设计和制订中。学习者参与其中能有效提高语言测试的真实性和有效性，同时，提高英语学习的热情，在参与的同时加强对自身英语学习过程的反思和总结，更有针对性地加强薄弱环节的训练，实现各方面的综合发展。

（二）多样化原则

语言测试不应是单一形式的，而应是多样的，其要尽力做到对学习者在学习过程中的各种表现，以及语言能力中的各种指标做到全面、真实的考察。教师可以根据不同的测试目的、作用选择不同的测试方式，可以是主观性测试，也可以是客观性测试，可以是诊断性测试，也可以是成绩测试。

（三）发展性原则

语言测试的最终结果并不能全部反映学习者在某一学习阶段的状态，语言测试的数据受多种因素的影响。发展性原则要求语言测试还要关注学习者在平时的教学活动中表现出来的学习热情、学习态度、活跃态度、交际能力等，学习者的学习过程和学业上的进步同等重要。

（四）效率性原则

注重效率是大学英语教学评价应当遵循的一个重要原则。影响大学英语教学评价顺利有效进行的因素主要有教学活动的设置、学生的配合、评价的方式等。

首先，课堂教学活动具有一定的目标，每一个教学环节都应围绕着课堂教学目标而进行。

其次，评价的整个过程都需要让学生理解，如让学生理解所采用评价方法的作用和操作方式。要让他们看到教学评价给他们的学习带来的切实的效益。只有让学生看到评价的实际效用，他们才会积极主动地配合。

再次，监控教学评价所采用的方法。这有利于方法的调整和具体操等，从而保证教学评价的作用充分发挥出来。

最后，教学评价要以学生自评为主，推动他们成为自主学习者；通过自评，学生能从学习目标完成的情况中发现自身存在的问题。

（五）目的性原则

大学英语教学评价并不是盲目进行的，而是有一定目的的。没有了目的性，大学英语教学评价也就从根本上失去了存在的意义。

学生应对教学评价的诸多方面有所了解，如教学评价的重要性、各种评价方式的操作和作用等。

教师对于各种评价方法的目的和预期的效果都应有所了解，不同评价方式的预期目标不同，适用的范围也不同，只有这样教师才能在诸多评价方式中做出正确的选择。

此外，教师在选择时应结合自己班级和课堂的具体情况，并且注意各项方法技巧的作用。

第二节　大学英语教学评价的方法运用

作为课堂教学的主体，学生有着不同的个性、学习能力及学习风格，这就需要教师根据学生的特点运用不同的评价方法。本节将对大学英语教学评价中常用的几种方法进行说明。

一、自我评价法

江庆心（2006）认为，“对学习过程和学习效果进行有效的自主检测与评价，是学生适时调整其自主学习各环节的必要前提，是提高自主学习效果的必要手段。”当然，自我评价并不意味着教师作用的减少，相反，在自主学习过程中学生更需要教师的指导和鼓励，教师需要积极参与学生的学习过程，尊重学生的学习需求与个性，适时地给予学生激励，注重培养学生的自主学习能力。总之，通过实现教、学、评三者的有机结合，培养学生的自我评价能力和自我反思能力，进而提高学生的自主学习能力，帮助学生成长为善于终身学习的学生，体现素质教育的要求。

（一）什么是自我评价

自我评价（self-assessment）这一概念源自以学生为中心的理念，这一评价手段为学生提供了学习成果的反馈，因此是自主学习不可或缺的一项重要方式。

所谓自我评价，是指学生参与到自身学习过程的评价与判断之中，尤其是对学习成果与成就的评价与判断。

自我评价要求学生对自己的学习策略、学习成果等定期进行回顾，对自己的学习进度进行检测。根据反馈的结果，学生要对下一阶段的学习进行调整。

当学生知道自身的学习目标与当前情况的差距后，他们会更加努力，调整自己的学习进度、学习方式，使自己的学习更加有效，也会使自己变得更加自律。

自我评价的运用并不仅仅出现在自主学习中。著名学者亨利·霍莱克(Henry Holec，1980)指出，自我评价在语言学习中非常重要，并且在整个评价过程中占有一席之地。自我评价在整个日常的英语学习活动中都有所体现。在教学中，教师与学生扮演着不同的角色，并通过这些不同的角色，承担着对语言学习任务进行评价的责任。学生自主决定评价的时间、内容、方法等，并根据评价结果，对自己目前的学习情况做出调整。而教师应该侧重于学生独立学习意识的培养，并为学生的自我评价提供帮助，给予学生心理上的辅助。

学者奥斯卡松(Oscarson，2002)对自我评价的优点进行了详细的罗列[①]：

(1)有助于促进学生的学习。

(2)有助于提升学生的自我意识。

(3)有助于扩大评价的范畴。

(4)有助于让学生对自己的学习目的有清楚的把握。

(5)有助于减轻教师的教学负担。

(6)有助于学生课后的自我学习。

阿法里(AlFally，2004)认为，这种学生自评或学生互评的方式，使得学习气氛更加活跃，使得学习环境更加具有挑战性，也使得课堂更加以学生为中心。[②]

哈里斯(Harris，1997)指出，自我评价不仅有助于调动学生的兴趣与积极性，还有助于他们对自己的学习任务加以把握，从而了解自身的优势，对自己的学习进行恰当的思考，争取在以后的学习中取得更好的成绩。

---

① 转引自刘建达.学生英文写作能力的自我评价[J].现代外语，2002，(3)：241-249.

② AlFally，I. The role of some selected psychological and personality traits of the rater in the accuracy of self-and peer assessment [J]. *System*，2004，(3)：407-425.

（二）自我评价的具体方法

近些年，随着自主学习与学习性评价的呼声越来越高，学生的自我评价备受关注。很多研究者对其进行研究并提出了一些具体的方法。下面就来介绍几种常见的方法。

1. 学习档案评价

学习档案评价法是当前应用较为广泛的评价方法。所谓学习档案评价法，是指对学生个体的各种信息进行收集。一般来说，其收集的内容具有多样性与动态性。

学习档案积累的材料代表的不仅仅是结果，还有学习过程与学习活动，其包含选择学习内容、比较学习过程、进行目标设置等。[①] 学习档案评价可以有效提高学生的自主学习能力，其主要包括以下内容[②]：

（1）自主设置目标

自主设置目标可以引导学生更为积极主动。目标是由学生自己设置的，这对于他们开展自主学习非常有利。[③]

目标设置是否具体，会对学生的学习动机产生影响。根据研究发现，设置近期学习目标的学生要比设置远期学习目标的学生的自主学习动机更为强烈。这是因为近期的学习目标一旦设定，会更加明显地体现为学生某些层面的进步，为学生下一步的学习指明具体的方向，也更容易让学生根据目标，检测自己的学习活动与学习过程。当然，设置的近期目标也不能太低，否则会影响学生的进步。

（2）自我评价报告

自我评价报告是学习档案的一个重要组成部分。自我评价的对象可以是学生学习行为的进展情况，也可以是学习行为的总体表现，或者是学习阶段的总结，这些都是自我评价的内容。学生学习档案的这一功能有助于学生促进自我反思，从而有助于学生进行自我评价。帮助教师对学生进行了解，这是传统评价方式无法做到的。例如，学生在分析自己的阶段性学习情

---

① 罗少茜.英语课堂教学形成性评价研究[M].北京：外语教学与研究出版社，2003：38.

② 刘梦雪.通过自我评价训练促进自主式英语学习的实证研究[J].疯狂英语，2009，(4)：54-57.

③ 庞维国.自主学习——学与教的原理和策略[M].上海：华东师范大学出版社，2003：55.

况时，撰写自我评价报告可以参照如下几个问题：

第一，近期英语水平是否有所提高？体现在哪些方面？

第二，在自主学习过程中遇到的主要困难是什么？如何克服的？

第三，在下一阶段的学习中将会面临哪些挑战？如何迎接？

在进行自我评价的过程中，学生可以评价自己某一方面的表现或者某一项任务的表现。教师在学生自我评价的过程中，可以为其提供一些评价标准。学生参与各项语言任务评价的过程也是一个学习的过程，学生可以参考一定的评价标准，对自己的语言任务与具体表现展开评价，然后通过反思，提升自身的语言技能。

(3)学习相关因素自我评价

自我评价除了对学习过程中知识、技能的掌握情况进行评价，还可以对学习过程中的情感因素展开评价，如学习态度、学习动机、学习风格等。这些方面的自我评价可以采取问卷形式。在教师的指导下，学生填写相应的问卷调查，积极主动地了解自身学习过程中的相关因素，对自己的学习策略展开调整，从而提升自身的学习动机与学习意识。

除上述内容外，学习档案中还可以包含如下内容：

(1)每周学生需要的英语资料。

(2)语法知识资料。

(3)教师测试的成绩记录。

(4)其他学习记录或者个人自主学习资料。

2.自我评价表

自我评价表(self-evaluation questionnaire)的设计可以采用量规(rubric)方式，也可以采用问卷调查表的形式。

(1)量规

量规是一种结构化的定量评价标准，往往是从与评价目标相关的多个方面详细规定评级指标，具有操作性好、准确性高的特点。

在评价学生的学习时，运用量规可以有效降低评价的主观随意性，可以由教师评，也可以让学生自评或同伴互评。如果事先公布量规，还可以对学生的学习起到导向作用。此外，让学生学习自己制定量规也是很重要的一个评价方法。

(2)问卷调查

问卷调查是通过提问题，让学生通过自己的实际情况进行判断，并做出回答。问卷调查表可以帮助学生通过回答预先设计好的问题来产生某种感悟，从而促使他们对自己的学习过程和学习结果进行重新审视和修改，提高他们的自主学习能力。

二、行为表现评价法

行为表现评价法的目的是评价学习者应用知识去解决问题和分析问题的能力。通俗地讲,如果想知道一个人能做什么,最好的办法就是让他做给你看。在外语教学中应用行为表现评价法的好处体现在两个方面:第一个好处在于,它更真实地反映了学习者的语言应用能力。外语学习的最终目的不是掌握外语语言知识,而是提高外语交际能力。只有通过基于任务(task-based)或基于项目(project-based)的行为表现评价法,才能真实地评价学习者的外语交际能力。第二个好处在于它对课程设计和课堂教学的反拨和指导作用。

行为表现评价法包括三个主要部分:给学生布置的任务、学生针对任务做出反应的形式和预先确定的评分体系。行为表现评价法采用的是主观的整体评分法,为了保证信度、效度和公正性,需要制订一个可靠、易于操作的评分系统,这是实施行为表现评价法最困难也是最关键的环节。

一般来说,实施行为表现评价法需要经历以下八个步骤:

第一,根据教学目标,确订评价的内容和目的。

第二,以评价内容为基础设计真实的任务。

第三,明确学生完成任务或应用知识解决问题和分析问题所需要具备的知识和技能。

第四,审定这些知识和技能是否能够通过所设计的任务反映出来,如果必要进一步修改任务。

第五,确定评判标准和不同等级水平的定义。

第六,向学生介绍该评价的目的、内容、形式和标准。

第七,直接观察学生的表现,并将他们的表现与先前制订的评判标准进行对照,予以定级。

第八,将评定结果反馈给学生。

三、成长记录袋评价法

成长记录袋(portfolio)是学生作品的系统收集,可以用于描述学生的进步,展示学生的成就,评价学生的状况;可以用于总结性评价,也可以用于形成性评价。根据档案袋中记录内容的不同可以分为成果型记录袋和过程型记录袋。成果型记录袋主要记录学生的优秀作品,作为总结性评价的参考。过程型记录袋通常包括学生的问题、说明、草案、草稿、修改稿、最终产品以及对作品的自我评价,用于监控、调整与发展。

记录袋要发挥应有的作用必须让学生参与作品的选择,并让他们对作品进行自我反思。要让学生反思他们所选择的作品,不仅要在指导中明确提出要求,还应当让学生填写一个简单的表格,借以促进学生对选择内容的反思,如表 11-1 所示。

表 11-1 成长记录袋简表

学生姓名:________	日期:________
关于所收集项目的描述:	
学生意见:	
我选择该项目放进我的成长记录袋,是因为:	
教师意见:	
教师姓名:________	日期:________
所选择项目的优点:	
要考虑的事情或需要改进的领域:	

(资料来源:鲁子问、康淑敏,2008)

四、图表填充评价法

图表填充属于信息提取问题,评价的是学习者获取信息和转述信息的能力。根据不同的材料,可以选择不同的图表表现形式,可以是流程图、地图、表格等。例如:

Passport Control

If you are arriving at London Heathrow Airport and are not transferring(转换)to another flight outside Britain or Northern Ireland,you must pass through Passport Control and Customs(海关)immediately after leaving your plane. If you are not British or a citizen of the European Community,you must fill out a special form before your passport is examined. This form is called a landing card and should be given to you during the flight to London.

After landing,follow the ARRIVALS signs. Make sure you are in the right channel when you reach Passport Control. There is one channel for holders of European Community passports, and a second channel marked "Other Passports".

Customs

All passengers must pass through Customs after Passport Control. There is a choice of two channels, Green and Red. If you have nothing to declare, go through the Green Channel. If you are not sure about your Duty Free allowance(免税额), or if you have something to declare, go through the Red Channel. If you go through the Green Channel, you may be stopped and asked to open your luggage for inspection.

Going through the passport control and customs

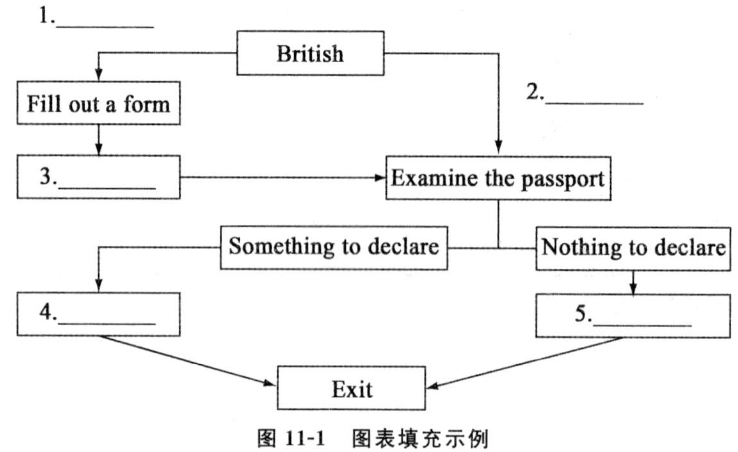

图 11-1　图表填充示例

（资料来源：鲁子问、康淑敏，2008）

五、建构性问题评价法

所谓建构性问题，是指需要学习者组织语言表达自己的理解、表达自己观点态度的问题。根据问题所设计的内容，建构性问题可以是信息辨认问题、态度判断问题、信息分析问题、信息利用问题、观点评价问题、策略应用问题等。

建构性问题可以是封闭式的，也是可以开放式的，一般情况下以开放性问题或者是讨论题为多。论述题主要用来测量概念化、建构、组织、整合、关联和评定观点等方面的能力。例如：

"Suppose an English gentleman comes to you to ask the way to Tian'anmen Square when you are walking around Beijing Foreign Languages Institute, tell him how to go to Tian'anmen Square."

"Search the library or surf the Internet and make a poster or webpage about a Chinese food."

六、项目评价法

项目同样可以作为总结性评价的一种手段。与其他活动不同，项目要求学生小组合作完成一个现实中的任务，并且做出某种产品，如板报、网页、模型、话剧、视频节目、谈话节目、调查报告等。表 11-2 是一个研究性学习项目表。

表 11-2　研究性学习项目表

Research project: Investigation about views on the Internet Current comments on the Net, its application and its tendency. Requirements: (1) Final product: a report (2) Process: to gather information in the following ways: A. Reading: Resource Text A, Text B, newspapers, magazines and so on for information about the Internet and virtual life, concerning the application, development and prospective. B. Investigation (the main part of the project): Design a questionnaire and investigate at least two respondents. Collect the answers and analyze its results. C. Surfing the Internet: Get views on the issue from the Internet. You may use articles, news reports, commentaries, or pastes. Requirement about the report: (1) State the objectives of the project. (2) State how you do the investigation. (3) Stage how you gather and analyze the data. (4) Present the findings (charts and tables are preferred for the presentation of data). (5) Discuss the result.

（资料来源：鲁子问、康淑敏，2008）

七、作品集评价法

按照大学英语教学评价的类型来说，作品集评价法属于形成性评价，即教师对学生及学生一段时间的自主学习情况进行评价，如让他们完成系统的工作、记录自己的学习日志等。从评价的目的、依据来说，这一评价方式是真实的、可靠的。

作品集评价法主要有以下几个特点：

(1)基于明确的目标。

(2)反映了学生的学习进展情况。

(3)是学生学习项目、学习情况、代表作品等的集合。

(4)可以看出学生是否有所进步。

(5)跨越了一个教学时间段。

(6)便于反馈与反思，有助于提升学生的自主学习水平。

(7)用途广泛，并且具有灵活性。

对于学生而言，使用作品集评价法能够体现学生的学习态度、学习过程、学习进度等基本情况，这从其他评价中是很难看到的。同时，学生对评价目标、评价内容非常明确，可以清晰地把握自己的学习任务，从而督促自己的英语学习。也就是说，作品集评价法有助于调动学生的兴趣和积极性，使他们对自己负责，更好地自主学习。

对于教师而言，作品集评价法有助于教师更好地设定教学任务，从而创造出更好的学习气氛。而对于大学英语教学而言，作品集评价法与其说是一种方法，不如说是一种新的观念，其可以帮助大学英语教学法走出原有的困境，到达一个新的高度。

要想实施作品集评价法，需要从如下十个步骤入手：

(一)确定作品集的内容

作品集的内容就是大学英语教学的内容，自然是英语教学目的的反映。在大学英语教学中，教学目的包含语言知识、语言技能、文化知识等层面，因此，评价中使用的作品集，能够反映出学生为了实现这一目的而不断增长的知识与技能，以及任务完成的实际情况等。也就是说，作品集的内容取决于教师、学生、教学目的等多个因素。

(二)确定作品的形式

对学习过程、学习效果确定的方式有很多，除了进行标准化评价外，还可以通过档案袋、学习日志等形式。这些形式可以是口头的，也可以是书面的。当然，不同的评价内容，其选择的方式也必然不同。

(三)确定评价的标准

传统的标准化测试的最大优点在于：标准明确，容易进行评价，而其评价手段主观性较强，很难做到可靠性。正因为如此，随着近些年研究的深入，一些非标准化的测试手段诞生，这些测试手段主要是针对态度、能力等项目来说的。教师从学生的表现程度出发来评定，可以设定四个标准：优秀、很好、一般、差。

（四）确定时间计划

与传统大学英语评价方式不同，作品集学习评价法是从学期开始到结束，其包含很多内容与形式，因此在学期开始时，教师应该引导学生确定自身的学习计划。学生在与教师确定各个项目的形式、标准等的过程中，必然就是其中的参与者，他们不仅对自己的学习任务有清晰的把握，还因为之前参与了任务形式、标准等层面的确定，所以，做起来会得心应手。

（五）学生按照计划完成学习任务

评价活动不仅可以出现在课内，还可以出现在课外。例如，出现在课内的评价活动有介绍、演讲等；出现在课外的评价活动有社会实践、调查研究等。但是，无论是课内的评价，还是课外的评价，都需要考虑具体的计划，按照计划逐一开展。

（六）教师对学生予以指导

虽然确定了评价形式、评价内容，但是教师也不能完全不管，完全让学生自己完成。

由于每一项评价都涉及语言知识与技能，因此，教师需要引导学生对每一项学习任务的目的有清楚的了解与把握，并且多次重申评价标准。在这样的引导下，学生才能把握大学英语自主学习的关键点，采用具体的方法，实现教学目标。

（七）教师与学生进行面谈

当学生在开展学习任务时，教师可以与学生进行面对面的交谈，清楚地了解与把握学生的学习进度，并回答学生在学习过程中的一切问题。只有这样，才能符合当前教学中的一大重要原则——因材施教。

当教师与学生面对面交谈时，可以随意说出自己的所想与所做，教师也需要将自己的亲身体验传达给学生。

另外，通过交流，教师可以对学生的学习情况有清楚的了解，指出他们学习中的问题，为他们进一步的学习做铺垫。

(八)根据评价表,学生进行自评

当学期结束,学生完成了作品集之后,教师就需要将评价表交给学生,让学生根据自己情况来填写。

通过评价,学生可以了解自身的学习情况,对比自己之前的学习情况,反思自己的学习过程,发现自己的不足,在以后的学习中付出更多努力。

(九)交换作品集,学生间互评

大学英语教学特别强调学生间的相互学习。通过学习与阅读他人作品,学生对他人的学习情况有清楚的了解,也能够明确自身与他人的差距,从而取长补短。

(十)教师对作品集进行终评

事实上,在整个学期,教师都在对学生的学习情况进行评价,因为每一次学习活动、每一部作品,教师都需要进行审阅。当学期结束之后,教师还需要对学生之前的情况展开综合评价,当然是在参照同学评价、自评的基础上开展的。

综上所述,作品集评价法是一个人性化、用途广泛的评价方法,符合以学生为中心的理念,适用于学生英语学习的各个阶段。

参考文献

[1]L. A. 怀特. 文化的科学(中译本)[M]. 济南:山东人民出版社, 1988.

[2]蔡基刚. 中国大学英语教学路在何方[M]. 上海:上海交通大学出版社,2011.

[3]陈俊森,樊葳葳,钟华. 跨文化交际与外语教育[M]. 武汉:华中科技大学出版社,2006.

[4]陈向明. 旅居者和“外国人”——留美中国学生跨文化人际交往研究[M]. 北京:教育科学出版社,2004.

[5]陈玉琨. 教育评价学[M]. 北京:人民教育出版社,1999.

[6]辞海编辑委员会. 辞海[M]. 上海:上海辞书出版社,1989.

[7]崔刚,孔宪遂. 英语教学十六讲[M]. 北京:清华大学出版社,2009.

[8]崔长青. 英语写作技巧[M]. 北京:中国书籍出版社,2010.

[9]杜秀莲. 大学英语教学改革新问题新策略[M]. 济南:山东大学出版社,2011.

[10]冯莉. 大学英语语法教学理论与实践[M]. 长春:吉林出版集团有限责任公司,2009.

[11]高等学校外语专业教学指导委员会英语组. 高等学校英语专业英语教学大纲[M]. 北京:外语教学与研究出版社,2000.

[12]高洪德. 高中英语新课程理论与教学实践[M]. 北京:商务印书馆, 2005.

[13]高华丽. 翻译教学研究:理论与实践[M]. 杭州:浙江大学出版社, 2008.

[14]龚亚夫,罗少茜. 任务型语言教学[M]. 北京:人民教育出版社, 2003.

[15]辜正坤. 互构语言文化学原理[M]. 北京:清华大学出版社,2004.

[16]郭霞,尚秀叶. 大学英语写作与修辞[M]. 北京:冶金工业出版社, 2008.

[17]何广铿. 英语教学法基础[M]. 广州:暨南大学出版社,2001.

[18]何广铿. 英语教学法教程:理论与实践[M]. 广州:暨南大学出版

社,2011.

[19]何江波.英汉翻译理论与实践教程[M].长沙:湖南大学出版社,2010.

[20]何少庆.英语教学策略理论与实践运用[M].杭州:浙江大学出版社,2010.

[21]胡春洞.英语教学法[M].北京:高等教育出版社,1990.

[22]黄国文.语篇分析的理论与实践——广告语篇分析[M].上海:上海外语教育出版社,2001.

[23]黄荣怀.移动学习——理论·现状·趋势[M].北京:科学出版社,2008.

[24]贾冠杰.英语教学理论基础[M].上海:上海外语教育出版社,2010.

[25]金惠康.跨文化交际翻译续编[M].北京:中国对外翻译出版公司,2004.

[26]金莺,宋桂月.高中英语课程标准教师读本[M].武汉:华中师范大学出版社,2003.

[27]剧锦霞,倪娜,于晓红.大学英语教学法新论[M].北京:中国书籍出版社,2013.

[28]教育部高等教育司.大学英语课程教学要求[M].北京:外语教学与研究出版社,2007.

[29]康莉.跨文化视角下的大学英语教学:困境与突破[M].北京:中国社会科学出版社,2014.

[30]黎茂昌,潘景丽.新课程小学英语教学理论与实践[M].成都:四川大学出版社,2011.

[31]李建军.文化翻译论[M].上海:复旦大学出版社,2010.

[32]李正栓.中国语境下英语教师素质与发展研究[M].保定:河北大学出版社,2009.

[33]林新事.英语课程与教学研究[M].杭州:浙江大学出版社,2008.

[34]卢桂荣.大学英语教学研究:基于ESP理论与实践[M].北京:光明日报出版社,2013.

[35]鲁子问,康淑敏.英语教学方法与策略[M].上海:华东师范大学出版社,2008.

[36]鲁子问,康淑敏.英语教学设计[M].上海:华东师范大学出版社,2008.

[37]鲁子问.英语教学论(第2版)[M].上海:华东师范大学出版社,

2009.

[38]罗少茜.英语课堂教学形成性评价研究[M].北京:外语教学与研究出版社,2003.

[39]罗毅,蔡慧萍.英语课堂教学策略与研究方法[M].武汉:华中科技大学出版社,2011.

[40]马广惠.英语词汇教学与研究[M].北京:外语教学与研究出版社,2016.

[41]庞维国.自主学习——学与教的原理和策略[M].上海:华东师范大学出版社,2003.

[42]瞿葆奎.教育评价[M].北京:人民教育出版社,1987.

[43]沈银珍.多元文化与当代英语教学[M].杭州:浙江大学出版社,2006.

[44]宋洁,康艳.英语阅读教学法[M].北京:首都师范大学出版社,2014.

[45]王翠英,孟坤,段桂湘.大学英语生态课堂与生态教学模式构建研究[M].西安:西安交通大学出版社,2017.

[46]王道俊,王汉澜.教育学[M].北京:人民教育出版社,1999.

[47]王笃勤.初中英语教学策略[M].北京:北京师范大学出版社,2010.

[48]王笃勤.英语教学策略论[M].北京:外语教学与研究出版社,2002.

[49]王芬.高职高专英语词汇教学研究[M].上海:上海交通大学出版社,2012.

[50]武锐.翻译理论探索[M].南京:东南大学出版社,2010.

[51]魏朝夕.大学英语文化主题教学探索与实践[M].北京:中国农业科学技术出版社,2010.

[52]肖礼全.英语教学方法论[M].北京:外语教学与研究出版社,2005.

[53]徐锦芬.大学外语自主学习理论与实践[M].北京:中国社会科学出版社,2007.

[54]徐义云.大学英语写作教程[M].北京:清华大学出版社,2012.

[55]夏章洪.英语词汇学:基础知识及学习与指导[M].杭州:浙江大学出版社,2011.

[56]闫文培.全球化语境下的中西文化及语言对比[M].北京:科学出版社,2007.

[57]严明.大学英语自主学习能力培养教程[M].哈尔滨:黑龙江大学出版社,2007.

[58]严明.大学英语自主学习能力培养模式研究:体验的视角[M].哈尔滨:黑龙江大学出版社,2007.

[59]严明.跨文化交际理论研究[M].哈尔滨:黑龙江大学出版社,2009.

[60]尹刚,陈静波.给英语教师的101条建议[M].南京:南京师范大学出版社,2004.

[61]余林.课堂教学评价[M].北京:人民教育出版社,2006.

[62]张岱年,程宜山.中国文化争论[M].北京:中国人民大学出版社,2006.

[63]张公瑾,丁石庆.文化语言学教程[M].北京:高等教育出版社,2004.

[64]张红玲.跨文化外语教学[M].上海:上海外语教育出版社,2007.

[65]张红玲.外语教师跨文化能力培训研究[A].贾玉新.跨文化交际理论探讨与实践[C].上海:上海外语教育出版社,2012.

[66]张莉,魏月红.多维视角下的英语口语教学研究:理论与实践[M].石家庄:河北人民出版社,2012.

[67]张培基.英汉翻译教程(修订本)[M].上海:上海外语教育出版社,2009.

[68]张鑫.英语教学的理论与实践[M].北京:知识产权出版社,2012.

[69]中国社会科学院语言研究所.现代汉语词典(英汉双语版)[M].北京:外语教学与研究出版社,2002.

[70]周荣辉.英语阅读策略与技巧[M].成都:西南交通大学出版社,2009.

[71]邹为诚.中学英语课程与教学[M].上海:华东师范大学出版社,2015.

[72]陈美娇.大学英语课堂合作学习研究[D].重庆:西南大学,2014.

[73]陈桂琴.大学英语跨文化教学中的问题与对策[D].上海:上海外国语大学,2014.

[74]黄慧.建构主义视角下的大学英语语法教学研究[D].上海:上海外国语大学,2007.

[75]蒋全菊.合作学习理论在大学英语写作教学中的应用研究[D].武汉:华中师范大学,2012.

[76]晏琴.英语教学评价的研究[D].武汉:华中师范大学,2006.

[77]朱文会."任务型"教学法与英语口语教学[D].上海:上海师范大学,2005.

[78]薄新莺.影响学习策略的因素分析[J].忻州师范学院学报,2006,(4).

[79]蔡忠.英语听力教学中的文化教学[J].嘉应学院学报,2006,(5).

[80]陈冬纯.试论自主学习在我国大学英语教学中的定位[J].外语界,2006,(3).

[81]程淑丽.图式理论及其在翻译教学中的应用[J].河南财政税务高等专科学校学报,2007,(2).

[82]程晓堂.论自主学习[J].学科教育,1999,(9).

[83]何凌霄.大学英语合作学习的现状及其改善措施探析[J].江苏科技大学学报,2012,(3).

[84]刘建达.学生英文写作能力的自我评价[J].现代外语,2002,(3).

[85]刘梦雪.通过自我评价训练促进自主式英语学习的实证研究[J].疯狂英语,2009,(4).

[86]李人侠.翻译教学存在的问题及发展[J].教书育人,2002,(16).

[87]娄宏亮.体裁教学法在大学英语听力教学中的应用[J].忻州师范学院学报,2006,(5).

[88]宋珊珊.图式理论在高校翻译教学中的应用[J].职业研究,2015,(36).

[89]王鉴棋,詹元灵.交互式任务型英语阅读教学法研究[J].中山大学学报论丛,2005,(4).

[90]叶鉴铭,周小海.试论"校企共同体"的共同因素及其特征[J].学术交流,2010,(3).

[91]张林.高校英语口语交际的文化教学研究[J].海外英语,2012,(6).

[92]张敏.英语翻译教学中的问题与策略[J].英语教学,2009,(1).

[93]竺余江.英语听力课中的文化教学[J].考试周刊,2007,(10).

[94]邹玲,王海燕."任务型"教学法在英语听力教学中的运用[J].江西教育科研,2006,(8).

[95]AlFally,I. The role of some selected psychologic al and personality traits of the rater in the accuracy of self-and peer assessonent[J]. *System*,2004,(3).

[96] Alderman, M. Goals and Goal Setting [A]. *Motivation for Achievement*[C]. M. K. Alderman. Lawrence: Lawrence Erlbaum Associ-

ates,Inc. ,1999,(a).

[97]Bachman L. *Fundamental Considerations in Language Testing*[M]. Oxford:Oxford University Press,1990.

[98]Davus, Linell. *Doing Culuture—Cross-Cultural Communication in Action* [M]. Beijing:Foreign Language Teaching and Research Press, 2004.

[99]Holec,H. *Autonomy and Foreign Language Learning*[M]. Oxford:Pergamon,1981.

[100]Kroeber,A. L & Kluckhohn,C. *Culture:A Critical Review of Concepts and Definitions*[M]. New York:Random House,1952.

[101] Larsen-Freeman D. *Teaching Language: From Grammar to Grammaring*[M]. Boston:Heinle & Heile,2005.

[102]Littlewood,William. An Autonomy and a Framework[J]. *System*,1996,(4).

[103]Nunan,David. "Designing and Adapting Materials to Encourage Learner Autonomy" [A]. *Autonomy and Independence in Language Learning*[C]. ed. Benson,Phil and Voller,Peter,London:Longman,1997.

[104]Richards,J. C. The Role of Vocabulary teaching[J]. *TESOL Quarterly*,1976,(10).

[105]Samovar,L. & Porter,R. *Communication between Cultures*[M]. Belmont,CA:Wadsworth Publishing Company,1995.

[106]Tylor,Edward Burnrtt. *Primitive Culture*[M]. Beijing:the Chinese Press,1990.

[107] Ur P. *Grammar Practice Activities: A Practical Guide for Teachers*[M]. Cambridge:Cambridge University Press,1988.

[108] Widdowson, H. G. *Aspects of Language Teaching* [M]. Oxford:Oxford University Press,1990.

[109]Zimmerman,B. J. & Risemberg,E. Investigating self-regulatory processes and perceptions of self-efficacy in writing by college students [A]. *Perspectives on Student Motivation,Cognitive,and Learning*[C]. P. R. Pintrich,D. R. Brown & C. E. Weinstein. Hillsdale NJ:Erlbaum,1995.